STEVEN JAN BLAUPOT ten CATE

Jagd und Wildschutz im Norden Amerikas

STEVEN JAN BLAUPOT ten CATE

Jagd und Wildschutz im Norden Amerikas

Nördliche USA - Canada - Alaska

Mit 32 Abbildungen, 13 Verbreitungskarten und 32 Übersichten

VERLAG PAUL PAREY · HAMBURG UND BERLIN

CIP-Kurztitelaufnahme der Deutschen Bibliothek
Blaupot ten Cate, Steven Jan

Jagd und Wildschutz im Norden Amerikas: nördl.
USA, Canada, Alaska. — 1. Aufl. — Hamburg,
Berlin: Parey, 1977.
ISBN 3-490-01212-7

ISBN 3-490-01212-7

Vorwort

In Zusammenarbeit mit zahlreichen jagdlichen Service-Organisationen und Dienststellen und aus eigener Anschauung bei vielen Aufenthalten im Norden Amerikas über mehrere Jahre legt der Verfasser mit diesem Buch eine umfassende Analyse über die jagdlichen Möglichkeiten im Norden Amerikas vor. Nicht die Vermehrung jagdlichen Tuns an sich, sondern das mit der Jagd verbundene Erleben des urigen Wildes in diesem gesegneten Land und auf die Dauer eine längere Erhaltung der jagdlichen Freuden überhaupt, sind die Ziele, die sich der Autor gesteckt hat und die durch seine eingehende Information auch erreicht werden können.

Wenn dieses Buch dazu beiträgt, die Wildbestände in Nordamerika und Kanada besser zu erhalten und wenn es darüber hinaus manchen passionierten Jäger vor unliebsamen Überraschungen des Mißerfolges einer Jagdreise bewahrt, dann hat sich die langjährige und präzise Arbeit dieses verdienstvollen Jägers und Naturfreundes für die Allgemeinheit der europäischen Jägerschaft gelohnt.

In dieser Hoffnung legen wir diese einmalige Arbeit mit Freude und Zuversicht der Öffentlichkeit vor.

Der Verlag

Inhalt

TEIL 1

Allgemeines

Einleitung

Umweltschutz ist große Mode, aber dieser Begriff ist egozentrisch: In den allermeisten Fällen geht es darum, die Welt nur für die Spezies homo sapiens wohnlich zu erhalten.

Der Jahrhunderttausende alte Trieb, die Umwelt auszubeuten, ist dem modernen Menschen ebenso eigen wie dem ältesten Urmenschen. Er ist, weil angeboren, auch nicht auszurotten, höchstens zu bändigen durch Gesetz oder Tabu.

Um die Natur unversehrt zu erhalten, braucht es Kenntnis dieser Natur, wie der Chirurg die Kenntnis des menschlichen Körpers braucht. Auch die Kenntnis allein genügt noch nicht, wenn ihr Liebe und Verständnis fehlen. Wie aber soll der Städter in seinem klimatisierten Betonblock, mit seiner Nahrung aus dem Supermarkt, seinem Licht und Wasser aus Leitungen, der technischen Entfernung seiner Abfälle, seine Gedanken manipuliert durch Zeitungen, Radio und Television, seine Zeit pausenlos aufgeteilt zwischen Beruf, Tafel und Bett, wie soll dieser Städter jene tiefe Kenntnis und das Verständnis für die Natur haben, die es braucht, um sie unversehrt zu erhalten? Städter aber regieren heute die Welt!

In den letzten Jahren sind unzählige Bücher und Verhandlungen über Umweltschutz geschrieben worden. Wenige sind so schön und treffend wie jener Brief, den der bedrängte Indianerhäuptling SEALTH (nach dem heute die Stadt Seattle heißt) im Jahre 1855 dem damaligen US-Präsidenten PIERCE schrieb. Ich gebe den englischen Text wieder, weil jede Übersetzung die Kraft der Sprache mindert. Ich fand ihn in der Zeitschrift „Montana Outdoors", Jan./Febr. 1975:

The Great Chief in Washington sends word that he wishes to buy our land. How can you buy or sell the sky — the warmth of the land? The idea is strange to us. Yet we do not own the freshnes of the air or the sparkle of the water. How can you buy them from us? Every part of this earth is sacred to my people. Every shiny pine needle, every sandy shore, every mist in the dark woods, every clearing and humming insect is holy in the memory and experience of my people. We know that the white man does not understand our ways. One portion of the land is the same to him as the next, for he is a stranger who comes in the night and takes from the land whatever he needs. The earth is not his brother but his enemy, and when he has conquered it he moves on. He leaves his fathers graves and his childrens birthright is forgotten. There is no quiet place in the white man's cities. No place to hear the leaves of spring or the rustle of insect wings. But perhaps because I am a savage and do not understand, the clatter only seems to insult the ears. And what is there to life if a man cannot hear the lovely cry of the whippoorwill or the arguments of the frog around a pond at night. The whites too, shall pass – perhaps sooner than other tribes. Continue to contaminate your bed and you will one night suffocate in your own waste. When the buffalo are all slaughtered, the wild horses all tamed, the secret corners of the forest heavy with the scent of many men, and the view of the ripe hills blotted by talking wires. Where is the thicket? – Gone – Where is the eagle? – Gone – And what is it to say goodbye to the swift and the hunt: The end of living and the beginning of survival. "

(„Der Große Häuptling in Washington sendet Nachricht, daß er unser Land zu kaufen wünscht. Wie kann man den Himmel, die Wärme des Landes kaufen oder verkaufen? Diese Idee ist uns fremd. Denn wir besitzen weder die Frische der Luft, noch das Glitzern des Wassers. Wie also könntest Du diese von uns kaufen? Jeder Teil dieser Erde ist heilig für mein Volk. Jede glänzende Tannennadel, jede sandige Bucht, jeder Nebel im dunklen Wald, jede Lichtung mit ihren summenden Insekten ist heilig in der Erinnerung und dem Bewußtsein meines Volkes.

Wir wissen, daß der weiße Mann unsere Lebensart nicht versteht. Jeder Teil des Landes scheint ihm gleich wie der nächste, denn er ist ein Fremder, der kommt in der Nacht und vom Lande nimmt, was ihm paßt. Die Erde ist nicht sein Bruder, sondern sein Feind, und wenn er sie überwältigt hat, zieht er weiter. Er verläßt die Gräber seiner Vorfahren, und das Geburtsrecht seiner Kinder ist vergessen.

Es gibt keinen ruhigen Platz in den Städten der Weißen; keinen Platz, um den Blättern des Frühlings oder dem Summen der Insektenflügel zu lauschen. Vielleicht nur weil ich ein Wilder bin und es nicht verstehe, scheint der Lärm die Ohren zu beleidigen. Und was bleibt vom

Leben, wenn ein Mann nicht mehr den lieblichen Ruf der Whippoorwill* hören kann oder das nächtliche Argumentieren der Frösche rund
um den Teich?
Auch die Weißen werden verschwinden, vielleicht früher noch als andere Stämme. Fahre fort, dein Bett zu beschmutzen, und eines Nachts
wirst Du in deinem eigenen Dreck ersticken. Wenn die Büffel alle abgeschlachtet sind, die Wildpferde alle gezähmt, die geheimsten Winkel
des Waldes voll der Ausdünstungen vieler Männer und der Fernblick
der herbstlichen Hügel versperrt durch sprechende Drähte. Wo ist die
Dickung? – Dahin ... – Wo ist der Adler? – Dahin ... – Und was
bleibt, wenn man Abschied nehmen muß von der Schwalbe und der
Jagd: Das Ende des Lebens und der Anfang des Überlebens.")

Der Jagdtrieb ist dem Menschen angeboren, weil seit mehr als einer
Million Jahren, die jüngere Geschichte ausgeschlossen, nur jene Männer
überlebten, die jagen konnten und wollten. Je erfolgreicher der Mann
jagte, desto mehr Weiber und Kinder konnte er ernähren und desto fester
verankerte sich der Jagdtrieb in der Erbmasse des Volkes.

Unlimitierte Jagd, wie heute noch bei Eskimo und Pygmäen, setzt
aber voraus, daß das Wild sehr viel zahlreicher ist als die Jäger. Wo zu
viele jagen, verschwindet das Wild, weil seine Zuwachsrate nicht mehr
genügt, um die Verluste zu decken. Die Grundformel aller Jagd heißt:
„Zuwachs minus Verluste = bejagbares Wild".

In Nordamerika, wo infolge des Jagdsystems die Jagd sehr billig ist,
und wo noch fast überall Wildnisse oder Pseudowildnisse vorhanden sind,
hat sich dieses Grundproblem der Jagd in vielen Varianten gezeigt: Un-
mäßige Jagd, Ausrottung vieler Wildarten, immer strengeren Wildschutz
und der Neu-Aufbau fast verlorener Tierarten: Tausend Versuche, den
Jagdtrieb des homo ignorans zu bändigen, ohne ihn ganz abzutöten.

Denn die Geschichte zeigt viele Beispiele: Wo kein Gleichgewicht mehr
besteht zwischen Friedwild und Raubwild, muß das Friedwild bejagt
werden, damit es gesund bleibt. Warum, das werden wir im nachfolgenden zeigen.

Einige Abschnitte dieses Buches enthalten viele dürre (aber viel
sagende!) Zahlen. Sie mögen „langweilig" für den einen, „interessant"
für den anderen Leser sein, aber sie sind leider notwendig. Behauptungen

* Hier muß eine nachträgliche ostamerikanische Verwechslung vorliegen, denn
die singbegabte Nachtschwalbe Whippoorwill Caprimulgus vociferus kommt im
im NW der USA nicht vor. Dort ist die nur zweitönig „pur will, pur will"
rufende Poorwill Phalaenoptilus nuttalii zu Hause.

können angezweifelt werden, Zahlen nicht. Nur durch Zahlen läßt sich unwiderlegbar beweisen, daß der Jagddruck erst nach etwa 1950 so stark angestiegen ist, daß er zur ernsten Bedrohung der Wildbestände wurde. Nur durch Zahlen läßt sich klarmachen, daß die begehrteste Trophäe Nordamerikas, die Bighorn-Schnecken, nur noch in ganz geringer Zahl zu erbeuten ist, daß sich die Strecken der Waldcaribous nur noch auf wenige Hundert jährlich belaufen, daß Alaska-Braunbär und Grizzly schon stark gefährdet sind, daß vielerorts der veraltete Wildschutz durch Schonung des weiblichen und jungen Wildes zur katastrophalen Verschiebung des Geschlechterverhältnisses bei allen fünf Hirscharten, außer beim Caribou, geführt hat. Nur durch Zahlen läßt sich aber auch beweisen, daß es möglich ist, durch moderne Wildschutzmaßnahmen schon stark ramponierte Wildbestände wieder aufzubauen.

Daher möge der Leser es hinnehmen, daß der dritte Abschnitt dieses Buches stellenweise einem Zahlenwust gleicht. Nur damit kann der europäische Jäger, der eine Jagdtour dorthin plant, davor bewahrt werden, sich übermäßige Hoffnungen zu machen. Und nur so kann ihm klargemacht werden, daß jede zusätzliche Büchse mehr den Zeitpunkt näher bringt, an dem nur noch drastische Herabsetzung der Jägerzahl das Wild vor der Vernichtung retten kann.

Wir glauben auch, hier zum ersten Male in deutscher Sprache eine klare Übersicht zu geben, wie in Nordamerika mit Wild, Jagd und Wildschutz manipuliert wurde und noch wird. Möge es Wild und Jäger nutzen!

Für Jäger, die sich von der nordischen Wildnis mehr angezogen fühlen als von der tropischen, ist der Norden Nordamerikas das Gelobte Land.

Für den mit englischen Maßen nicht vertrauten Leser folgen hier einige Hinweise:

1 inch	=	25,4 mm	1 acre	=	0,405 Hektar
1 foot	=	30,5 cm	1 lb (pound)	=	453,6 Gramm
1 yard	=	91,5 cm	1 gallon (USA)	=	3,78 Liter
1 mile	=	1,609 km	1 quart	=	1,10 Liter
1 □ mile	=	2,59 km²	1 bushel	=	35¼ Liter (Kornmaß)

Das vermessene Land ist überall aufgeteilt in Nordsüd-/Westost-Quadrate mit 6 Meilen = ± 10 km Seitenlänge = 1 „Township". Jedes Township ist unterteilt in 36 „Sections" à 1 □ Meile und jede Section in 4 „quartersections". Nach Abzug der öffentlichen Wege mißt eine Quartersection rund 64 ha. Je nach Bodengüte besteht ein Bauernhof (farm) aus 1 bis 4 Quartersections, in Viehgebieten viel mehr. Die Haupt-Vermessungsschneisen führen bis weit in die Wildnis hinein und dienen als Zugangswege, soweit sie nicht wieder vom Wald überwuchert wurden.

Wer je im September/Oktober den in unwahrscheinlichen Farben prangenden strahlenden „indian summer" erlebte, der ist diesem Gebiet auf Lebenszeit verfallen. Mit einer kleinen Jagdgruppe in dieser menschenleeren Landschaft zu sein, keinen Laut zu hören außer dem Rauschen des Windes und des Wildwassers, den Schellen der grasenden Packpferde und dem Knistern und Knacken des Lagerfeuers, der Gedanke, daß bald die Büchse sprechen wird auf uriges Wild, dies alles ist Labsal für den in seiner Heimat frustrierten europäischen Jäger.

Natürlich gibt es gelegentlich auch unerfreuliche Aspekte in diesem Bild: Wenn schon Ende August ein jäher Wetterumschlag Kälte und nassen Schnee bringt, wenn das vom Bürostuhl verweichlichte Gesäß wundgerieben wird im harten „western saddle", wenn unerwartet einheimische Fleischjäger ins eigene Gebiet einfallen oder gar die nimmerfehlende Büchse ihren schlechten Tag hat.

Aber der frühe Schnee vergeht wieder, die Wundstellen werden zu Schwielen, und die Neu-Ankömmlinge ziehen, wie es der Brauch im Busch fordert, eine halbe oder ganze Tagesreise weiter. Früher oder später wird eine gute Trophäe und ein saftiger Braten das ganze Unternehmen krönen.

Es ist jedoch eine alte Erfahrung, daß ausländische Jagdreisen eine gute Vorbereitung erfordern, weil Unkenntnis des Landes und seiner Gewohnheiten nur allzuleicht zu Enttäuschungen führen. Man fällt falschen Versprechungen geldgieriger „outfitter" zum Opfer, oder das mit vielen schönen Worten in Aussicht gestellte Wild ist „leider gerade seit ein paar Wochen geschützt". Oder der Mann mit dem englischen Namen entpuppt sich als ein lässiger Indianer mit ungenügender Ausrüstung, oder die betreffende Gegend erhält alljährlich soviel Jägerbesuch, daß, bei allem Überfluß an weiblichem und jungem Wild, gute Trophäen fehlen.

Vielfach sind auch in den nördlichen US-Staaten die Großwildarten Elch, Wapiti, Antilope, Bergschaf, Schneeziege und Grizzly nur auf schon im Frühling oder Sommer verlosten Speziallizenzen frei. Dieser Lizenzen sind oft wenige, der Bewerber aber viele.

Zweck dieses Bändchens ist nun, den interessierten Jäger oder Wildfotografen wegweis zu machen, ihm zu sagen, welche Wildarten wo vorkommen, wo die besten Aussichten auf gute Trophäen bestehen, wie hoch der Jagddruck und die Jahresstrecken sind, welche einschränkenden Bestimmungen bestehen, was die Lizenzen kosten, aber auch, kurz anzudeuten, wie es früher einmal war und wie sich die Zukunft entwickeln könnte. Wir haben selber mehrfach dort gejagt und ganz Canada bereist, vom Atlantik bis zum Pazifik und von der Südgrenze bis weit nördlich in die Provinzen, mit Bahn, Schiff und Auto, mit Großjet und „bushplane", mit Raupenfahrzeug und Pferdepackzug. Außerdem haben wir dankenswerterweise über alle hier besprochenen Gebiete die ausführlichsten statistischen und publizistischen Informationen von den zuständigen Fish and Game Services erhalten, deren Adressen im Anhang aufgeführt sind. Die publikumsfreundliche Einstellung dieser Dienststellen verdient höchste Anerkennung; ohne ihre Hilfe hätte diese Dokumentation nicht geschrieben werden können.

Der Leser wird in diesem Buch viele englische Wörter und Ausdrücke finden, die ich aus Gründen der „couleur locale" nicht übersetzte. Wer sich für die Jagd in Nordamerika interessiert, sollte sowieso Englischkenntnisse besitzen und kann sich hier schon mit einigen Fachausdrücken vertraut machen, die z. T. nicht in den üblichen Wörterbüchern zu finden sind.

Landschaftliche Verhältnisse und Klima

Das erste, was dem europäischen Reisenden in diesen Ländern auffällt, ist die enorme Weite: Die Mündung des St.-Lorenz-Stromes von Belle Isle bis Montreal ist halb so lang wie die Atlantik-Überfahrt von Schottland bis Belle Isle; Canada mißt von St. Johns auf Newfoundland bis Victoria auf Vancouver Island 4787 Straßenmeilen oder 7660 km, von Montreal bis Vancouver 3041 Meilen = 4865 km. Oder, was vielleicht deutlicher ist als diese nüchternen Zahlen: In der Luftlinie liegt Vancouver in British Columbia ebensoweit von St. John's wie Österreichs Hauptstadt Wien. In der Nord-Süd-Richtung ist der Abstand von Canadas nördlichstem Punkt auf Ellesmere Island bis zum südlichsten gegenüber Detroit gleich groß wie in der alten Welt vom Nordkap bis zum Südufer der Großen Syrte in Libyen. Die Provinz Alberta allein ist mit 661 188 qkm fast 16mal so groß wie die Schweiz oder 1,2mal so groß wie Frankreich, die berühmt-berüchtigte Alaskastraße mißt von Dawson Creek im nördlichen Britisch Columbia bis Fairbanks in Alaska 1529 Meilen = 2446 km. (Und wurde in nur 8 Monaten, von März bis November 1942, gebaut!)

Ebenso erstaunlich ist die Menschenleere des Landes, dessen Bevölkerung sich massiert in den wenigen größeren Städten und in einem etwa 150 km breiten Streifen entlang der Südgrenze. Etwa dreiviertel der

Canadier wohnen in städtischen Gebieten, während die nördlicheren Landesteile weitgehend unbewohnt sind. Neben den Millionenstädten Montreal und Vancouver, neben Großstädten wie Quebec, Ottawa, Toronto, Winnipeg, Calgary, Edmonton und Victoria sind die nördlichen Teile der Provinzen und erst recht Yukon und die Northwestern Territories menschenleerer Wald und Tundra. In Alaska gibt es nur eine größere Stadt: Anchorage. Daneben das weit kleinere Fairbanks. Auch die Bergstaaten im Nordwesten der USA sind noch größtenteils Waldgebirge mit der einzigen Großstadt Seattle, dem Ausgangshafen für die Schiffsverbindung mit Alaska.

Bemerkenswert ist, daß mit der Erschließung des Landes durch Straßen und mit dem Aufkommen der Buschflugzeuge überall eine Konzentration der Bevölkerung in den Ortschaften stattfindet: Dort ziehen Supermärkte, Restaurants, Bars, Kirchen, Spitäler und Geselligkeit aller Art die Leute an. Demzufolge werden die Ortschaften immer größer und die Landschaft immer leerer, was dem Jäger und Naturfreund nur recht sein kann, weil dadurch der Jagddruck im größeren Teil des Landes vermindert wird. In der Nähe der Siedlungen steigt er allerdings so stark an, daß diese zum Teil recht wildleer geworden sind und jedenfalls keine guten Trophäen mehr zu bieten haben.

Canada ist bis zu den Gebirgen im Westen überwiegend flach. Rund um die Hudson Bay liegt in den Provinzen Quebec, Ontario, Nord-Manitoba, im Nordostzipfel von Saskatchewan und im Ostteil der Northwestern Territories der „Canadische Schild", eine uralte, verwitterte und vom früheren Landeis abgeschliffene präkambrische Urgesteinsplatte. Sie besteht aus überall zutage tretenden flachen Granitbuckeln mit mageren Fichten- und Pappelbeständen, schilflosen Seen und Sümpfen. Nennenswerte Erhöhungen gibt es nur in den Laurentian Mountains bei Quebec, an der Quebec-Labrador-Grenze und in einigen Felserhebungen in Ontario am Nordufer des Obersees (Lake Superior). Der Schild ist reich an Erzen aller Art, aber arm an bebaubarem Boden, so daß fast überall der Wald, und damit Jagdgebiet, erhalten blieb. Der Übergang vom Schild-Granit zum Schwarzerdegebiet der Plains (Ebenen) ist oft schlagartig, so am Westrand des Whiteshell Provincial Park bei Winnipeg.

Die Landesmitte, sowohl in Canada wie in den nördlichen USA, war durch Mangel an Niederschlägen und extremem Festlandklima ursprünglich die völlig waldlose Gras- und Salbei-Prärie, die Heimat der unzähligen Bisonherden und Antilopenrudel. Sie ist teils leicht wellig, teils, wie in Süd-Saskatchewan, ringsum flach bis zum Horizont. Heute ist sie

15

ein einziges trockenes Weizenanbaugebiet, jagdlich nur interessant durch den Gabelbock (Pronghorn, Antelope) und im Herbst und Frühling durch unzähliges Wasserwild auf den Wasserlöchern und Flüssen, das bis zum ersten Schnee auf den Weizenstoppeln Äsung in Überfluß findet. Wo es in den tief eingeschnittenen Flußtälern und Geländefalten etwas Pappelgebüsch gibt, ist auch ein gewisser Bestand an Weißwedelhirschen (Whitetail deer) vorhanden.

Weiter im Westen gibt es die unendlichen Gebirgsketten der Rocky Mountains, der Coast Range und des Cascadengebirges mit vielen parallelen Gebirgszügen dazwischen. Nur die östlichste Kette trägt eigentlich den Namen „Rocky Mountains", und dies auch nur von Montana bis zum Liard River an der British Columbia-Yukon-Grenze. Sie steigen teils abrupt, teils mit wenigen Vorbergen aus der Prärie auf. Alles Land westlich davon ist gebirgig.

Das Küstengebirge, die Coast Range in Canada bzw. die Cascaden in USA, setzt sich nach Norden fort bis nach Alaska.

Zwischen Rockies und Küstengebirgen ist ebenfalls bis auf einige Hochplateaus und Flußtäler alles gebirgig. Die östlichen Ketten sind Perm/Carbon-Formationen, die westlichen meist Urgestein. Hier liegen die besten Jagdgebiete Nordamerikas, weil diese z. T. sehr hohen Berge (Gipfel 3000 bis über 6000 m) noch weitgehend bewaldet und unerschlossen sind.

Das Klima Canadas und Alaskas hat einen schlechten Ruf in bezug auf Kälte, Hitze und Trockenheit. Für den an das ausgeglichene atlantische Klima gewohnten Europäer sind tatsächlich die immer zu Extremen neigenden Wetterlaunen der Neuen Welt oft erschreckend. Aber für die ansässige Bevölkerung bedeuten sie „Herausforderung", die nach TOYNBEE die Voraussetzung für jeden Fortschritt bildet. Sie schaffen eine harte, kampf- und risikofreudige Bevölkerung, die den Belastungen durch das Wetter gewachsen ist. Der ganze Osten wird beeinflußt durch die polaren Eismassen auf Grönland, die canadischen Arktis-Inseln und die Hudson Bay. Wer Ende Mai in Montreal schon ergrünte Laubbäume antrifft, wird etwa zwischen Ottawa und Winnipeg alles noch winterlich kahl finden. Hudson Bay und James Bay werden erst im Hochsommer eisfrei, und die Pflanzenwelt hat in Jahrtausenden gelernt, sich auf späte Nachtfröste einzustellen. Im Mittleren Westen herrscht Festlandsklima: Unerhört kalte Winter mit 30, ja 50 Grad C Frost und glühend heiße Sommer mit 30 bis 40 Grad Wärme. Obwohl zur Zeit der Frühlings-Bärenjagd, Ende Mai/Anfang Juni, schon warmes Wetter und Moskitoplage herrschen können, werden die großen Seen erst um diese Zeit eisfrei. Ich sah noch am 25. Mai Wölfe weit draußen auf dem Eis des Kleinen Sklavensees in Alberta. Am Ufer aber blühte und duftete bereits der „bush".

In den westlichen Bergen bildet die Wasserscheide der Coast Range auch die Wetterscheide: An der Pazifik-Seite reichlich Niederschläge, östlich davon herrscht Trockenheit. Daher gibt es üppige Regenwälder in Oregon, Washington, West-British Columbia und der „Panhandle" von Alaska, aber trockene, steppenähnliche Landschaft auf den Hochflächen des Gebirges und östlich der Rockies.

In Alaska und Yukon sind, entsprechend der nördlichen Breite, die Kältewellen noch kälter, die Sommer kühler, doch wirkt sich hier in Küstennähe die Erwärmung durch den warmen Japan-Strom und im Sommer durch die sehr lange Tageslicht-Dauer aus. So kann man dort im August an einem Tag in Hemdsärmeln schwitzen und wenig später im Schneesturm frieren. Vor allem auf der langen, schmalen Alaska-Halbinsel, zwischen der seichten kalten Bering-See und dem warmen Japan-Strom, gibt es Nebel, Sturm und Wetterumschläge wie kaum irgendwo. Wer in dieser baumarmen Gegend auf starke Elche, Braunbären und Caribous jagt, sollte seine Garderobe entsprechend vielseitig wählen.

Bevölkerung und Jagd

Die Einstellung der Bevölkerung zu Wild und Jagd wurde in Nordamerika durch die Notwendigkeit geprägt, die Wildbestände als Nahrungsquelle zu nutzen. Seit jeher waren die Indianer ein Jägervolk, und auch die weißen Siedler, von der ersten Landnahme bis heute noch im Norden, lebten dermaßen an der Grenze des Existenzminimums, daß das Wild, bis vor 100 Jahren im Überfluß vorhanden, den Grundstock der Ernährung wie der Kleidung bildete.

Nordamerika ist auch heute noch, außerhalb der Bevölkerungszentren, über große Strecken ein menschenleeres Wald-, Gebirgs- oder Wüstenland. Solche, heute zwar durch Straßen und Flugzeuge aufgeschlossene, aber sich sonst als quasi unberührt zeigende Landschaft ist ein Hindernis für die Entwicklung ökologischer Einsichten, sie präsentiert sich als „Wildnis", und aus einer Wildnis darf man ungestört nehmen, was einem gefällt, sei es Holz, Wild oder Fisch.

Ebenso historisch verankert ist in Amerika das Recht des Bürgers, Waffen zu tragen. Im 1970er Rapport der Br. Columbia Fish & Wildlife Branch (Jagdbehörde) wird der Waffenbesitz der US-Bevölkerung auf 200 Millionen Stück im Besitz von 40 bis 50 Millionen Bürgern geschätzt bei einer Totalbevölkerung von 215 Millionen.

In Nord-Canada und Alaska wird dieser Trend zur Ausbeutung der Wildbestände zu Nahrungszwecken außerdem durch die Tatsache legalisiert, daß die Menschen der nordischen Wildnis kaum Möglichkeiten haben, sich durch die Landwirtschaft zu ernähren. Außerdem gestattet der kanadische „Indian Act" von 1876 den im „bush" lebenden Indianern das Recht auf freie Jagd, ungeachtet Schonzeiten. Aufgrund dieses Gesetzes wurde eine Reihe von Verträgen (treaties) mit den einzelnen Stämmen abgeschlossen, wonach jeder Indianer wählen kann, ob er als vollwertiger kanadischer Bürger zu leben wünscht (und dann Steuern zahlt, Alkohol trinken darf und den Jagdgesetzen unterworfen ist) oder aber als „treaty-indian" leben will (wobei er steuerfrei auf seiner „reserve" leben kann, eine kleine jährliche Rente bezieht, bis 1951 unter Alkoholverbot stand und auf Regierungsland für den eigenen Bedarf frei jagen darf, ohne an Schonzeiten oder Freigabezahlen gebunden zu sein.

Es ist klar, daß man unter solchen Umständen im demokratischen Nordamerika keinen Unterschied machen kann zwischen sogenannten „subsistence-Jägern", die das Wildbret zur Ernährung ihrer Familien brauchen, und anderen Bürgern, die zu ihrem Vergnügen jagen.

Um Mißbräuche einzudämmen, hat man in ganz Nordamerika jeden Verkauf von Wild oder Wildbret schon seit Ende des letzten Jahrhunderts verboten und bei allen Wildarten, groß und klein, Quoten festgelegt, die der Jäger an einem Tag beziehungsweise in einer Jagdzeit erlegen darf: Die „daily and seasonal bags".

Beim Großwild sind diese meist 1 Stück pro Jahr, bei selteneren Arten wie Grizzly und Bighornschaf nur 1 Stück in mehreren Jahren, beim Schwarzbären und den Hirschen oft 2 Stück jährlich, beim Klein- und Flugwild einige Stück pro Tag. Außerdem besteht fast überall die Verpflichtung, alles Wildbret zu bergen und dem Konsum zuzuführen, was z. B. bei einem 1000 Pfund schweren Elch im Sumpf- oder Berggelände eine erhebliche Arbeit bedeuten kann: Eine Elchkeule wiegt mit abgetrenntem Unterlauf so um die 100 Pfund, Rücken und Hals zusammen etwa 200 bis 250 Pfund, die frische Decke um 80 Pfund. Ein starker Wapiti ist nur wenig leichter, ein Bisonstier um das Doppelte schwerer. Man hat auch durch diese Bergungspflicht dem Unfug ein Ende bereitet, daß unverantwortliche Jäger mehrere Stücke als Köder für Bären oder Wölfe erlegten. Es bleibt auch heute noch genügend minderwertiges Wildbret am Karkas, um Raubwild anzulocken. Sogar völlig kahlgefressene Knochenreste reizen die Neugier. So überraschten wir in Br. Columbia während eines Rittes einen Vielfraß bei den längst ausgebleichten Knochen eines im vorigen Jahr gefallenen Packpferdes. Leider war dieser wegen seiner Untaten in camps und traplines überaus verhaßte Räuber im Gebüsch verschwunden, bevor ich die Büchse aus dem Sattelholster ziehen konnte und schußbereit war.

Die oben angedeutete „Ernte-Einstellung" zu Wild und Jagd hat ihren Niederschlag auch in der jagdlichen Terminologie und den Jagdgesetzen gefunden. Das Wort für „Strecke" ist „harvest" = „Ernte", die erlegten Einzelstücke „kills" = das Getötete; die Wildbestände nennt man „herds" = Herden, die Kleinwildstrecke ist eine „bag" = Jagdtasche, und dieses Wort hat sich auch übertragen auf das Großwild: „He bagged his moose", obwohl ein tausendpfündiger Elch wohl kaum in einer Jagdtasche Platz hat.

Die Jagdgesetze sind beziehungsweise waren bis vor wenigen Jahren ausschließlich ausgerichtet auf die Schaffung einer maximalen Jagdgelegenheit für möglichst viele Bürger. Weibliches Wild und Jungwild sind oft geschützt, und daß dabei durch immer höheren Jagddruck (fast überall erhöhte sich die Zahl der verkauften Jagdlizenzen zwischen 1950 und 1975 um das Zwei- bis Vierfache!) oft das GV (Geschlechterverhältnis) arg verzerrt wird, scheint Behörden und Jäger wenig zu beunruhigen. In Alaska ist in allen leichter zu erreichenden Gebieten das GV beim Elch unglaublich schlecht. Es liegt allgemein schon bei 1:4 bis 1:6 und war 1972 an der vielbejagten Nabesna road auf null (!) Schaufler und 7 Jährlinge pro 100 Kühe gesunken. Obwohl sich die Jagdbehörde um Verbesserung durch die Freigabe von Elchkühen und Beschränkung der Jagdzeit auf Schaufler bemüht, hat das Parlament von Alaska 1975 ein Gesetz verabschiedet, das den Abschuß von „antlerless game" = „Wild ohne Geweih" ganz verbietet! Man hat anscheinend den Wildbestand durch Schonung des weiblichen und Jungwildes schützen, aber gleichzeitig die fleischhungrigen Bürger nicht verärgern wollen, weil das politisch gefährlich sein könnte. Überhaupt ist es merkwürdig, daß den Jagdbehörden in Canada wie in USA das Verhältnis „Kälber pro 100 Kühe" wichtiger zu sein scheint als das GV „männliches-weibliches Wild". Beschaffung von Wildbret und Jagdgelegenheit für die Bevölkerung ist das Hauptanliegen der Jagdbehörde.

Die moderne Einsicht, daß die Erhaltung eines gesunden Wildbestandes mit natürlichem GV und Altersaufbau das primäre Ziel sei, wobei dem Jäger nur der Abschuß überflüssiger junger und überalterter Tiere beiderlei Geschlechts erlaubt sein sollte, um ein zu starkes Anwachsen der Bestände und damit die Übernutzung der vorhandenen Äsung zu verhindern, hat sich noch nicht überall durchgesetzt. Nur in einigen US-Staaten ist man in dieser Hinsicht schon weiter, nachdem man vorher durch übermäßigen Abschuß die Bestände so ruiniert hatte, daß zur Notbremse der Auslosungslizenzen gegriffen werden mußte.

In Oregon z. B. verschlechterte sich das GV beim Wapiti von 7:100 im Mittel der letzten 10 Jahre auf 4:100 in 1973 und 3:100 in 1974 (Bestandeszählungen nach der Jagd). Ebendort war 1974 das GV bei Schwarzwedelhirschbeständen 649 Hirsche inklusive Spießer auf 3110 Tiere (= 1:5) und 2099 Kälber. Beim Maultierhirsch zählte man 1103 Hirsche per 11 044 Tiere (= 1:10) und 7109 Kälber. Es ist klar, daß unter solchen Umständen vorwiegend 1- bis 3jährige Hirsche zum Beschlag kommen und ausgereifte Trophäen selten sind. Weil offensichtlich die Kälberzahl beweist, daß trotz allem in der letzten Brunft die meisten Alttiere beschlagen wurden, regt sich auch die Jagdbehörde nicht auf.

Nun muß aber hervorgehoben werden, daß in den letzten 5 bis 10 Jahren (in einigen Gebieten schon früher) ein Umschwung von der rein administrativ tätigen Jagdbehörde zur Wildbewirtschaftung auf biologisch-ökologischer Grundlage festzustellen ist. Eine große Zahl akademisch ausgebildeter Wildbiologen wurde angestellt, und deren Rapporte beeinflussen zunehmend die Maßnahmen zur Jagdregulierung.

Das Lizenzjagd-System

In der Lizenzjagd kauft der Jäger irgendwo, meist in einem Sportgeschäft oder „general store", eine Jagdbewilligung (license). Damit kann er dann im ganzen Staat (USA) oder in der ganzen Provinz (Canada) jagen. Nur die Spezial-Lizenzen werden direkt von der Jagdbehörde bezogen.

Abnehmende Wildbestände haben zu vielen Einschränkungen geführt. Die Schonzeiten wurden fast überall schon vor 1900 eingeführt, die „bag limits" (Höchstzahlen) bereits in der Zeit der Marktjägerei, 1860 bis 1900. Aber in Alaska z. B. wurden die ersten Jagdlizenzen erst 1926 für Weiße und 1929 für Eingeborene ausgegeben; vorher konnte jeder ma-

chen, was er wollte. Man lese bei NIEDIECK „Mit der Büchse in 5 Welt-
teilen" und „Kreuzfahrten im Behringmeer" (1901) nach, wie es damals
zuging. Auch H. M. VON KADICH beschreibt, wie er noch 1895 in Wisconsin und Minnesota in völliger Wildnis ohne jede Beschränkung Hirsche, Schwarzbären und Niederwild jagte und ganze Landstädtchen und
Lumbercamps (Holzfällerlager) mit Wildbret versorgt wurden. Als die
Bison-Schlächterei auf ihrem Höhepunkt war, verabschiedete der US-
Kongreß 1874 ein Schutzgesetz, das aber vom damaligen Präsidenten
GRANT nicht unterzeichnet wurde. 1883 waren die Bisons ausgerottet.
1850 erwähnt J. B. RICH, daß er in Boston ein großes Lagerhaus „voll-
gepackt mit Hirschen aus Maine" sah, und 1856 schossen 4 Jäger in
Maine 131 Hirsche für den Bostoner Markt. Andererseits wurde in Montana schon 1872 eine Schonzeit für Großwild (einschließlich Bison), vom
1. Februar bis 15. August eingeführt, aber erst 1895 wurde die Marktjägerei durch die Einführung einer bag limit und das Verkaufsverbot für
alles Wild unterdrückt. Seitdem haben sich die Jagdsitten überall sehr
verbessert.

Daß trotzdem in der Wildnis und durch primitive Leute noch viel
gesündigt wird, mußte ich noch 1970 erleben. In Br. Columbia jagte ich
mit einem weißen kanadischen Führer alten Schlages und mußte feststellen, daß erlegte Elche und Caribous nach Entnahme der Trophäe einfach
liegengelassen wurden. Sogar von einem Schaf, das den delikatesten Braten liefert, nahm man nur eine Keule. Da wir nun im Camp regelmäßig
mit Büchsen-Würstchen und Cornedbeef gefüttert wurden, bestand ich
bei meinem ersten Caribou darauf, daß auch Wildbret verwertet werden
sollte. Anfänglich wurde dies unter dem Vorwand abgelehnt, Caribou-
wildbret sei nicht gut zu essen. Als ich darauf hinwies, daß dies in Alaska
die Stapeldiät der Bevölkerung sei, ließ sich der Mann dazu herbei,
wenigstens die besten Rückenfilets auszulösen. Sie schmeckten tadellos.
Auch bei einem später erlegten Elch mußte es hart auf hart gehen, um
wenigstens Teile davon zu verwerten. Dieser eine „Jagdbetrieb" mit 4
oder 5 guides (Führer) hatte alljährlich während 3 Monaten rund drei
Dutzend Jagdgäste zu führen, so daß angenommen werden muß, daß nur
in diesem „bloc" jeden Herbst mehrere Tonnen gutes Wildbret verfaulten
oder dem Raubwild überlassen wurden. Und dies, obwohl das Jagdgesetz
die Bergung befiehlt. Ob eine nachher bei der Jagdbehörde vorgebrachte
Beschwerde irgend ein Resultat hatte, entzieht sich meiner Kenntnis.

Auf anderen Touren aber, so in Alberta, haben wir immer alles bessere Wildbret ins Camp getragen. Zur teilweisen Entschuldigung der
Jagdführer muß man allerdings hervorheben, daß es im manchmal noch

warmen Indian summer für eine Packpferde-Expedition in menschenleerer Wildnis nicht möglich war, mehr Wildbret zu verwerten, als man
selber essen konnte. Erst das Flugzeug hat es ermöglicht, zugleich mit den
Jägern auch Wildbret in die Stadt zu fliegen. Die Indianer lösen dieses
Problem durch die Herstellung von „Jerky" oder „Pemmican". Das
erstere besteht aus dünnen Streifen luftgetrocknetem Wildbret, ähnlich
dem südafrikanischen „Biltong". Pemmican ist eine wesentlich anspruchs-
vollere Speise: Die besten Wildbretstücke werden, wie Jerky, an der Luft
oder hoch über Feuer getrocknet, bis sie hart und spröde sind, dann in
einem Holzmörser zu faserigem Pulver zerstampft und mit viel ausgelas-
senem Fett, Knochenmark, getrockneten Beeren und Gewürzkräutern zu
einem Teig geknetet. Dieser wird in Säcke aus Tierhaut gepreßt, die dann
dicht verschnürt und luftig aufbewahrt werden. Pemmican wiegt etwa
ein Sechstel des ursprünglichen Wildbretgewichts, kann roh, gekocht, ge-
braten oder mit Mehl oder Haferflocken als Suppe gegessen werden. 1 bis
1¹/₂ Pfund genügt als Tagesration, auch unter schwersten Bedingungen.
Aber im modernen Jagdlager hat man weder die Zeit noch die nötigen
Indianersquaws für diese „Fleischverwertung" zur Verfügung.

Die Transportschwierigkeiten sind also der Grund, daß in ganz Canada und Alaska die Jagd auf Wildbret hauptsächlich den Straßen entlang stattfindet und gute Trophäen demzufolge nur noch dort zu finden
sind, wo keine Autos hinkommen können. In manchen Gegenden fällt
auch diese Einschränkung fort, wenn irgendwo Wasserflugzeuge wassern
können.

Die großzügige amerikanische Wegwerfgesellschaft wirkt sich auch im
Jagdbetrieb aus. Man glaubt, aus dem Vollen schöpfen zu können, bis
eines Tages plötzlich nichts mehr da ist. Dann aber setzen, ebenso groß-
zügig, sehr effiziente und drastische Schonmaßnahmen ein, die es ermöglichen, fast ausgerottete Tierarten von neuem aufzubauen. So ging es mit
dem Seeotter, dem Bison, dem Dickhornschaf in USA, dem Gabelbock,
den Pelzrobben, dem Biber und Moschusochsen. Heute bemüht man sich
um den Eisbären, den Silberlöwen, den Waldwolf, den Grizzly, Vielfraß
und Schreikranich.

In einem Heft des South Dakota Department of Fish, Game and Parks
steht zu lesen:

„Um 1900 hatten die meisten Behörden wenig Hoffnung, daß die
höheren Wildarten nach 1920 noch überleben würden. Diese pessimistische Ansicht sah die wissenschaftlichen Wildbewirtschaftungsprogramme
der 1930er Jahre nicht voraus. Sie wurden in den folgenden Jahrzehnten noch erweitert. Hier einige historische Vergleiche:

Biber: 1900 ausgerottet im Mississippi-Stromgebiet und allen östlichen Staaten außer Maine. Zahlreich nur noch in Alaska und einigen Gebieten des pazifischen Nordwestens und der Rockies. Heute: Gewöhnlich bis sehr zahlreich in allen Staaten außer Hawaii.

Pronghorn-Antilope: Amtliche Schätzungen 1925: 13 000 bis 26 000 in ganz USA, die meisten in Wyoming und Montana. Heute: Minimum-Population in allen westlichen Staaten 500 000.

Bison: 1895: 800 Überlebende. Heute: Etwa 6000 nur in USA, alle verfügbaren Habitate voll besetzt. Tausende in Canada/Alaska.

Wapiti: 1907 gewöhnlich nur im Yellowstone Park und 41 000 in Südcanada. Heute: Etwa 1 Million in 16 Staaten.

Weißwedelhirsch: 1895 etwa 350 000 südlich von Kanada, ausgerottet in mehr als der Hälfte aller Staaten. Heute: Annähernd 12 Millionen in 48 US-Staaten, ungerechnet Canada.

Pelzrobbe: 1911: Etwa 215 900 auf den Pribiloff-Inseln. Heute: Unter wissenschaftlicher Bewirtschaftung wird die Herde auf $1^1/_2$ Millionen gehalten. Das Surplus wird jährlich geerntet und dem Pelzhandel zugeführt."

Natürlich gibt es auch in Amerika wie überall waidgerechte und weniger waidgerechte Jäger. Aber die Waidgerechtigkeit ist anderer Art. Die Tatsache, daß in Staaten mit Lizenzsystem fast jeder Mann jagt, führt zu enormer Konkurrenz. Dies hat nicht nur zur Folge, daß der Jäger gesetzlich verpflichtet ist, rote Kleidung zu tragen, um Verletzungen durch schußhitzige Kollegen möglichst zu verhindern, sondern man lernt auch, jede Chance durch einen Schnappschuß auszunützen.

Der Amerikaner „jagt" noch, während der durchschnittliche europäische Hochwildjäger nach langem Betrachten durch den Feldstecher erst sozusagen mit dem Taschencomputer ausrechnen muß, ob er schießen darf oder nicht. Infolgedessen bringen manche Europäer ihre Führer zur Verzweiflung, weil sie, wenn es darauf ankommt, zu langsam sind. Im schnellen, freihändig und manchmal weiten Schießen sind sie dem Amerikaner meist unterlegen.

Der waidgerechte Amerikaner bemüht sich, nur solches Wild zu schießen, dessen Trophäe ihm zusagt. Dabei soll dem Wild eine Chance bleiben. Dies führt in zunehmendem Maß zur Bogenjagd, weil man dabei sehr nahe an das Wild heran muß. Die „Success Ratio" ist daher sehr viel kleiner als beim Büchsenschützen, dafür die Genugtuung beim gelungenen Schuß weit größer: Man hat das Gefühl, „auf gleich zu gleich" gejagt zu haben.

In allen hier behandelten Gebieten ist die Bogenjagd möglich und im

Zunehmen. Infolge dieser Entwicklung sind in Amerika sehr starke und wirkungsvolle Jagdbogen und -pfeile entwickelt worden. für deren Spannkraft mit voll ausgezogenem Pfeil das Jagdgesetz ein Minimum von 18 bis 20 kg festgelegt hat. Die Spitzen der Jagdpfeile müssen mindestens 22 mm breit sein. Es gibt auch Pfeile mit spiralförmigen Spitzen, die einen runden Einschuß stanzen, um eine bessere Schweißfährte zu erzielen.

Obwohl zweifellos der Pfeil weniger schnell tötet als eine moderne Kugel, muß man dem Bogenjäger, der seinem Wild so viel mehr Chancen einräumt, ein großes Maß an Waidgerechtigkeit zugestehen.

TEIL 2

Die Wildarten

1. Die Huftiere (Ungulates)

1a: HIRSCHE

Elch-Moose (Alces alces)

Für die meisten europäischen Jäger ist das riesige Schaufelpaar des kanadischen oder alaskanischen Elches die begehrteste Trophäe, wie für den Amerikaner die guten Schafschnecken. Elchgeweihe werden in Nordamerika weniger geschätzt, weil der Elch von jeher das „Fleischtier" war und seine Jagd weniger schwierig ist als die auf den starken Maultier- oder Weißwedelhirsch oder gar auf den Schafwidder.

Die kanadischen Elche sind, mit Ausnahme des Yukonelches, die gleichen wie in Nordeuropa, nur sind die Schaufeln weit stärker. Beide tragen die lateinische Bezeichnung „Alces alces". In Alaska und West-Yukon steht die größere Art Alces alces gigas = Riesenelch. Er ist schwerer im Wildbret und trägt Schaufeln mit Auslagen bis 2 Meter.

Die Farbe ist bei beiden Arten für den Schaufler schwarz bis schwarzbraun mit hellen Läufen. Tiere und Kälber sind heller: etwa dunkelbraun bis eselgrau, mit ebenfalls helleren Läufen. Auch schwarze Tiere kommen vor.

Die Brunft dauert von etwa Mitte September bis Mitte Oktober. Die Schaufler schlagen sich Brunftkuhlen, worin sie nässen und sich oft wälzen. Der Brunft„schrei" des Schauflers ist ein ziemlich leises „Ngu" oder „Ngoah", das kaum einige hundert Meter weit zu hören ist. Dagegen ist der Schrei des hochbrunftigen Tieres ein lautes „Aahhh", das entfernt an das Gewieher eines Pferdes erinnert.

Unter dem Kinn trägt der Elch einen lang herunterhängenden schmalen behaarten Hautsack, den „Bart" oder englisch „bell". Dieser ist bei jungen Stücken sehr lang, friert aber anscheinend in strengen Wintern ab, so daß alte Stücke einen kurzen und breiteren Bart zeigen.

Der Jährling schiebt normalerweise ein kleines Gabelgeweih mit spannlangen Enden, der Zweijährige schon ein kleines Schaufelpaar. Wie bei jeder Hirschart nehmen, je nach individueller Veranlagung und Ernährungszustand, Länge, Breite, Endenzahl und Gewicht der Schaufeln zu, bis der Hirsch im Alter zurücksetzt, wobei in der Regel zuerst die Länge der Enden abnimmt, während die Schaufel noch stark bleibt. Das große Anschauungsmaterial der Internationalen Jagdausstellungen lehrt, daß der Alaskaelch mehr zu einer scharfen Teilung in Vorder- und Hinterschaufel neigt als sowohl der kanadische, wie auch der eurasische Elch, daß aber die Veranlagung zur Ausbildung einer Vorderschaufel überall vorhanden ist. „Badewannen-Schaufeln" ohne Unterteilung sind anscheinend beim eurasischen Elch vorherrschend. Doch erlebte ich auch in Alberta das Erlegen eines solchen hochkapitalen Schauflers durch einen Jagdkameraden. Schließlich zeigt der nordamerikanische Elch etwas längere Tragstangen als der eurasische.

Das Gewicht des Elchwildes scheint in Nordamerika von Ost nach West zuzunehmen. Ich gebe hier die Durchschnittsgewichte vieler amtlicher Wiegungen an Jäger-Kontrollstellen in Ontario „fielddressed" = aufgebrochen sowie die durch EBEN-EBENAU in „Goldgelbes Herbstlaub" berechneten Lebendgewichte minus (hohen!) 33 Prozent, um zum Gewicht „aufgebrochen" zu kommen.

Tieralter	Ontario	Eben (Alberta)
Kalb weiblich	221 lbs = 100 kg	182 kg — 33 % = 121 kg
Kalb männlich	278 lbs = 126 kg	225 kg — 33 % = 150 kg
Jährling weiblich	469 lbs = 222 kg	
Jährling männlich	505 lbs = 230 kg	260 kg — 33 % = 173 kg
Alttier	702 lbs = 320 kg	510 kg — 33 % = 340 kg
3½j. Schaufler	697 lbs = 316 kg	
Altschaufler (5½j. +)	791 lbs = 360 kg	650 kg — 33 % = 433 kg

Für Alaska-Schaufler gibt O. J. SKAL in „Jagdparadies Alaska" ein Gewicht bis 1700 lbs = 770 kg an.

Im Felde wie im Gebirge verrät sich der starke Schaufler im September/Oktober durch seine dann kurz nach dem Fegen noch weißgelblichen „Bretter", die beim Drehen des Hauptes wie Spiegel das Licht reflektieren. Der schwarze Rumpf hingegen fällt, wenn kein Schnee liegt, wenig ins Auge, weil überall schwarze, halbverfaulte oder verkohlte Baumstümpfe und Wurzelteller herumliegen.

Jagt man irgendwo im flachen „bush", dann hat man nur am Wasser weitere Sicht und muß versuchen, per Kanu den Wasserpflanzen äsenden Elch zu überlisten. Weil sich aber alle Jäger dort konzentrieren, wird das Wild nicht mehr alt genug, um eine gute Trophäe zu schieben. Deshalb ist die Elchjagd im Gebirge viel „aussichtsreicher", abgesehen davon, daß

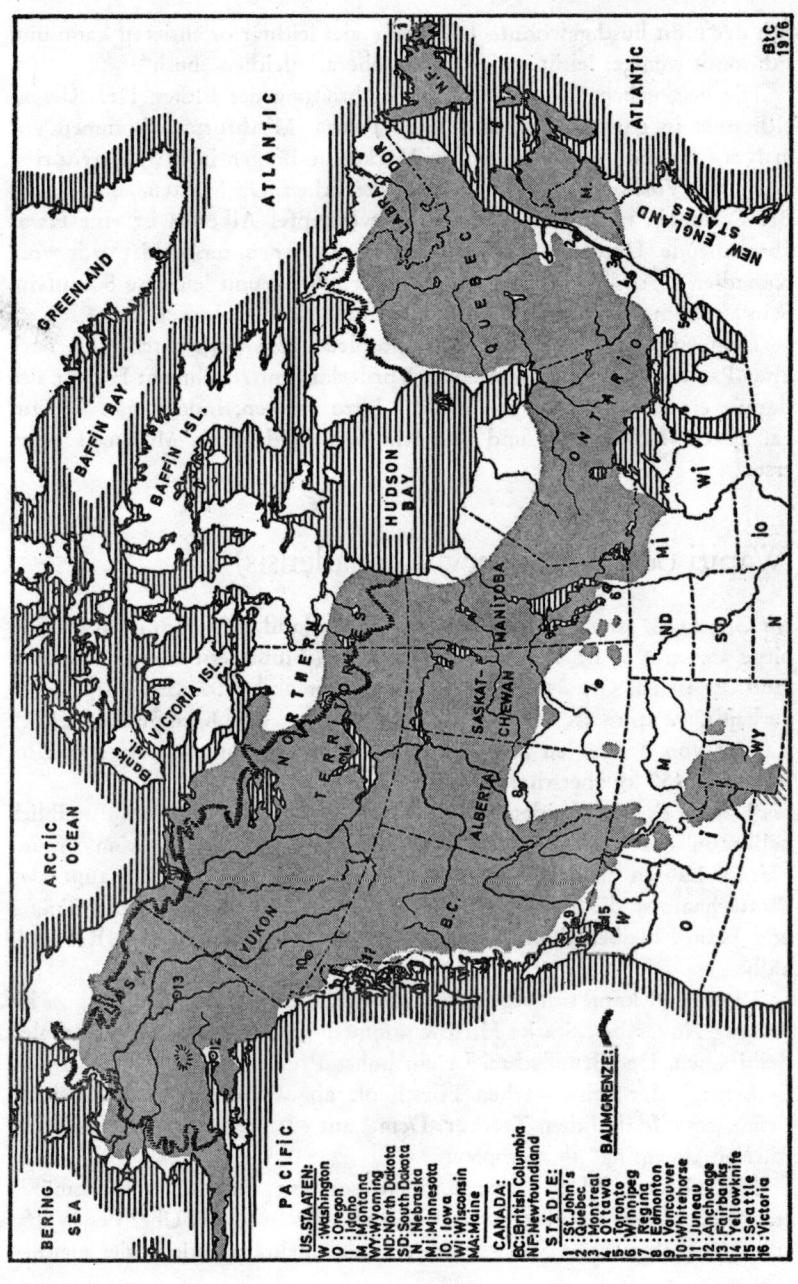

BtC
1976

PACIFIC

US-STAATEN:
W.:Washington
O.:Oregon
I:Idaho
M.:Montana
WY:Wyoming
ND:North Dakota
SD:South Dakota
Mi:Minnesota
N:Nebraska
Io:Iowa
Wi:Wisconsin
MA:Maine

CANADA:
BC:British Columbia
NF:Newfoundland

STÄDTE:
1:St.John's
2:Quebec
3:Montreal
4:Ottawa
5:Toronto
6:Winnipeg
7:Regina
8:Edmonton
9:Vancouver
10:Whitehorse
11:Juneau
12:Anchorage
13:Fairbanks
14:Yellowknife
15:Seattle
16:Victoria

BAUMGRENZE:

Elch (Alces alces)

sich der nicht buschgewohnte Jäger sehr viel leichter orientieren kann und sich somit weniger leicht verirrt als im überall gleichen „bush".

Die beigegebene Karte zeigt die Verbreitung des Elches. Der Riesen-elch steht in ganz Alaska und West-Yukon. Mischformen kommen vor in Nord-Br. Columbia und in den Mackenzie-Bergen in NW. Territories. Das Elch-Vorkommen in den nordwestlichen US-Staaten, in Südost-Br. Columbia und den äußersten Südwestzipfel Albertas ist eine etwas abweichende Unterart, der Shiras-Elch. Dieser unterscheidet sich vom Kanadier durch kleinere Gestalt, bleichere Farbe und leichtere Schaufeln. Sein Vorkommen endet südlich in Utah und Nord-Colorado.

Dem europäischen Jäger sei empfohlen, vom gestreckten Elch nach alter Parforcejagd-Tradition einen Vorderlauf mitzunehmen: Es läßt sich daraus ein netter Bleistifthalter fürs Büro machen, indem man ihn auf ca. 20 cm Höhe kürzt und den Knochen durch einen Messing-Einsatz ersetzt.

Wapiti oder Elk (Cervus canadensis)

Im Gegensatz zum Elch, der sowohl im Tiefland, wie hoch oben im Ge-birge anzutreffen ist, lebt der Wapiti in den Flußtälern und dem Hügel-land. Er ist ein Grasäser, der nur im Winter auch Sträucher und Bäume verbeißt. Wapiti ist der indianische Name; die Bezeichnung „Elk" stammt von den ersten Siedlern. Das Lebendgewicht eines starken Hir-sches mag 450 kg überschreiten.

Wapitis sind bei beiden Geschlechtern im Sommer am Rumpf gelblich hellbraun mit einem sehr großen gelblichen Spiegel, dunklen braun-grauen Läufen und schwarzbraunem Bauch, Träger und Haupt. Im Winterhaar ist die Decke graubraun wie beim Rotwild, Bauch, Träger und Haupt bleiben dunkel. Die Kälber sind weißgefleckt wie Rotwild-kälber.

Die Brunft kann sich stark verzetteln: Sie dauert von Ende August bis Anfang November. Starke Hirsche sammeln große Brunftrudel mit vielen Beihirschen. Der Brunftschrei ist ein hohes Pfeifen, entfernt ähnlich dem Eselsschrei, der beim starken Hirsch oft abgeschlossen wird mit einem tiefen, rotwildähnlichen Trenzer. Dem Laut entsprechend nennt man das schreien „buggling" = trompeten.

Das Geweih bildet keine Kronen, sondern eine unverhältnismäßig starke Wolfssprosse (über Aug-, Eis- und Mittelsprosse). Über der Wolfs-sprosse gabelt sich die Stange noch ein oder mehrere Male in der gleichen

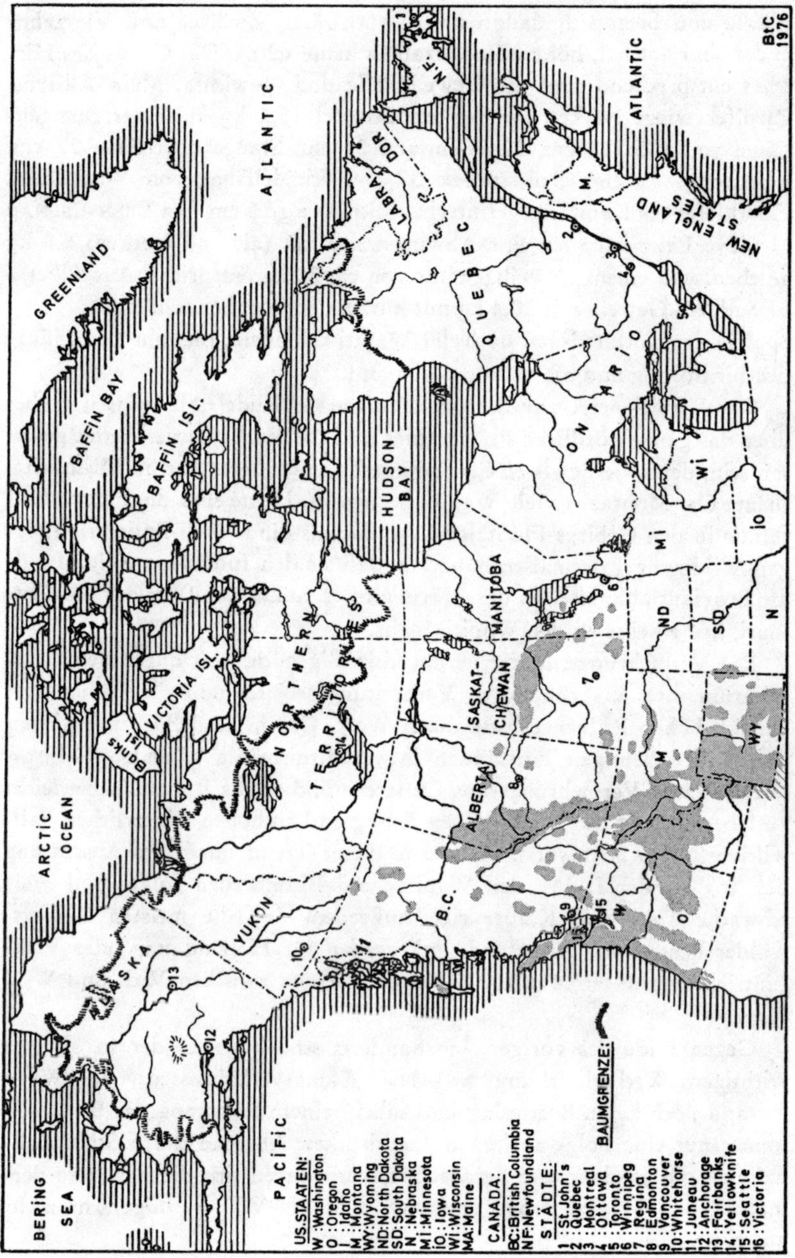

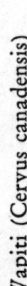

Wapiti (Cervus canadensis)

Fläche und biegt sich dadurch nach rückwärts. Zwölfer und Vierzehnender sind normal, höhere Endenzahlen heute selten. Der Größe des Hirsches entsprechend sind die Geweihmaße und -gewichte: Mein Alberta-Zwölfer wiegt trocken mit langem Schädel 15,2 kg bei einer Stangenlänge von 135/137 cm, Rosenumfang 29 cm, Stange über Rose 27 cm, Augsprosse 38 cm, Wolfssprosse 39 cm, Schädellänge von Vorderrand Oberkiefer bis Kamm des Hinterhauptknochens 56 cm. Bei EBEN-EBENAU in Slave Lake habe ich eine Abwurfstange mit (alt und trocken) 8,6 kg gesehen, was einem Geweihgewicht von ca. 20 kg entspricht. Aus Alberta ist auch ein Geweih mit 20,4 kg mit kurzem Schädel bekannt.

Wie der Rothirsch hat auch der Wapiti Grandeln, die sehr flach, länglich-birnförmig und oft schön gefärbt sind.

Der Wapiti neigt zur Bildung kopfstarker Rudel. Sie müssen früher über das ganze nördliche Präriegebiet und die Vorberge verbreitet gewesen sein, denn die Lewis & Clark-Expedition (1804/6) hat im Missourital (heute Ost-Montana) viele Wapiti geschossen. Heute sind die Haupt-Einstände in den Gebirgs-Flußtälern, wo damals die L & C-Expedition wegen Wildmangel dermaßen hungerte, daß sie den Indianern viele Hunde als Proviant abkaufte. In der Prärie gibt es, außer am Oberlauf des Missouri, heute keine wilden Wapitis mehr.

Die Vermehrungsrate ist verhältnismäßig hoch, was durch den Grasreichtum ihres ursprünglichen Verbreitungsgebietes und die früher vermutlich hohen Kälberverluste durch Wolf, Coyote und Bär zu erklären ist. In den heutigen Einständen in verhältnismäßig schmalen Gebirgstälern führen Vermehrungsrate, Ortstreue und starke Rudelbildung leicht zu Übernutzung der vorhandenen Äsung und zu hohen winterlichen Fallwildverlusten. Sehr verstärkt wurde dieser Trend durch die Ausrottung des Wolfes, der früher den Wapiti- und Bisonherden folgte und viele schwache Tiere und Kälber riß. Außerdem sind die meisten Gebirgswälder heute noch Staatsland und werden für Holznutzung oder Vieh-Eintrieb verpachtet, was zur Futterkonkurrenz zwischen Vieh und Wild führt.

Gegen Ende des vorigen Jahrhunderts schenkte man der so überaus wichtigen Wechselwirkung zwischen Äsungsverhältnissen und Wildbestand noch keine Beachtung und sah in einem Rückgang des Bestandes immer nur eine Folge zu hohen Jagddruckes. Als man durch Schonmaßnahmen die Jagdverluste herabsetzte, vermehrten sich die Bestände dermaßen, daß Massensterben einsetzte, weil die Winteräsung nicht mehr ausreichte.

So verlor die Montana-Wyoming-Wapitiherde in den strengen Wintern 1892 und 1899 etwa 2000 und 5000 Stück. Trotzdem vermehrte sich diese Nord-Yellowstone-Herde bis 1915 wieder auf über 37 000 Stück, so daß es 1919 wieder zu einem Massensterben von etwa 14 000 Wapitis kam (Bericht Montana Fish & Game Department).

Die Jagdbehörde hat aus diesen Vorkommnissen gelernt. Man determinierte die Haupt-Äsungspflanzen und kontrolliert die Wintereinstände heute genau auf Übernutzungserscheinungen. Der Jagddruck wird fast überall durch Ausgabe einer genau errechneten Zahl von Abschußlizenzen der Tragekapazität der Einstandsgebiete angepaßt. Zuviel Fallwild ist immer ein Zeichen zu geringen Jagd- beziehungsweise Raubwild-Druckes. Die einzige Abhilfe bringt erhöhter Abschuß, um das Gleichgewicht zwischen Äsung und Bestand wiederherzustellen.

GILBERT N. HUNTER in Colorado gibt aufgrund amtlicher Wägungen folgende Gewichte an:

	Lebendgewicht	Aufgebrochen ohne Geräusch
Kälber	110—220 kg	80— 84 kg
Jährlinge	175—190 kg	110—127 kg
Alttiere	⌀ 243 kg	167—190 kg
Hirsche	⌀ 335 kg	⌀ 245 kg
Hirsche maximal	412 kg	291 kg

Für kanadische Wapiti dürften die Gewichte um ca. 10 Prozent höher liegen.

In den US-Staaten Washington und Oregon gibt es in den westlichen Gebirgsketten der Coast Range und Cascade Mountains eine Wapiti-Unterart, den Roosevelt-Elk. Er wird größer und schwerer als der Rocky-Mountain-Elk und ist dunkler gefärbt. Das Geweih ist kürzer, dicker, enger gestellt und zeigt gelegentlich eine Krone. Das ursprüngliche Verbreitungsgebiet dieses Bestandes war das Willamette-Tal zwischen den genannten Gebirgszügen. Doch die dichte Besiedlung dieses Tales hat das Wild in die Berge abgedrängt. Diese Art wurde 1929 auch auf der alaskanischen Insel Afognak (bei Kodiak) ausgesetzt.

In mehreren US-Staaten und kanadischen Provinzen wurden neue Wapitibestände durch Aussetzung begründet (siehe Karte).

Caribou (Rangifer tarandus)

In Nordamerika gibt es drei Unterarten Caribous: Das Waldcaribou (R. t. osborni), das Bergcaribou (R. t. montanus) und das Tundra- oder

Barrengroundcaribou (R. t. arcticus). Alle Caribous bevorzugen offenes Gelände, sei es die Tundra im Norden oder Gebiete über der Waldgrenze, sei es, mehr südlich, die „muskegs" = Sümpfe. Nur im Winter wandern sie in den schützenden Wald. Infolgedessen sind die Caribouherden ewig auf der Wanderschaft, im Frühling in die Tundra, wo auch die Kälber gesetzt werden, im Sommer hin und her ziehend auf der Suche nach Äsung für die oft sehr zahlreichen Herden, die im Norden bis über 100 000 Stück stark sein können. Im Herbst ziehen sie wieder in die Wälder, wo sie vorwiegend von Baumflechten leben.

Dieses Wild hat sich vollkommen an das vagabundierende Leben in arktischen und subarktischen Gebieten angepaßt: Als einzige Hirschart tragen beide Geschlechter ein Geweih, wenn auch das der Tiere gering ist. In der eng gedrängten Gruppe ist es unmöglich, nach Art des Rotwildes Kämpfe aufrechtstehend mit den Vorderläufen auszufechten. Ein kleines Geweih ist da viel nützlicher, um Raum zu schaffen für sich und das Kalb. Im Frühling, nach dem Abwerfen, findet der Zug zu den Sommereinständen in kleineren Verbänden statt.

Die Schalen sind unverhältnismäßig groß und flach, die Geäfter sehr groß, breit und tief gestellt, so daß der Lauf in Schnee und Sumpf große Tragfläche hat. Beim Ziehen streichen die inneren Geäfter aneinander; das verursacht ein rasselndes Geräusch und ist bei einem größeren Rudel weit zu hören. Die Decke ist dicht, dick und besteht aus hohlen Haaren, was einerseits optimalen Wärmeschutz, andrerseits guten Auftrieb beim Überqueren von Flüssen und Seen gibt. Rinnende Caribous liegen hoch im Wasser, so daß der ganze Rücken bis zum Wedel sichtbar ist. Im Herbst setzt das Caribou eine dicke Feistschicht an, die am Rücken 7 bis 8 cm erreicht und als Winterreserve dient.

Am Schädel fallen drei Merkmale auf: Die Lichter sitzen sehr hoch (wie bei afrikanischen Antilopen) um bessere Sicht im hohen Schnee zu gewähren (wie in Afrika im hohen Gras), und der Oberkieferknochen ist am Vorderrand nicht abgerundet wie bei anderen Hirscharten, sondern links und rechts auf etwa 3 cm gerade: Dies ermöglicht ein leichteres Abschaben von Flechten vom Gestein oder von Baumrinde. Die Schneidezähne sind sehr klein (etwa wie Gams) und sehr hart, so daß sie auch bei alten Individuen kaum Abschliff zeigen.

Auch das unverhältnismäßig starke Geweih des Hirsches ist ein Spezialinstrument für das Leben im Schnee und im Großrudel. Die bekannte

Tafel 1: *Alter Elchschaufler im Weidengestrüpp* · Phot. L. McDowell (oben) — *Wapiti-Zwölfer mit Brunftrudel* · Phot. Montana Ooutdoors (unten).

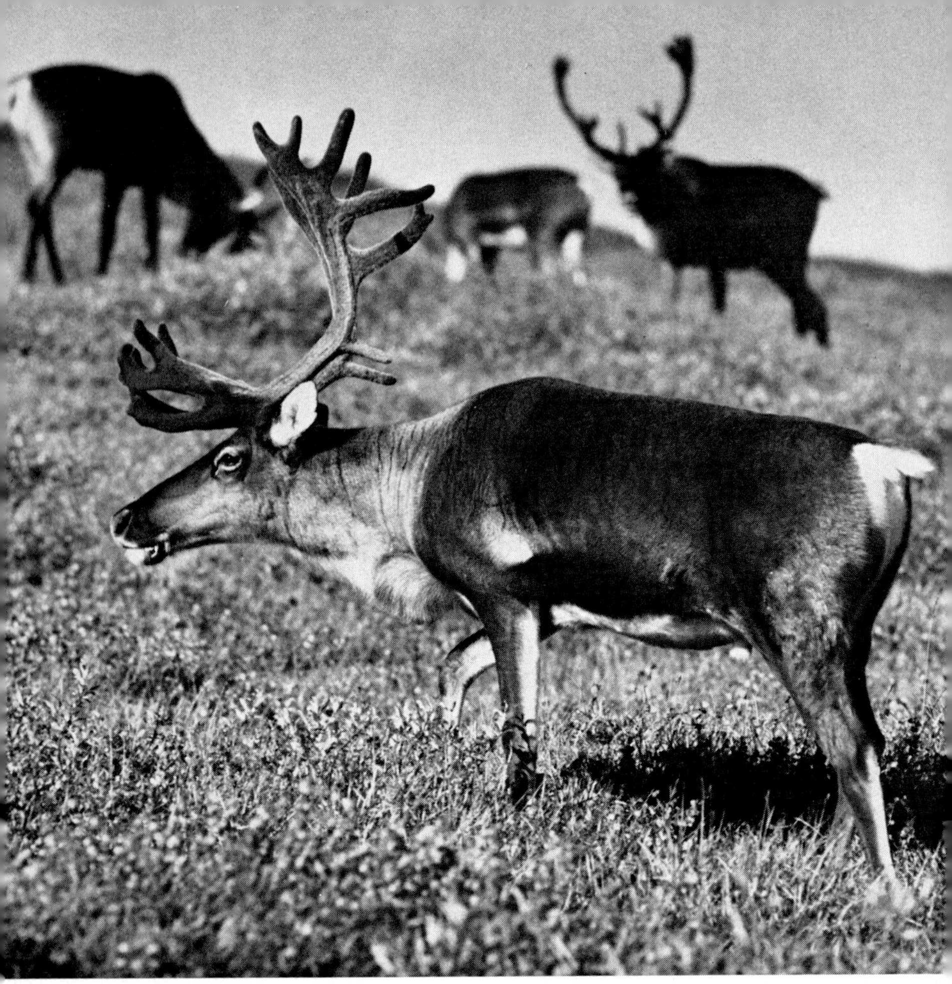

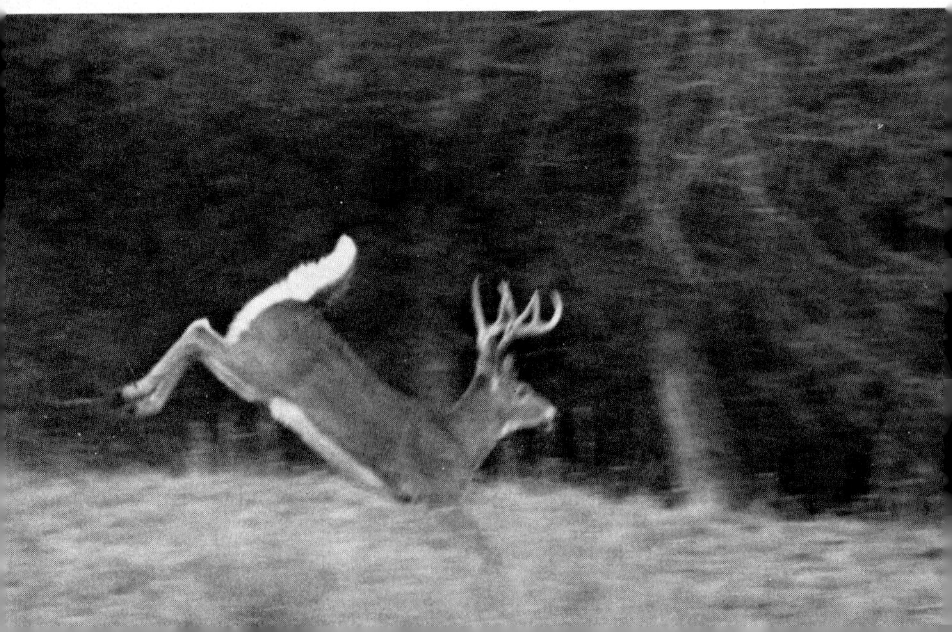

„Schneeschaufel" ist ein ideales Werkzeug um im ewigdauernden Ziehen „en passant" den Schnee für einen schnellen Happen beiseite zu schieben. Bekanntlich ist normalerweise nur eine Augsprosse zur Schaufel ausgebildet, während die andere zu einem Stumpf degeneriert ist. Es gibt aber etwa 5 Prozent Hirsche mit zwei Schaufeln, die dann meist übereinander stehen. Auch die verästelten Mittelsprossen sind zu regelrechten „Rechen" geworden; sie ähneln Händen mit leicht nach innen gekrümmten Fingern. Damit lassen sich beschneite Zwergweiden und -birken aus dem Schnee hervorziehen. Der obere Stangenteil schließlich besteht aus nach vorne gerichteten Enden, womit einem Brunftkonkurrenten ein kräftiger, aber kaum tödlicher Schlag auf den Rücken versetzt werden kann. Scharfe, dolchähnliche, nach vorn und nach oben gerichtete Kampfsprossen, wie bei allen anderen Hirschen, fehlen völlig. In Übereinstimmung mit Geweihaufbau und sozialer Lebensweise ist der Schädel dünn gebaut. Jeder bessere Rehbock könnte diese Knochen glatt durchstechen.

Dieser „zweckentsprechende" Geweihaufbau wird zwar von einigen Biologen verneint, aber die Betrachtung vieler Caribougeweihe weist so eindeutig darauf hin, daß ich davon überzeugt bin.

Damit schließlich der ausgewachsene Hirsch im Gewimmel der Leiber vom Gegner oder von brunftigen Tieren auf größere Entfernung erkannt werden kann, hat er einen schneeweißen Kragen. Ich erinnere mich, wie auf der Caribou Range zwischen Besa- und Prophetriver in Br. Columbia auch ohne Glas auf große Entfernung immer zuerst diese weißen Tupfen im gelbbraungrünen Gelände auffielen, lange bevor man die gute Schutzfarbe der übrigen Stücke erkannte.

Die im allgemeinen ruhig verlaufende Brunft findet im September / Oktober statt; die Kälber werden Ende Mai, Anfang Juni gesetzt. Es fallen immer nur Einzelkälber; Zwillingsgeburten sind äußerst selten. Auch dies ist eine Anpassung an den lebensfeindlichen Biotop.

Im Norden des Kontinents ist das Caribou praktisch das einzige „Fleischtier" für die Indianer und Inland-Eskimo und wird von ihnen in größeren Mengen erlegt. Das „Snowmobile" hat diese Jagd (zu) sehr vereinfacht; andrerseits brauchen die Leute deswegen weniger Wildbret, weil die Zahl der Hundegespanne stark zurückgegangen ist. Die Bevölkerung jener Gebiete ist aber so dünn, daß diese Strecken bei der Menge des Wildes nicht ins Gewicht fallen. Erst wenn, wie in Alaska, ganze Städte mitjagen, wird es kritisch.

Tafel 2: *Caribou-Hirsche im Bast* · *Phot. W. D. Schurig (oben)* — *Flüchtiger Weißwedelhirsch, „flagging"* · *Phot. Montana Dept. Fish & Game.*

34

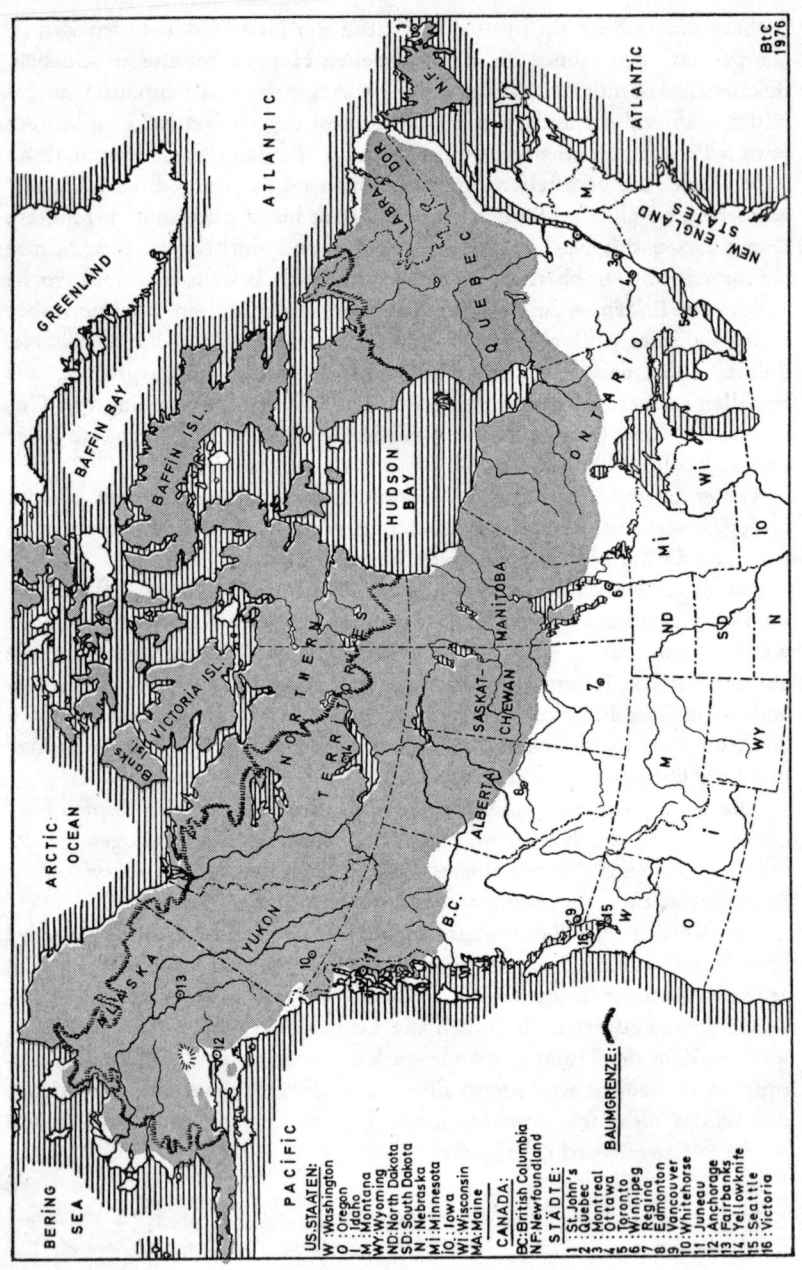

Caribou (Rangifer tarandus)

US.STAATEN:
W :Washington
O :Oregon
I :Idaho
M :Montana
WY:Wyoming
ND:North Dakota
SD:South Dakota
N :Nebraska
MI:Minnesota
IO :Iowa
WI:Wisconsin
MA:Maine

CANADA:
BC:British Columbia
NF:Newfoundland

STÄDTE:
1 :St.John's
2 :Quebec
3 :Montreal
4 :Ottawa
5 :Toronto
6 :Winnipeg
7 :Regina
8 :Edmonton
9 :Vancouver
10:Whitehorse
11:Juneau
12:Anchorage
13:Fairbanks
14:Yellowknife
15:Seattle
16:Victoria

BAUMGRENZE:

Obwohl verständlicherweise der Herbstzug der Caribous südwärts gerichtet ist, gibt es an den Westküsten Alaskas Stellen, wo er nach Osten oder Nordosten geht. So auf der Alaska-Halbinsel, wo der Zug aus der Tundra in die geschützteren und bewaldeten Gebiete um Iliamna Lake und westlich Cook Inlet geht.

Eine kleinere Inselform des Caribou gibt es auf der Nordspitze der Queen Charlotte Insel (Br. Columbia), die den lateinischen Namen R. t. dawsoni trägt. Details hierüber sind mir nicht bekannt. In den Vereinigten Staaten fehlen Caribous. Manchmal zieht im Winter ein Rudel kanadischer Tiere über die Grenze zum Staat Washington, wo sie streng geschützt sind.

Die Caribous von Newfoundland tragen heute schwache Geweihe, wie dies bei Inselformen oft der Fall ist. Auch NIEDIECK schoß dort um 1900 nicht bessere, als sie heute noch erlegt werden. Die wenigen Trophäen aus Newbrunswick und NovaScotia sind nicht besser.

Die Jagdbehörde von Alaska hat Barrenground-Caribous auf der Aleuteninsel Adak ausgesetzt, worüber unter „Alaska" mehr berichtet wird. Interessehalber sei hier noch erwähnt, daß Alaska Anfang dieses Jahrhunderts zahme Rentiere aus Skandinavien und Sibirien mitsamt einigen Lappen-Hirten importierte, um den Eskimo eine bessere Lebensbasis zu bieten. Diese wollten aber lieber Jäger als Hirten sein, und nach einem fehlgeschlagenen Versuch von Weißen, die Rentiere für den Fleischmarkt zu verwerten, verwilderten diese Herden und vermischten sich mit den Caribous. Die domestizierte Form ist allmählich ganz in der wilden aufgegangen.

Weißwedelhirsch - Whitetail Deer (Odocoileus virginianus)

Der Weißwedel- oder Virginiahirsch ist bei weitem das wichtigste Schalenwild in den USA und mindestens eine der wichtigen Arten im Süden Canadas. Die drei engverwandten Odocoileus-Arten, Weißwedel, Maultierhirsch und Schwarzwedelhirsch, sollen autochthon in Südamerika entstanden sein und nicht, wie Elch und Wapiti, aus Asien über die Behring-Landbrücke eingewandert sein. Das ist jedoch ein Problem für die Zoologen, nicht für die Jäger. Der Weißwedel ist größenmäßig der mittlere von ihnen, kleiner als Rotwild, etwas größer als Damwild. Die Lebendgewichte der Weißwedel liegen für einen starken canadischen Hirsch bei etwa 150 kg. Ein geringer Hirsch wiegt 80 bis 100 kg, ein Alttier 75 bis 90 kg, Schmaltiere und Spießer etwa 55 bis 70 kg. Im Süden der USA sind sie etwas geringer. GILBERT N. HUNTER, Colorado, gibt aus amtlichen Wägungen folgende Gewichte für „aufgebrochen, ohne Geräusch" = „hogdressed":

	Hirsche	Tiere
Jährling	∅ 46 kg	∅ 38 kg
Mittelalt	∅ 87 kg	∅ 46 kg
7- bis 8jährig	∅ 94 kg	∅ 59 kg
9¹/₂jährig	∅ 96 kg	∅ 64 kg
Maximum	ca. 100 kg	

Für die Anticosti-Insel in der St.-Lorenz-Mündung werden ähnliche Gewichte (aufgebrochen) angegeben. Weißwedelhirsche sind fast überall in den USA verbreitet. In Canada kommen sie in den südlichen Regionen vor. Die Deckenfarbe ist sommers und winters jener des Rotwildes sehr ähnlich, mit folgenden Ausnahmen: Das Haupt zeigt helles, weißliches Haar um die Lichter und um den Äser, mit dunklen Flecken beidseits des Muffels. Die weiße Kehle reicht als Halsfleck bis unter den Drosselknopf, die Stirnpartie ist beim Hirsch dicht und kraus behaart und dunkelbraun

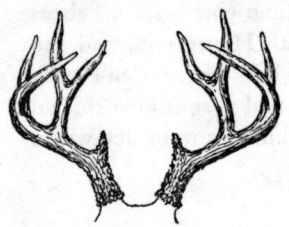
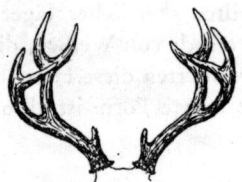
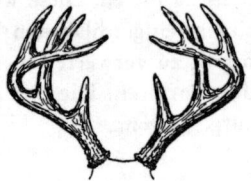

Maultierhirsch Grundform Doppelgabel, kurze senkrechte Augsprossen. Starke Hirsche können überall luxurierende Enden schieben.

Schwarzwedelhirsch Wie Maultierhirsch, aber geringer.

BtC 1976

Weißwedelhirsch Nach vorne gebogene Stangen, wovon alle Enden nach oben abzweigen.

Wedel kurzbehaart, schmal mit schwarzer Spitze.

Wedel oben braunschwarz, unten weiß.

Wedel lang und breit, oben braun, unten weiß (rechts: „flagging").

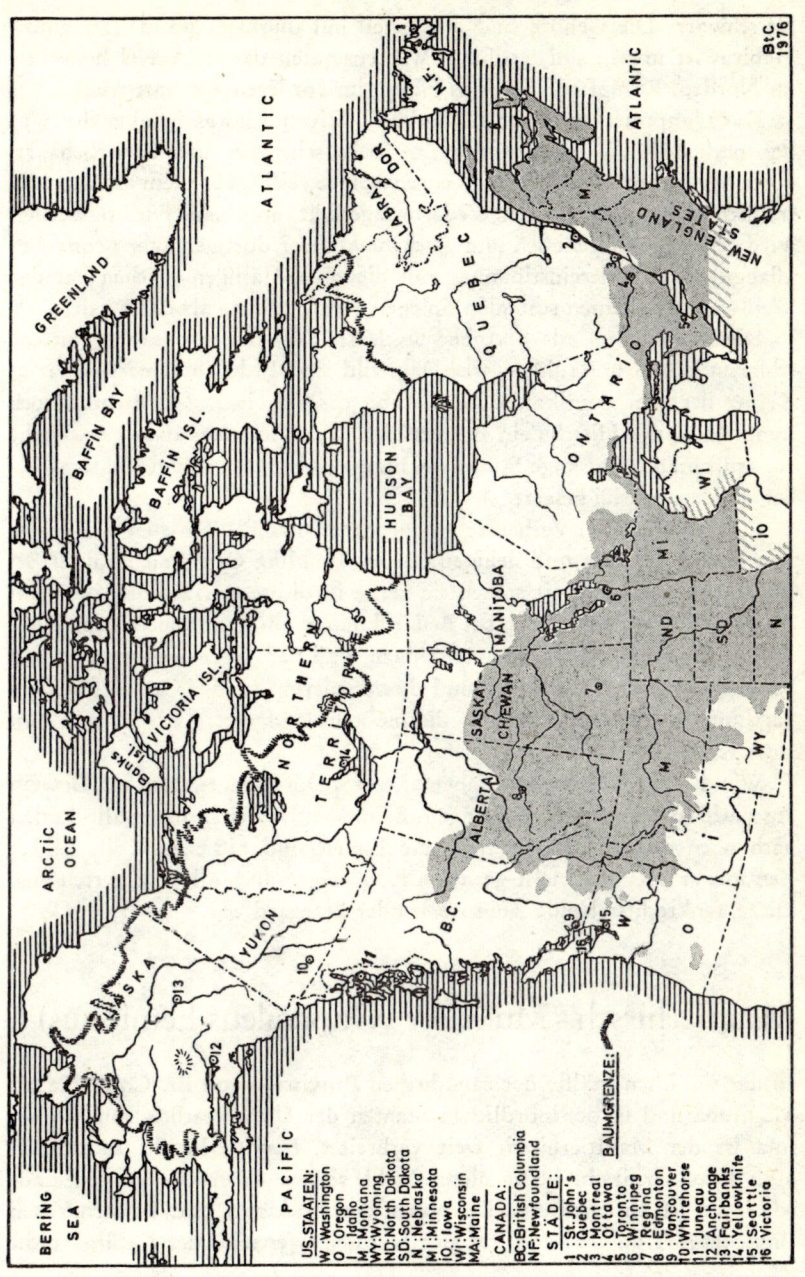

Weißwedelhirsch (Odocoileus virginianus)

US.STAATEN:
W :Washington
O :Oregon
Id.:Idaho
WY:Wyoming
ND:North Dakota
SD:South Dakota
N. :Nebraska
MI:Minnesota
IO. :Iowa
WI:Wisconsin
MA:Maine

CANADA:
BC:British Columbia
NF:Newfoundland

STÄDTE:
1 :St.John's
2 :Quebec
3 :Montreal
4 :Ottawa
5 :Toronto
6 :Winnipeg
7 :Regina
8 :Edmonton
9 :Vancouver
10:Whitehorse
11 :Juneau
12 :Anchorage
13 :Fairbanks
14 :Yellowknife
15 :Seattle
16 :Victoria

BAUMGRENZE:

bis schwarz. Die Gehöre sind innen hell mit dunklem Rand. Der ganze Habitus ist in den südwestlichen Wüstenstaaten der USA viel heller als im Norden, Rumpf gelblich, das Haupt im vorderen Teil fast weiß. Das Hauptmerkmal, vor allem des flüchtigen Stückes, ist aber der Wedel, nach dem die Art benannt ist. Er ist sehr lang und breit behaart, oben braun mit hellem Rand, unten schneeweiß. Wenn ein Stück mißtrauisch sichert, hebt es den Wedel waagerecht, und beim Flüchtigwerden wird er senkrecht gehoben und geschwenkt: Der dortige Jäger nennt dies „flagging". In Übereinstimmung mit diesem auffälligen Zeichen hat der Weißwedel nur einen schmalen Spiegel; wenig breiter als der Wedel.

Die Brunft ist Ende Oktober bis Mitte November. Manche Hirsche schlagen sich Brunftkuhlen, wie Damwild und Elche, und nässen darin. Keiner der drei amerikanischen Kleinhirsche hat einen Brunftschrei, doch sammeln starke Hirsche ein Brunftrudel. Weil vielerorts das GV schlecht ist, trifft man oft geringe Stücke als Platzhirsche. Die weißgefleckten Kälber werden im Mai gesetzt.

Weißwedel sind „Verbeißer" (englisch „browser"). Sie äsen die Triebe von Holzgewächsen und nehmen nur im Frühling Gras und Kräuter. In Übereinstimmung damit stehen sie gerne in dichtester Deckung oder am Waldrand und drücken sich bei Beunruhigung, um dann hinter dem Jäger plötzlich abzuspringen. Dies führt dazu, daß der Jäger immer auf einem Schnappschuß vorbereitet ist, und dies wiederum ist der Grund für viele Jagdunfälle. Deshalb schreiben die meisten Jagdgesetze das Tragen von roter Kleidung vor.

Wie die Zeichnung zeigt, haben alle drei Odocoileus-Arten ein Geweih aus nach vorne gebogenen Stangen. Beim Weißwedel sprossen alle Enden nach oben aus der Stange, und die Enden sind nicht gegabelt. Einige Zentimeter über der meist geringen Rose zeigen auch alle drei Arten eine kurze, senkrechtstehende Augsprosse oder „eyegard".

Maultierhirsch - Muledeer (Odocoileus hemionus)

In der südlichen Hälfte der canadischen Provinzen von Br. Columbia bis Manitoba und in den nördlichen Staaten der USA westlich von Minnesota ist der Maultierhirsch weit verbreitet. Maultierhirsch, zu deutsch auch Großohrhirsch, heißt dieses Wild wegen seiner übergroßen Lauscher. Er ist ein typischer Bewohner des trockenen und halbtrockenen Binnenlandes und kommt auf der feuchten Westseite der Gebirge nicht

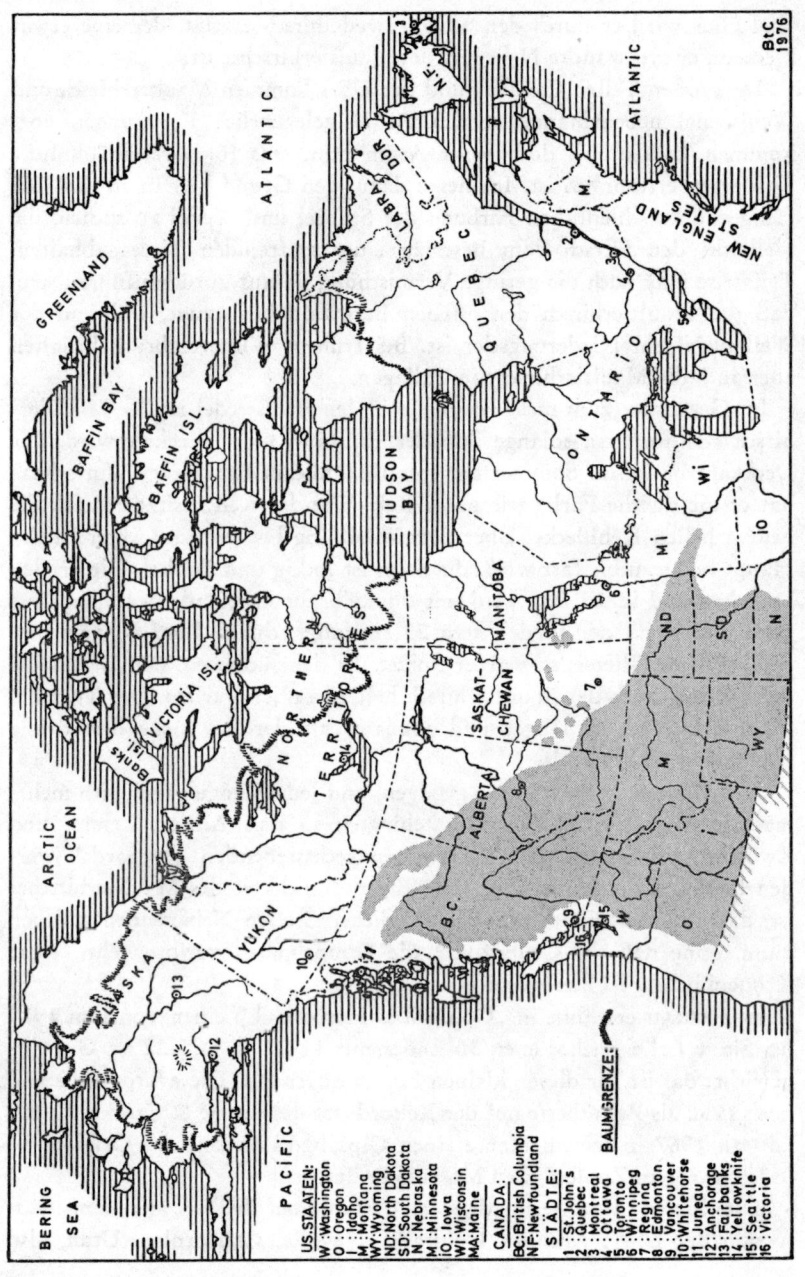

Maultierhirsch (Odocoileus hemionus)

vor. Hier wird er durch den Schwarzwedelhirsch ersetzt, der eine etwas kleinere, engverwandte Nebenart des Maultierhirsches ist.

In großen Teilen Canadas und der USA kommen Maultierhirsch und Weißwedel nebeneinander vor. Obwohl gelegentlich Kreuzungen vorkommen, halten sich doch beide Arten rein, was für zwei so ähnliche Wildarten erstaunlich ist. Ich neige dazu, den Grund hierfür in der auffälligen unterschiedlichen Färbung der Spiegel und Wedel zu suchen, die vielleicht den Hirsch vom Beschlag eines artfremden Tieres abhalten. Teilweise mag auch die geringe Vermischung darauf zurückzuführen sein, daß der Maultierhirsch den offenen Bergwald bevorzugt, während der Weißwedel ein Niederungstier ist. Bei frühem Wintereinbruch brunften aber auch die Maultierhirsche in Tallagen.

Im Gegensatz zum mehr herumziehenden Weißwedel ist der Maultierhirsch standorttreu, solange ihm der Einstand nicht verekelt wird. Die Deckenfarbe ist im Sommer ein rotwildähnliches Braun; im Winterhaar hat er die gleiche Farbe wie unser Reh. Wie das Reh besitzt er auch die beiden hellen Kehlflecke. Über dem Windfang bis um die Lichter ist das Haupt hellgrau bis fast weiß, die Stirn ist lockig und dunkel. Die großen Lauscher sind innen fast weiß mit dunkelbraunem Rand; der Spiegel ist groß und weiß, der Wedel etwa 25 cm lang, schmal, kurz behaart und weiß mit auffälliger, schwarzer Spitze. In den südlichen Wüstengebieten der USA ist auch der Maultierhirsch heller in allen Farben. Der Tritt des Maultierhirsches ist länger und schmaler als der des mehr herzförmig fährtenden Weißwedels.

Das Geweih ist nach vorne gebogen, und jede Stange gabelt sich mehrmals in zwei gleichstarke Verästelungen, so daß Achter, Zehner und Zwölfer vorkommen. Die kurzen, senkrechtstehenden „eyegards" werden hierbei nicht mitgezählt. Eine Eigentümlichkeit des Maultierhirsches ist, daß der alte Hirsch an allen möglichen Stellen Nebenenden schieben kann, ohne daß die Grundform, die Doppelgabel, verlorengeht. Sogar Kronenbildung ist hierbei möglich.

Eben-Ebenau erwähnt in „Goldgelbes Herbstlaub" einen von ihm 1930 bei Slave Lake geschossenen 36-Ender mit 11½ lbs = 5,22 kg Geweihgewicht; das ist für diesen kleinen Hirsch allerhand. Diese Trophäe stand noch 1952 als Zehntbeste auf der Rekordliste des Boone & Crocket Clubs. Ich sah 1967 in seinem Hause einen Gipsabguß davon; das Original ist (oder war?) im Zoologischen Museum in Berlin.

Die besten Maultierhirschgeweihe stammten früher aus dem Südwesten der USA: Arizona, Colorado, Nevada, Californien, Utah, also aus Halbwüsten. Gegenwärtig kommen viele gute „Köpfe" aus westlichen US-Staaten und aus Canada.

Die Lebendgewichte der Maultierhirsche betragen für einen starken canadischen Hirsch 150 bis 175 kg, geringe Hirsche um 100 kg, Alttiere 80 bis 100 kg, Schmaltiere und Spießer 60 bis 70 kg. Im Süden sind die Stücke bedeutend leichter.

Die Brunft findet im November bis Anfang Dezember statt. Obwohl der Hirsch nicht schreit, schwillt sein Hals stark an. Die weißgefleckten Kälber werden im Juni gesetzt, wobei Zwillinge oft vorkommen. Kleine Brunftrudel sind die Regel.

Auch Maultierwild drückt sich gern, und wenn es flüchtig wird, springt es mit allen vier Läufen zu gleicher Zeit. Diese Art der Fortbewegung gestattet ihm die Durchquerung von kreuz und quer liegenden Fallholzmassen. Es lebt vorwiegend in weitständigen Nadelholzbeständen.

Die Äsung ist vielseitig und besteht sowohl aus Gras und Kräutern wie auch aus Trieben von Holzgewächsen und Salbeibüschen. Im Winter machen die Hirsche oft Schaden an Heutristen, wenn diese nicht hoch eingegattert sind. Wie beim Wapiti kommt es oft zur Futterkonkurrenz mit eingetriebenem Vieh.

Der waidgerechte Amerikaner schätzt die Jagd auf den starken Maultierhirsch wegen seiner Schwierigkeit hoch ein. Auch die Bogenjagd findet immer mehr Anhänger.

Schwarzwedelhirsch-Blacktaildeer (Odocoileus columbianus)

Diese dritte Hirschart ist ein kleinerer Verwandter des Maultierhirsches, dem er im Habitus und in den Gewohnheiten sehr ähnlich ist. Das beste Unterscheidungsmerkmal ist der oben schwarze Wedel mit schmalem Spiegel. Außerdem hat er nur einen hellen Kehlfleck als Fortsetzung der hellen Unterseite des Unterkiefers. Das Geweih ähnelt dem des Maultierhirsches; nur ist es kleiner. Die Farbe ist etwas dunkler als beim Maultierhirsch, mit etwas Schwarz auf Rücken und Brustkern.

Die Brunft verläuft wie beim Maultierhirsch von Ende Oktober bis Anfang Dezember. Anders als beim Weißwedelhirsch, finden zwischen Schwarzwedel- und Maultierhirsch viele Kreuzungen statt; hauptsächlich an den Berührungspunkten beider Verbreitungsgebiete, d. h. auf der Ostseite der Küstengebirge. Spiegelform und -färbung der Mischlinge zeigen entweder die eine oder die andere Form, so daß angenommen werden muß, daß eine davon, vermutlich die Schwarzwedelform, rezessiv ist. Da die Geweihe sich nur in der Stärke unterscheiden und diese individuell veranlagt sein kann, bilden sie kein Unterscheidungsmerkmal.

Die weißgefleckten Kälber werden im Juni gesetzt. Auch beim Schwarzwedel gibt es viele Zwillinge.

Wie die beigegebene Verbreitungskarte zeigt, lebt der Schwarzwedelhirsch auf der Küstenseite der westlichen Gebirge von Californien bis in den „Panhandle" von Alaska, mit einem isolierten Bestand um die Prince William Sound bei Valdez in Alaska. Für den nördlichen Teil dieses Gebietes, etwa von der Nordspitze der Vancouver-Insel an, nimmt man zwar eine weitere Unterart an, den Sitka-Hirsch, Odocoileus c. sitkensis, der auch in großer Zahl auf der Princess-Charlotte-Insel vorkommt. Doch sind die Unterschiede so klein, daß sie für den Jäger bedeutungslos bleiben.

Im Sommer stehen sowohl der Maultier-, wie der Schwarzwedelhirsch ziemlich hoch im Gebirge. Erst bei höherem Schnee zieht das Wild wieder hinunter.

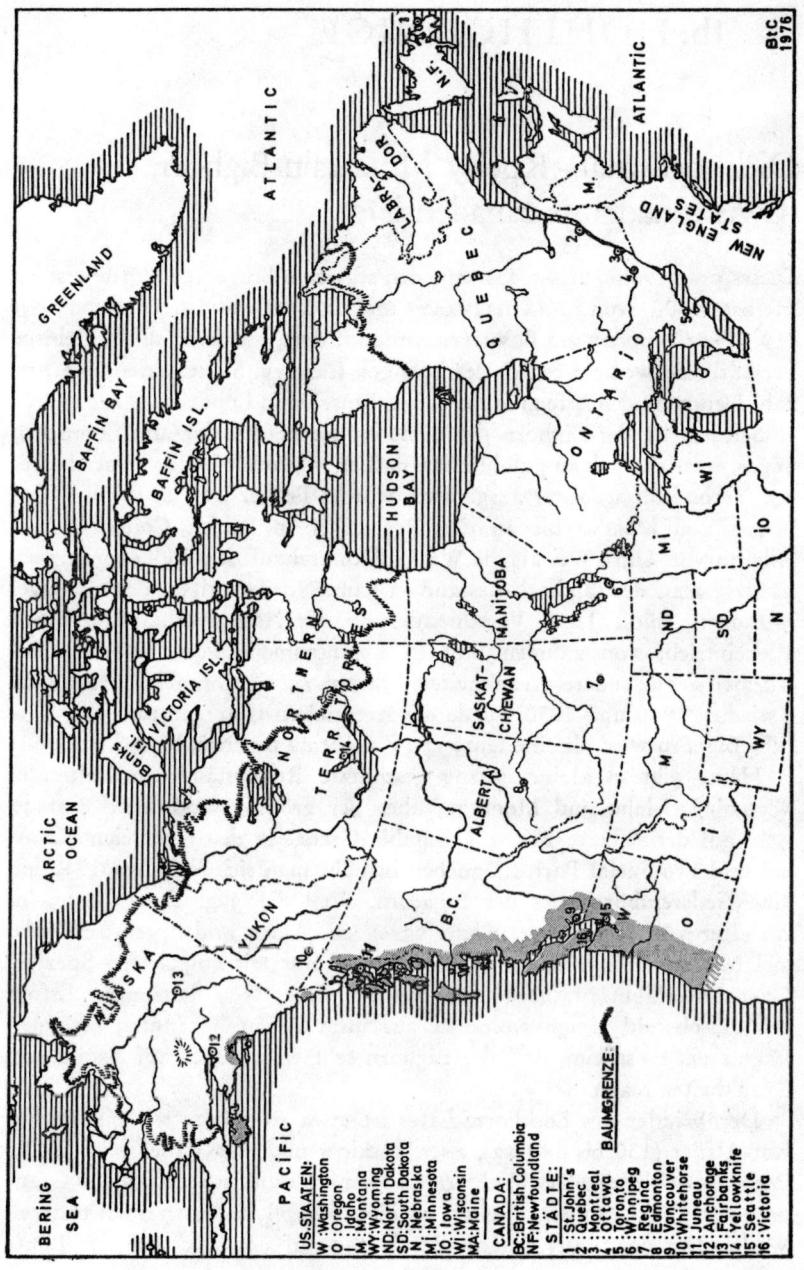

Schwarzwedelhirsch (Odocoileus columbianus)

1b: HOHLHÖRNIGE

Dickhornschaf - Rocky Mountain Bighorn (Ovis canadensis canadensis)

Dieses prachtvolle, große Tier mit den schweren Schnecken wurde erst im Herbst 1800 von McGILLIVRAY und DAVID THOMPSON von der NW. Fur Company am Bowriver entdeckt, dort, wo der Fluß das Gebirge verläßt, also wenig westlich des heutigen Calgary. Sie schickten eine Anzahl Decken und Köpfe zum Britischen Museum in London.

Seitdem ist der Bighorn die heißersehnte Beute aller amerikanischen Jäger, was leider dazu geführt hat, daß er in großen Teilen seines früheren Verbreitungsgebietes ausgerottet wurde. Früher kam er in allen Gebirgen von Mexiko bis an den Peaceriver in British Columbia und Alberta vor. Um 1880, als die Wildschlächterei auf dem Höhepunkt war, schätzte man den Bighorn-Bestand in ganz Nordamerika noch auf zwei Millionen Stück. Jagd, Verschlechterung der Äsungsverhältnisse durch Vieheintrieb, von zahmen Schafen übernommene Parasiten (Lungenwurm!) sowie andere Krankheiten führten zu einer rapiden Abnahme. Zwischen 1910 und 1930 wurde die Art vielerorts ausgerottet. Der südliche Bighorn wird als eine Unterart, California Bighorn, betrachtet.

Heute gibt es kleine, streng geschützte Restbestände in Colorado, Wyoming, Idaho und Montana, aber der größte autochthone Bestand steht auf der Alberta-British Columbia-Grenze in den jagdfreien National und Provincial Parks. Daneben bemüht man sich seit etwa 1940 um die Wiedereinbürgerung des Bighorns. Weil der Jagdschutz heute, im Zeitalter von Helikopter, Kleinflugzeugen, Autos und Sprechfunk sehr viel besser ist als früher und der Abschuß nur mit ausgelosten Spezial-Lizenzen erlaubt ist, haben die meisten dieser Neupflanzungen Erfolg gehabt, obwohl einige Kolonien aus nicht genau bekannten Gründen stagnieren. Es scheint, daß der Bighorn sehr empfindlich auf Äsung und Krankheiten reagiert.

Der Widder des Dickhornschafes ist etwa so schwer wie ein starkes Rot-Alttier (130 bis 140 kg), aber stockiger und muskulöser gebaut. Die Farbe ist bei beiden Geschlechtern ein ziemlich dunkles steinfarbiges Graubraun mit sehr großem, breitem weißen Spiegel und kurzem schwarzen Wedel. Um den Äser, unterm Bauch und auf der Rückseite der Läufe sind Widder und Schafe weiß. Alte Widder sind meist dunkler als junge, die Schafe heller als die Widder, die südlichen Bestände heller als die nördlichen.

Die schweren Schnecken mögen bei einem kapitalen Widder einen Basisumfang von ca. 16" oder 40 cm haben, bei einer Länge von etwa 45" = 112^1/$_2$ cm. Allerdings wird die Länge oft beeinträchtigt durch das sogenannte „brooming", d. h. Abstoßen der Spitzen. Weil die Bighornschnecken wenig Steigung zeigen, d. h. eng anliegend gewunden sind, kommen die Spitzen wieder in Höhe der Lichter, und das Tier stößt und reibt dann diese Sichtbehinderung oft an Felsen ab. Auch bei Brunftkämpfen werden häufig Spitzen abgeschlagen. Jagdlich werden in Amerika die Schnecken nicht nach Länge in inch angesprochen, sondern nach mehr oder weniger voller Windung: ^{3}/$_4$ curl (Drehung) = 270 Grad Windung, full curl = 360 Grad Windung, ^{5}/$_4$ curl = 450 Grad Windung.

Die Schafe erreichen nur etwa zwei Drittel des Widdergewichts und tragen ein kurzes, dünnes Gehörn.

Die Brunft ist im Oktober/November, die Lämmer werden Ende Mai, Anfang Juni gesetzt. Zwillinge sind in Gebieten mit guter Äsung ziemlich häufig. Das Schmalschaf kann mit 15 Monaten belegt werden.

Wie alle Wildschafe kämpfen rivalisierende Widder, indem sie nach gegenseitigem Anstarren rückwärts schreiten, um dann plötzlich mit voller Geschwindigkeit aufeinander loszustürzen. Auch stellen sie sich gerne wie Ziegen- und Steinböcke auf die Hinterläufe, um im Herabfallen mit den Schnecken zusammenzustoßen. Der Zusammenprall der Schnecken ist auf weite Entfernung hörbar, und der Beobachter wundert sich, daß die Schädel solchen Schlag aushalten. Beim Abhäuten eines Widderschädels zeigt sich, daß hinter der Schneckenbasis auf dem Hinterhaupt ein etwa 4 bis 5 cm dickes „Stoßkissen" aus Bindegewebe Schädel und Nackenwirbel schützt. Die Kämpfe werden fortgesetzt, bis der Schwächere aufgibt.

Weil Schafe außerordentlich gut äugen und winden und oft hoch oben in stark kupiertem Gelände stehen, ist die Jagd anerkanntermaßen schwierig, was den Wert einer guten Trophäe noch erhöht. In den Nationalparks jedoch, wo jede Jagd ruht, werden wenigstens die Mutter- und Jungtiere handzahm: Ich habe sie im Jasperpark in mehreren Rudeln direkt an der Hauptstraße angetroffen, wo sie sich von Automobilisten füttern ließen. Die Widder halten sich etwas mehr zurück, aber auch sie haben die Scheu vor dem Menschen größtenteils verloren. Ein Paradies für Wildfotografen!

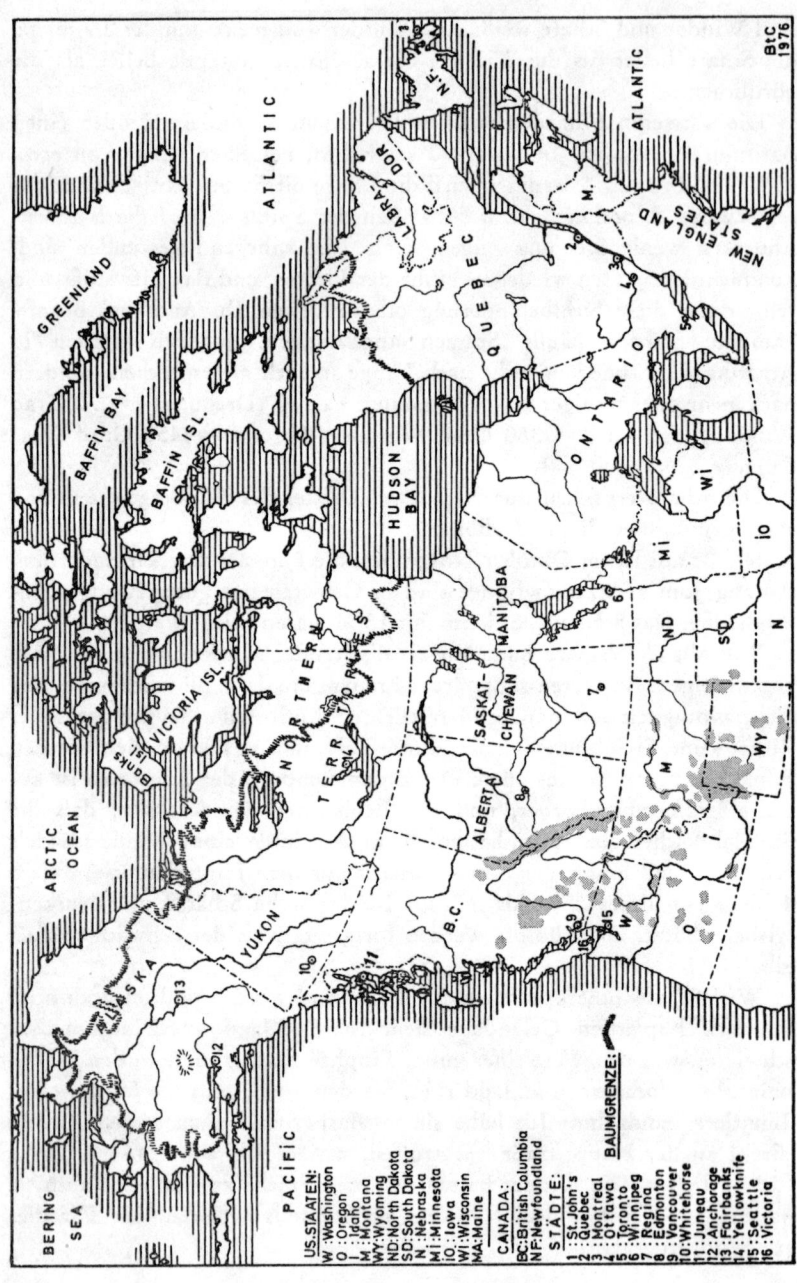

Dickhornschaf (Ovis canadensis canadensis)

Der hohe Wert, den man der Bighorntrophäe zumißt, hat leider dazu geführt, daß gute Trophäen selten geworden sind, obwohl der Abschuß nur noch auf „special license" frei ist.

Bighorns äsen vorwiegend Gräser und Kräuter sowie Flechten. Verbiß findet nur aus Winternot statt. Die typischen „Schafgebiete" liegen oberhalb der Baumgrenze, und die Hochsommer-Einstände sogar im Gürtel der Fettpflanzen und Flechten.

Stoneschaf - Stonesheep (Ovis canadensis stonei)

Die Benennung „Stonesheep" wird in deutscher Sprache oft fälschlich mit „Steinschaf" übersetzt. Das Tier heißt aber nach seinem Entdecker A. J. STONE aus Missoula, Montana, der die ersten Stücke am 8. und 10. August 1896 in der Coast Range am Stikineriver, nicht weit von der Alaska-Grenze, schoß und, da er sie als neue Art erkannte, dem American Museum of Natural History zuschickte. Dort wurden sie von dem Schaf-Spezialisten J. A. ALLEN beschrieben und nach ihrem Entdecker benannt. Die Jahreszahl der Entdeckung beweist, wie unbekannt noch um die Jahrhundertwende das nördliche British Columbia war.

Das Stoneschaf hat nur ein beschränktes Verbreitungsgebiet in Nord-British Columbia zwischem dem Peace- und dem Liard-River. Nach Süden hat es keinen Kontakt (mehr?) mit dem Bighorn. Nach Norden hingegen berühren sich die Stone- und Dallschaf-Vorkommen. Dort gibt es als Kreuzungsprodukt das Fanninschaf.

Alle diese drei Schafarten werden von canadischen Biologen im Gegensatz zum Dickhorn als „Thinhornsheep" = Dünnhornschafe zusammengefaßt. Immerhin haben diese „Dünnhörner" noch ganz respektable Schnecken. Ein guter Stonewidder mag 25 bis 35 cm Basisumfang und 85 bis 110 cm Schneckenlänge aufweisen. Im Gegensatz zum Bighorn zeigen jedoch die Schnecken viel mehr Steigung im Gewinde und sind somit weiter ausgelegt. Weil die Gehörnspitzen daher nach einer vollen Windung (full curl) weiter von den Lichtern entfernt stehen, wird das Tier weniger in der Sicht behindert. Auch beim Kampf sind die Spitzen weniger in Gefahr. „Brooming" kommt daher weniger vor. Auch die weiblichen Stone-, Dall- und Fannin-Schafe tragen wie das weibliche Bighornschaf ein dünnes Gehörn.

Der Stonewidder hat eine dunkelgraue bis fast schwarze Deckenfarbe, einen fast noch größeren weißen Spiegel und weißen Bauch als das Bighorn. Die Schafe sind bedeutend heller als die Widder.

Das Lebendgewicht eines guten Stonewidders liegt etwa zwischen 90 und 110 kg, die Schafe sind um etwa ein Drittel leichter.

In Lebensweise und Biotopwahl sind die Stoneschafe den Bighorns gleich. Die Sommereinstände liegen hoch; die der Widder weit über der Baumgrenze, die der Schafe und Lämmer tiefer. Alle besuchen von Zeit zu Zeit natürliche Salzlecken, die meist tiefer im Tal liegen. Ich beobachtete einmal in British Columbia ein großes Rudel von über 20 Stück Scharwild in einer kleinen Steilwand, wo die Tiere in vier Reihen übereinander das hervorsickernde Wasser leckten. Eine spätere Kostprobe ergab keinen für die menschliche Zunge wahrnehmbaren Salzgeschmack. Das Rudel stand etwa dreiviertel Stunde an der Lecke und verzog sich dann. Voran ein sehr starkes Leitschaf, dem die übrigen in Einerkolonne folgten. Bei einer Biegung des Flusses stießen sie auf unsere abgestellten Sattelpferde; das Leitschaf sicherte lange reglos zu ihnen hinüber, befand sie aber als harmlos, und das ganze Rudel zog ruhig auf etwa 50 m an den Pferden vorbei. Eine andere Lecke in einem Seitental des Prophetriver hatte einen so hohen Schwefelgehalt, daß sie schon auf Hunderte von Metern auch für unsere Nase zu riechen war. Auch hier standen drei Schafe an der wohl seit vielleicht tausend oder mehr Jahren von den Wildleckern bis tief in die Schieferfelsen ausgehöhlten Quelle. Etwas weiter unten tränkte sich ein junges Caribou aus diesem Wasser, dessen Gestank nach faulen Eiern betäubend war.

Dall- oder Schneeschaf - Dallsheep
(Ovis canadensis dalli)

Das Dallschaf, benannt nach Dr. WILLIAM H. DALL, wurde 1884 bei Fort Reliance bei Dawson City am oberen Yukonriver entdeckt. Es ist eine subarktische Spezies. Sie kommen, abgesehen vom nordwestlichsten Zipfelchen von British Columbia, nur vor in den Gebirgen von Alaska, Yukon und den Mackenziebergen in den Northwestern Territories. Da sie außerdem meist hoch im Gebirge stehen, wo in dieser Gegend ein sehr rauhes Klima herrscht, ist ihre Bejagung strapaziös.

Das Dallschaf ist in beiden Geschlechtern rein weiß, die Widderschnecken sind gelblich und mögen einen Basisumfang von 30 bis 35 cm und eine Länge von 100 bis 125 cm erreichen. In den erst seit kurzem

Tafel 3: *Mittelstarker Maultierhirsch · Phot. North Dakota Game & Fish Dept. (oben) — Schwarzwedelhirsch mit Tier · Phot. Oregon Dept. Fish & Wildlife (unten).*

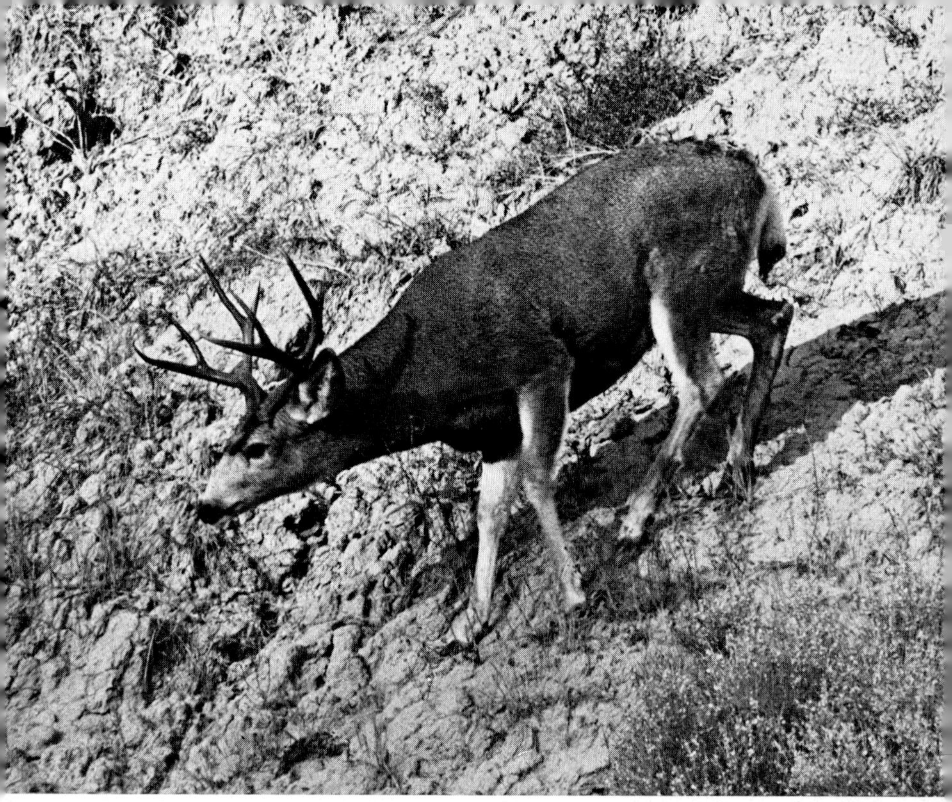

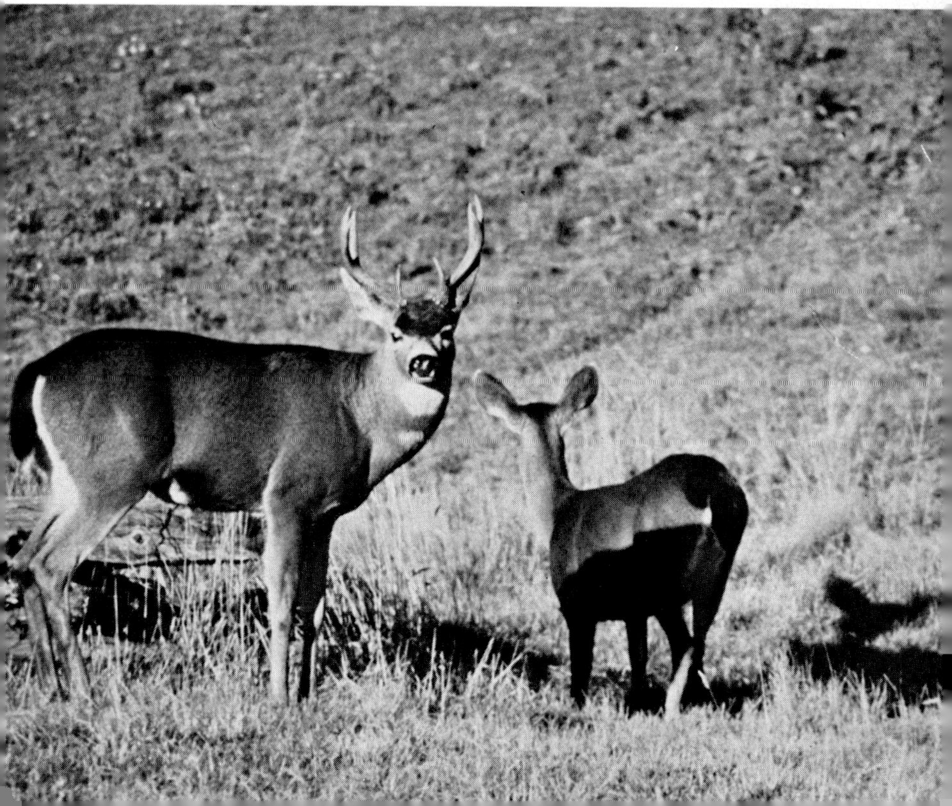

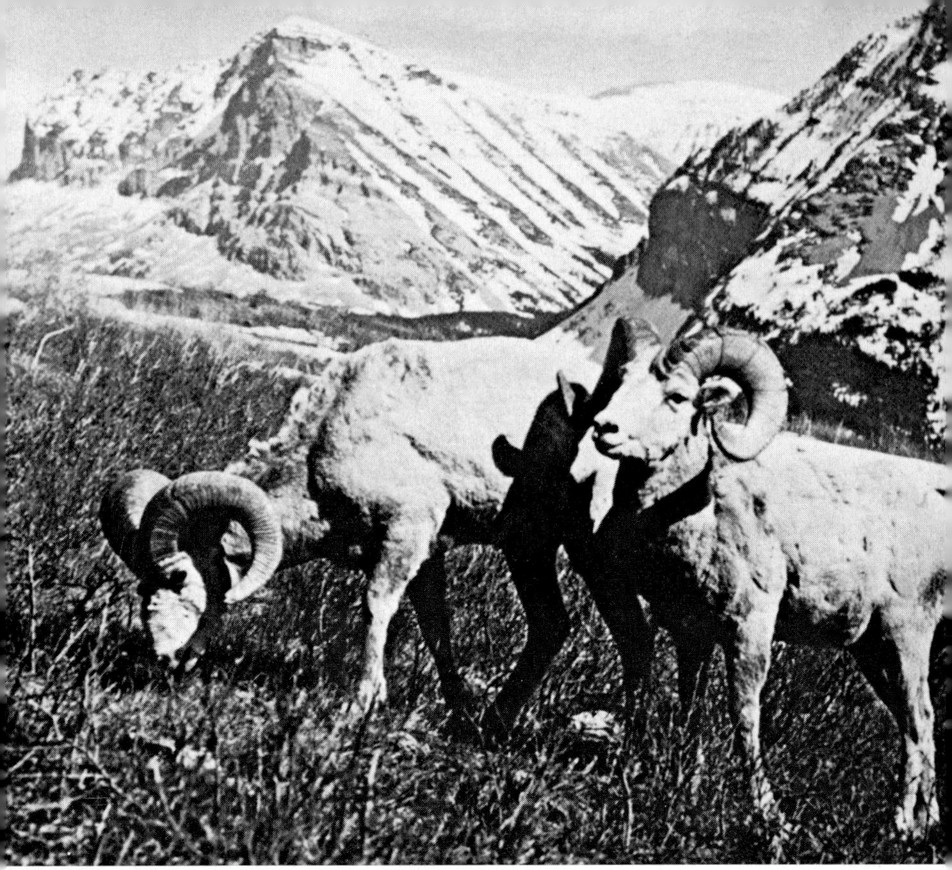

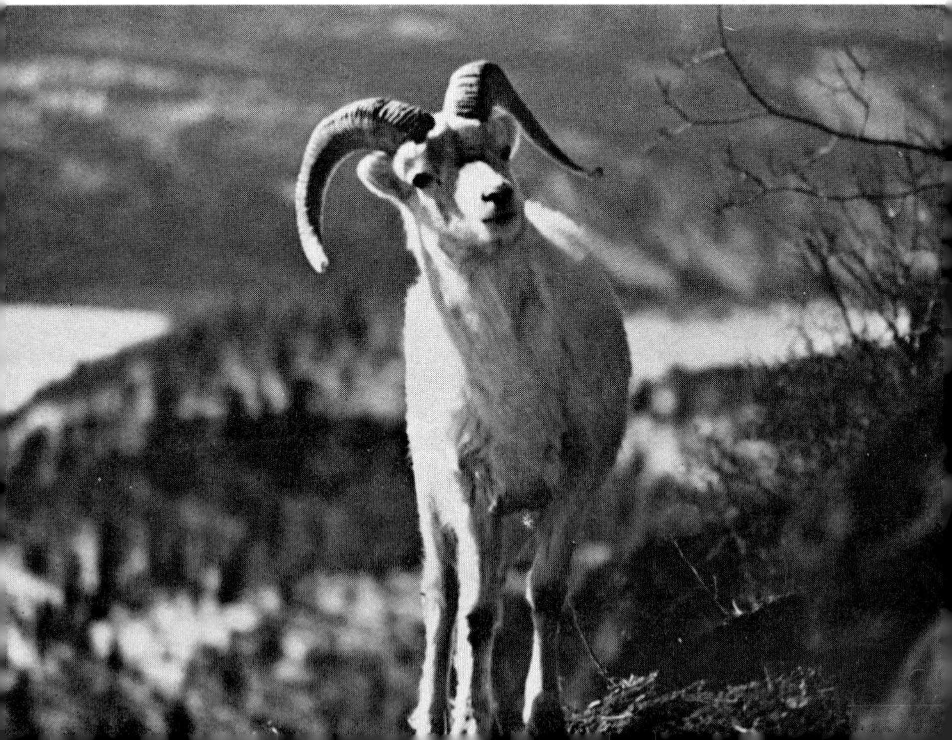

intensiver bejagten Brooksbergen Nordalaskas hat man bessere Chancen auf einen alten Widder mit „full curl" oder mehr. Aber die Gehörne sind dort, des strengen Klimas wegen, etwas schwächer als in milderen Lagen.

Das Gewicht eines jagdbaren Widders mag etwa 90 kg erreichen; die Schafe sind erheblich leichter. Auch das Dallschaf brunftet im Oktober/November.

Die Schnecken sind meist weit ausgelegt, doch sind hierbei große individuelle Unterschiede zu beobachten. Der vom weltbekannten Jäger F. EDMUND-BLANC 1971 in Budapest ausgestellte kapitale Dallwidder hat infolge großen Ausgangswinkels zwischen den Schnecken eine so geringe Auslage, daß die Spitzen bei dreiviertel Windung fast den Unterkiefer berühren, sich dann aber wieder nach außen drehen. Wohl deshalb sind auch beide Spitzen stark abgestoßen. Trotzdem hat das Stück noch ca. $^5/_4$ curl, aber es ist keineswegs ein typischer Vertreter dieser Art, die im allgemeinen viel größere Auslage und dünnere Schnecken aufweist. Der Blanc-Widder zeigt eher Bighorntyp, obwohl eine Blutmischung wegen der Entfernung ausgeschlossen werden muß.

Dallschafe müssen außerordentlich wetterhart sein. Hoher Schnee, Minustemperaturen bis 50 Grad C und arktische Blizzards wollen überstanden sein.

Die Alaska-Jagdbehörde berichtet 1972, daß in den bequemer zu erreichenden Gebieten die Anzahl Trophäen mit mehr als $^3/_4$ curl rückgängig ist und das GV sich infolge der einseitigen Jagd auf Widder zugunsten der weiblichen Tiere verschiebt, so daß man deren Freigabe ins Auge faßt. Gleichzeitig wird aber betont, daß in abgelegenen Gebieten, wie in den Brooksbergen, die Jagd noch kaum Einfluß auf den Bestand ausübt:

Es ist in den letzten Jahren eine ansehnliche Zunahme des Jagddruckes auf Schafe festzustellen, ohne daß die Strecke entsprechend zunahm. Grund dafür ist, daß die meisten Jäger gute Trophäen suchen und sich eher auf die wenigen Gebiete konzentrieren, wo kürzlich starke „Köpfe" erbeutet wurden, statt sich in leichtbejagten Gebieten wie die Brooksberge zu verteilen. Die Erbeutung von $^3/_4$ curl Widder ist z. B. in den Wrangell- oder Chugach-Bergen verhältnismäßig beschränkt, während auch die zunehmende Unvertrautheit der Tiere in stark bejagten Gebieten zur Herabsetzung des Jagderfolges beiträgt.

Tafel 4: *Dickhornwidder im Haarwechsel · Phot. D. On (oben) — Dall-Widder sichernd · Phot. Alaska Dept. Fish & Game (unten).*

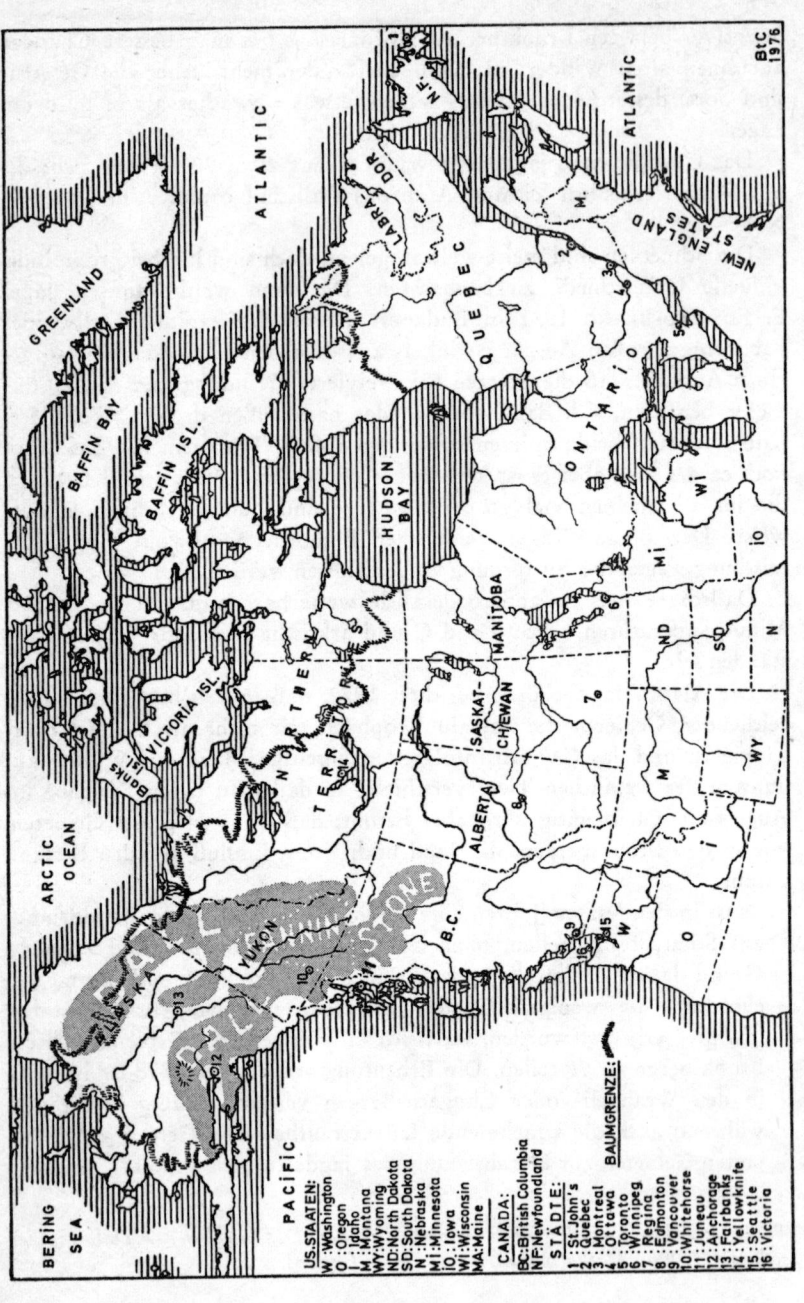

Fannin-Schaf - Fannin Sheep
(Ovis canadensis dalli x stonei)

Früher hat man diese Art als eine eigene Unterart angesehen, doch hat sich gezeigt, daß sie nur ein Kreuzungsprodukt von Stone- und Dall-Schaf ist. Als Kreuzungsprodukt mendelt das Fanninschaf in der Decken-farbe. Alle Farbschattierungen zwischen weiß und schwarzgrau finden sich oft im gleichen Rudel.

Entsprechend dem Vorkommen der beiden Arten findet man das Fanninschaf vornehmlich in der Nähe der Yukon-British Columbia-Grenze. Eine weitere Beschreibung erübrigt sich, weil die Tiere keine eigenständige Art bilden.

Schneeziege - Rocky Mountain Goat
(Oreamnos americanos)

Diese „Gemse Nordamerikas" ist das ganze Jahr über rein weiß und hat somit in schneefreier Landschaft das Gegenteil einer Schutzfarbe. Vor dem Zeitalter der Feuerwaffen brauchte sie diese auch nicht, weil sie immer in der Nähe exponierter Felswände steht, wohin sie bei Gefahr flüchten kann. Obwohl die Schneeziege oft hoch oben im Gebirge steht, ist dies nicht immer der Fall: Steile Felsabbrüche sind wichtiger als die absolute Höhe. Mancher im Waldgürtel liegende steilwändige Canyon bietet ihr ebenfalls einen annehmbaren Biotop. In Alaska steht sie z. T. auch in Steilwänden direkt am Meer. Die gleiche Erscheinung sehen wir bei der Gams, die mancherorts ebenfalls Tieflandverhältnisse in Kauf nimmt, wenn nur Steilwände vorhanden sind.

Obwohl das Gehörn der Schneeziege keine spektakuläre Trophäe ist, gilt dies wohl für die prächtige, langhaarige Decke. Beide Geschlechter tragen einen langen Ziegenbart und auf der Kruppe extralange Haare, die den Eindruck eines Buckels vermitteln. An den Läufen reicht die lange Behaarung bis zum Hand- bzw. Sprunggelenk.

Der Unterschied zwischen den Geschlechtern ist gering. Das Gehörn des Bockes oder „Billy" ist ein wenig dicker und länger als das der Geiß oder „Nanny". Die Länge des Bockgehörns beträgt bei einem guten Stück 25 cm oder wenig mehr. Des geringen Unterschiedes wegen werden jagd-lich immer beide Geschlechter freigegeben. Nur sollte natürlich der Jäger darauf achten, daß keine führende Geiß geschossen wird.

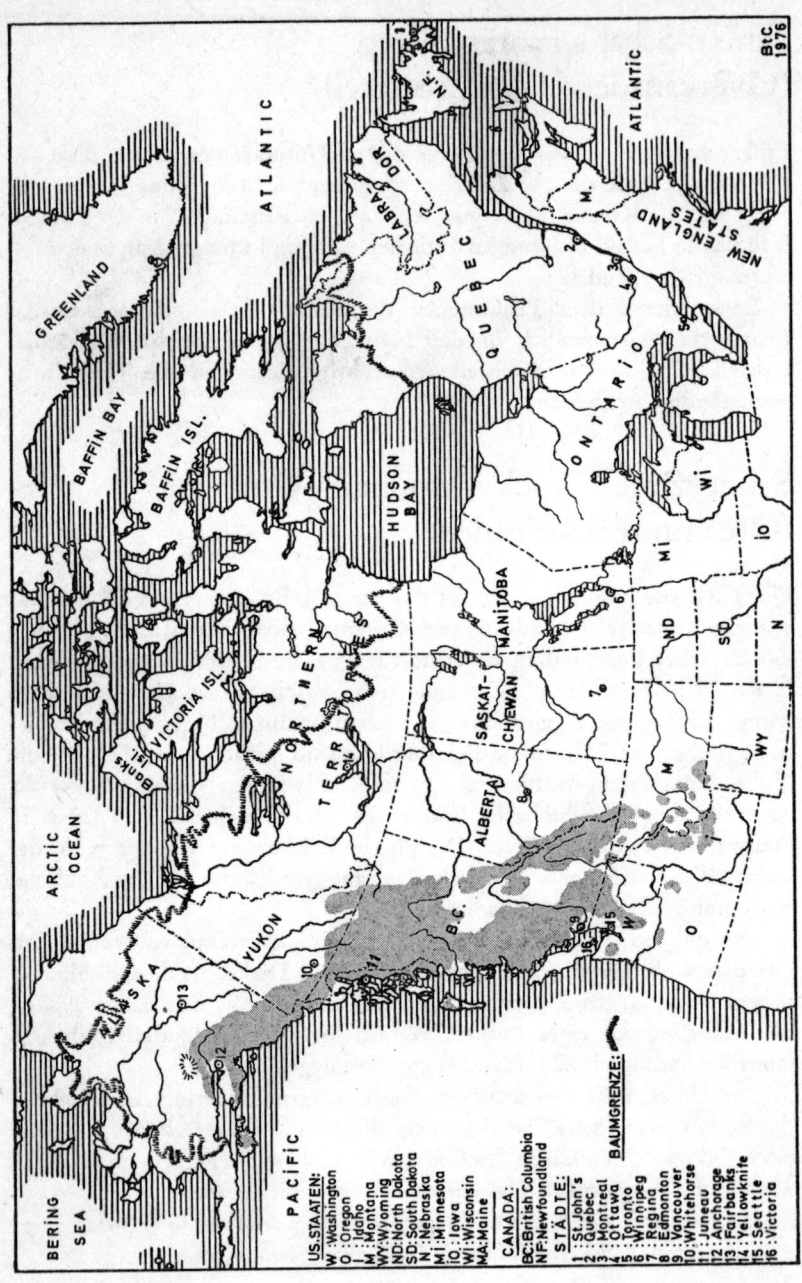

Schneeziege (Oreamnos americanos)

BtC
1976

PACIFIC

US.STAATEN:
W :Washington
O :Oregon
I :Idaho
M :Montana
WY:Wyoming
ND:North Dakota
SD:South Dakota
N :Nebraska
MI:Minnesota
IO:Iowa
WI:Wisconsin
MA:Maine

CANADA:
BC:British Columbia
NF:Newfoundland

STÄDTE:
1 :St.John's
2 :Quebec
3 :Montreal
4 :Ottawa
5 :Toronto
6 :Winnipeg
7 :Regina
8 :Edmonton
9 :Vancouver
10:Whitehorse
11:Juneau
12:Anchorage
13:Fairbanks
14:Yellowknife
15:Seattle
16:Victoria

BAUMGRENZE:

Wie die Verbreitungskarte zeigt, kommt die Ziege im Norden vorwiegend in Meeresnähe vor, was im etwas besseren Klima begründet sein könnte. Mehr südlich steht sie auch im Landesinneren. Die kleinen, inselartigen Vorkommen sind dort teils geophysisch bedingt, teils sind sie auf Neuaussetzungen zurückzuführen. Die Voraussetzung für deren Gelingen ist dabei die Kombination von guter Äsung mit steilem Gelände.

Die Brunft ist im November—Dezember. Wie auch beim Steinbock sind die Billys keine rabiaten Brunftkämpfer: Das extreme Gelände verbietet bei beiden Tierarten ernste Kämpfe.

Die Kitze werden im Mai—Juni gesetzt, und zwar meist als Einzelkitze, obwohl auch Zwillinge vorkommen. Es ist erstaunlich zu beobachten, wie nur wenige Tage alte Kitze ihrer Mutter schon in schwierigstem Gelände folgen.

Auffällig ist, daß die Schneeziege sich in etwa gleichem Gelände besser hält beziehungsweise bei Neuaussetzungen eher gedeiht als das Bighornschaf, obwohl die Ziegen etwas größere Verluste durch Lawinen, Steinschlag und dergleichen erleiden als die Bighorns. Der Grund hierfür ist noch unbekannt.

Wie die Gemse äst die Schneeziege im Sommer Kräuter der Hochlagen. Im Winter geht sie entweder hinunter, verbeißt Sträucher und Nadelholz und äst Baumflechten. Oder aber sie zieht hinauf zu schneefrei gewehten Hängen, um dort erfrorenes Gras aufzunehmen. Es sei hier einmal darauf hingewiesen, daß jenes gelbe dürre Gras, das in Canada und Alaska an vielen waldfreien Stellen steht, tatsächlich eine nahrhafte Äsung ist. Grünes Gras in vollem Wachstum wird im Herbst von den ersten strengen Nachtfrösten schon Ende August, Anfang September plötzlich abgetötet, verfault aber nicht, weil die Temperaturen zu tief und das Herbstklima zu trocken ist. Auch die Pferde der Jagdexpeditionen leben ohne jedes Beifutter davon und bleiben selbst bei harter Beanspruchung glatt und rund.

Die schönste Art der Trophäendarstellung ist bei der Schneeziege die Präparierung der ganzen Decke als Wandbehang mit dreidimensional ausgestopftem Hals und Kopf. Zumindest aber sollte man Kopf und Hals bis zum Vorschlag präparieren lassen. Was dann jedoch von der schönen Decke übrigbleibt, ist nur „eine halbe Sache". Einige amerikanische Präparatoren präparieren auch die ganze vordere Hälfte des Tieres mitsamt den Vorderläufen.

Gabelbock - Pronghorn - Antelope
(Antilocapra americana)

Dieses eigentümliche Wild ist so recht „ein Ding für sich": Es hat keine näheren Verwandten in Amerika und ist aufs vollkommenste dem Leben in der Sagebrush-(Salbei-)Steppe angepaßt.

Obwohl die Antelope sehr lebhaft orange-weiß-schwarz gefärbt ist, bildet diese Buntscheckigkeit eine hervorragende Schutzfarbe im offenen Salbei- oder Präriegelände. Ich habe mehrmals von Auto oder Zug aus über die leere Prärie geschaut und erstaunlicherweise gar nicht weit ein Rudel Gabelböcke gesichtet, die fast vollkommen mit dem Hintergrund verschmolzen.

Dieses Wild hat einen langhaarigen weißen Spiegel, der bei Beunruhigung gespreizt wird wie beim Reh im Winterhaar. Durch die lange Behaarung wird bei der Antelope (im Englischen mit zwei e!) der Spiegel dann fast doppelt so groß und wirkt auf das ganze Rudel wie ein Alarmsignal. Er ist auch für den Jäger weithin sichtbar.

Anatomisch ist der Gabelbock eine Seltenheit. Obwohl er ein Hohlhörniger ist wie Schafe, Ziegen und Gemsen, stößt er alljährlich die gegabelte und gehakelte schwarze Hornhülle seines Gehörns ab. Damit ist er eine weltweite Ausnahme. Beim Abkochen des Gehörns zeigt sich, daß der Stirnzapfen wie ein flaches beinernes Messer geformt ist, ohne Gabelung und Krümmung. Die Länge des Stirnzapfens reicht etwa bis zur Gabelung der Außenhülle. Die den Stirnzapfen überziehende Haut produziert nicht, wie bei den übrigen Hohlhörnern, direkt Horn, sondern eine Art Haare, die zu einer Hornhülle zusammenkleben, wie z. B. auch das Horn des Nashorns aus solchen verwachsenen Haaren besteht. Das Merkwürdige bei der jährlichen Hornerneuerung ist, daß der flache, gerade Stirnzapfen zuerst eine nach innen gerichtete Hakel aus festem, massivem Horn schiebt und dann, etwa in halber Höhe, die „Gabel", die eigentlich gar keine Gabel ist, sondern eine dreieckige, nach vorne gerichtete flache Fahne. Ein typisches Beispiel von Entelechie. Bei dem im Juli fertig geschobenen Gehörn befindet sich zwischen Horn und Stirnzapfenhaut eine lose, weißgraue Haarschicht. Beim Haarwechsel im Herbst lösen sich diese Haare aus der Stirnzapfenhaut, und die Hornhülle fällt Anfang November ab.

Die Geißen tragen meist geringe, ungegabelte und ungehakelte Hörner. Es gibt auch Populationen mit gehörnlosen Geißen.

Eine weitere Absonderlichkeit der Antelope ist das Fehlen der Geäfter.

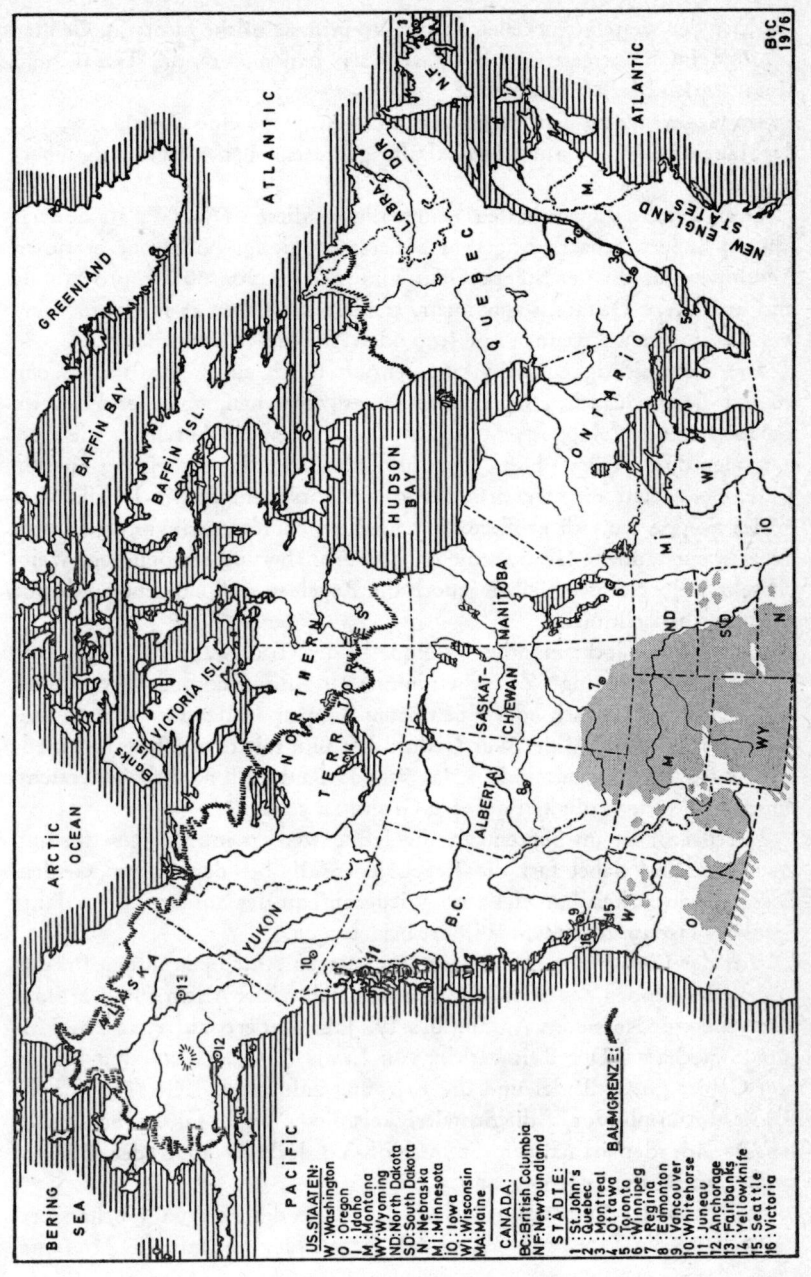

Gabelbock (Antilocapra americana)

Als Tier der weiten, trockenen Steppe braucht sie solche nicht. Ja, Geäfter könnten im Salbeigestrüpp lästig sein. Es fehlen auch die Tarsal- und Metatarsaldrüsen am Hinterlauf.

Im Gegensatz zu den Hirschen hat die Antelope eine Gallenblase, was der Jäger, der Wert auf schmackhafte gebratene Leber legt, nicht übersehen darf.

Drei weitere Eigenschaften kennzeichnen dieses Wild: Es ist äußerst schnell, äußerst scharfsichtig und äußerst neugierig. Nicht nur erreichen Antelopen auf offener Steppe Geschwindigkeiten von 60 km pro Stunde und auf kurze Distanz sogar mehr, sondern sie lieben es merkwürdigerweise auch, ein Wettrennen mit Jeep oder Auto aufzunehmen.

Die Scharfsichtigkeit wird kommentiert durch ein Jägerwort: „Wenn du mit dem achtfachen Glas versuchst auszumachen, ob jener Fleck im Gelände eine Antelope ist, dann zählt unterdessen die Antelope, wie viele Patronen du im Gürtel hast." Dies und die Deckungslosigkeit der meisten Antelopengebiete erschweren natürlich die Pirsch ungemein. Es gibt aber in der Steppe vielfach größere oder kleinere coulées, steilwandige, durch Erosion entstandene Gräben, die oft eine Annäherung ermöglichen. Weite bis sehr weite Schüsse bleiben jedoch die Regel, so daß eine entsprechende Büchse erforderlich ist.

Die Neugier lockt manche Antelope in den Tod, wenn der Jäger zum sogenannten „flagging" Zuflucht nimmt: In guter Deckung liegend, bindet er sein Taschentuch oder einen roten Lappen an den Gewehrlauf und winkt damit einige Male. Wer Geduld hat und mit dem „flagging" maßhält, wird oft belohnt, indem das äsende Rudel allmählich näherzieht, um dieser Merkwürdigkeit auf den Grund zu gehen.

Die Brunft ist im September, die Kitze werden im Mai gesetzt, und Zwillinge sind dabei fast die Regel, jedenfalls bei den älteren Geißen. Diese Fruchtbarkeit hat viel zum Wiederaufbau der anfangs dieses Jahrhunderts fast ausgerotteten Wildart beigetragen.

Vor der Einführung der Feuerwaffen waren Antelopen in den Prärien und Salbeisteppen des Mittelwestens sehr zahlreich: Allein für den Staat Montana wurden sie im Anfang des 19. Jahrhunderts auf etwa 2¹/₂ Millionen geschätzt. Der Reisebericht von LEWIS & CLARK erwähnt in diesem Gebiet große Rudel und die Erlegung zahlreicher „Geißen" für die Küche. Im Hinblick auf die Schwierigkeit dieser Jagd und den beschränkten Bereich der damaligen Steinschloß-Vorderlader muß der Bestand tatsächlich sehr gut gewesen sein.

Während der Marktjagd-Periode am Ende des vorigen Jahrhunderts nahm dann die Zahl rapid ab, so daß diese 1924, ebenfalls für Montana, auf ca. 3000 Stück geschätzt wurde. Auch in den anderen Verbreitungsgebieten ging es ähnlich, so daß ernsthaft mit einem Aussterben gerechnet wurde. Waren doch kurz zuvor auch die unabsehbaren Herden der Bisons völlig ausgerottet worden.

In letzter Minute hat man jedoch drastische Schutzmaßnahmen getroffen, wodurch sich der Bestand langsam erholte. Neue Rückschläge gab es, als die großen Viehranchen dazu übergingen, ihre Weidegebiete mit Drahtzäunen in Parzellen aufzuteilen, damit sie auf der gleichen Fläche mehr Vieh halten konnten. Dieses wurde dann erst umgeweidet, wenn die Parzelle kahlgefressen war. Diese Futterkonkurrenz hat überall zum Rückgang des Großwildes geführt. Verschlimmert wurde die Lage noch, als Schafhalter ihre Weiden mit schafdichten Geflecht-Zäunen umgaben, denn die Antelope, so schnell sie ist, springt schlecht und schiebt sich normalerweise unter Zäunen durch. Schafdichte Zäune sind aber auch antelopendicht. Das Wild wurde so seiner Freizügigkeit beraubt. Um 1924 war der Tiefpunkt erreicht.

Nun wurde die Jagd teilweise ganz geschlossen, teilweise in sehr beschränktem Maß mit ausgelosten „special permits" erlaubt. Örtliche Surplus wurden eingefangen und für Neugründungen in leergeschossenen Gebieten verwendet. Da man inzwischen den Wert dieses Tieres als Jagdobjekt erkannt hatte und außerdem die berüchtigte Trockenperiode der 1930er Jahre die Aufgabe vieler Tausende von Farmen bewirkte, deren Fläche reiche Unkrautäsung bot, hob sich der Bestand wieder schnell. Örtlich gab es zwar auch jetzt noch Rückschläge, wenn Rancher mittels Herbicid-Versprühung aus Flugzeugen versuchten, die Salbeibüsche zu vernichten, um Gräsern Platz zu machen. In Trockengebieten mißlang dies aber oft, weil sich Salbei der Trockenheit besser anpaßt als Gras.

Trotz allem nahm der Bestand nun erfreulich zu, so daß heute der Fortbestand dieses Wildes gesichert erscheint. Für Montana gab es 1941 und 1942 noch Jagdverbote, während von da an immer zunehmende Zahlen Jagdpermits ausgegeben werden konnten:

Montana	Spec. Permits	Strecke
1943	750	553
1945	1 575	1 400
1952	18 622	18 096
1955	39 055	26 000
1964	37 109	26 982
1969	23 167	14 543

Die Streckenzahlen in den übrigen Gebieten waren:

Alberta	1974	699 Stück
Saskatchewan	1971	3 097 Stück
Canada-Jahresstrecke	∅	3 800 Stück
N. Dakota	1971	1 486 Stück
S. Dakota	1974	8 637 Stück
Nebraska	1975	1 463 Stück
Montana	1973	19 303 Stück
Idaho	1972	1 486 Stück
Wyoming	1974	42 534 Stück
Oregon	1973	749 Stück
Nord-USA	∅	75 658 Stück jährlich

Die Antelope kommt aber auch in den hier nicht behandelten südlichen US-Staaten in großer Zahl vor. Success ratio von 80 bis 95 Prozent ist dort möglich.

Bison - Bison oder Buffalo (Bison bison)

Die Geschichte der Ausrottung des Bisons der amerikanischen Prärien wurde oft genug erzählt. Sie war ein typisches Beispiel der rücksichtslosesten Ausbeutung der Natur, wie sie schon 100 Jahre vorher die Vernichtung des Seeotters, der Pelzrobben und der Stellerschen Seekuh im Nordpazifik und heutigen Tages noch der Wale im Südpolargebiet zeigen. Tausende von Jahren hatten die Indianer der Präriegebiete vom Bison gelebt, ohne die Herden wesentlich zu vermindern. Noch 1860 schätzte man den Bestand auf etwa 60 Millionen, 1883 waren sie verschwunden. Das Drama hatte verschiedene Gründe:

Der wichtigste ist natürlich, daß der nicht durch strenge Gesetze oder Tabus disziplinierte Mensch maßlos ist in seiner Gier nach persönlichem Gewinn oder Genuß.

Was als verhältnismäßig bescheidene Fleischjagd der Siedler anfing, entartete in wilde Schlächterei durch das Erscheinen der ersten Flußdampfer und wenig später der transkontinentalen Eisenbahnen, die den Transport von Fleisch, Häuten und Zungen nach den Städten im Osten und Süden erst ermöglichten. Bald wurden Hekatomben dieser bis zu anderthalb Tonnen wiegenden Riesen nur noch für Decke und Zunge geschossen. Die Berge guten Wildbrets verfaulten in der Prärie in einer Zeit, als in den Städten Tausende Hunger litten.

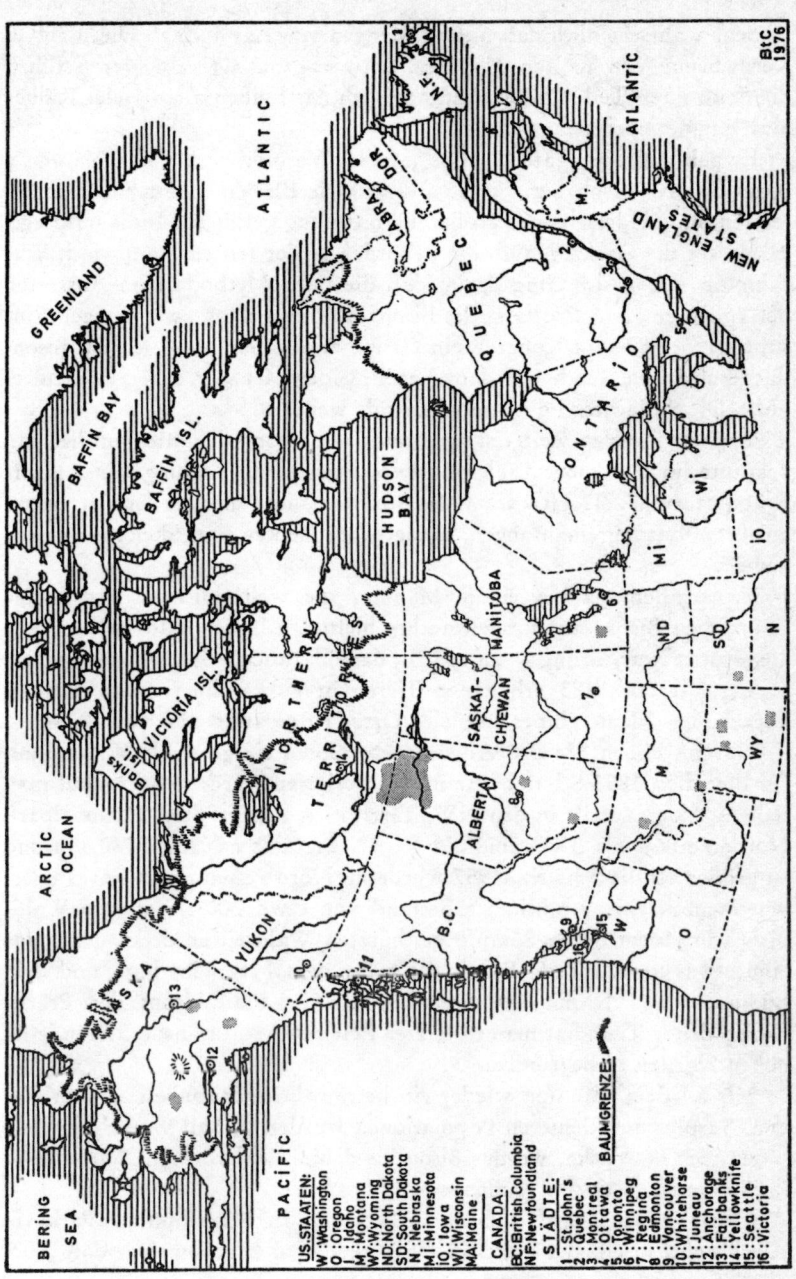

US-STAATEN:
W: Washington
O: Oregon
I: Idaho
M: Montana
WY: Wyoming
ND: North Dakota
SD: South Dakota
N: Nebraska
M: Minnesota
IO: Iowa
WI: Wisconsin
MA: Maine

CANADA:
BC: British Columbia
NF: Newfoundland

STÄDTE:
1 St. John's
2 Quebec
3 Montreal
4 Ottawa
5 Toronto
6 Winnipeg
7 Regina
8 Edmonton
9 Vancouver
10 Whitehorse
11 Juneau
12 Anchorage
13 Fairbanks
14 Yellowknife
15 Seattle
16 Victoria

Bison (Bison bison) — ☐ = Gatter

Sehr wahrscheinlich haben diese Mengen von Aas auch zu übermäßiger Vermehrung von Wölfen, Coyoten, Schwarz- und Grizzlybären geführt, die dann ihren Teil zur Vernichtung durch das Reißen allzu vieler Kälber und Jungtiere beigetragen haben.

Es gab weitere „gute Gründe", dieses Verbrechen an der Natur zu rechtfertigen. Viehbauern wollten die Prärie für Viehzucht zur Zeit der letzten und beiderseits mit großer Verbitterung geführten Indianerkriege. Nicht nur die Grenzer, auch die Behörden in der fernen Hauptstadt Washington waren sich einig darin, daß die beste Methode zum Ausrotten der Indianer die Ausrottung des Bisons war. Es gelang zwar einigen Einsichtigeren, 1874 im Kongreß ein Gesetz zum Schutze der letzten Bisons durchzubringen. Doch der damalige Präsident GRANT unterzeichnete es nicht. Die Schlächterei ging bis zum Ende weiter.

Typisch für den Zeitgeist war auch, daß das bekannte Smithsonian Institute im Dezember 1886 eine Expedition unter Leitung seines Chef-Präparators W. T. HORNADAY ausschickte, nicht um die letzten Bisons zu ihrer Rettung einzufangen, sondern um Decken und Skelette zu sammeln.

Trotz allem gab es einige Männer, die weiterblickten und kleine Grüppchen Bisons auf ihren Ranches hielten. Als der wilde Bison 1883 ausgerottet war, schlug — zu spät — das öffentliche Gewissen. Man versuchte, mit noch 183 erhaltenen Tieren in Parks einen neuen Bestand aufzubauen. Heute gibt es an vielen Orten eingegatterte Herden.

Nur im hohen Norden Albertas überlebten einige wilde Waldbisons, für die schon 1893 Schutzbestimmungen erlassen wurden. 1922 schuf man teils in Alberta, teils in den NW. Territories, den größten Nationalpark Nordamerikas als „Woodbuffalo Park". Er mißt ca. 270 × 180 km und ist größer als die Schweiz. 1957 wurde im Nordwesten dieses Parks unerwartet noch ein autochthoner Bestand von etwa 200 nordischen Waldbisons in einem durch Sümpfe geschützten Waldteil entdeckt. Dies war eine etwas abweichende Rasse, die mehr dem Leben im bush und dem hochnordischen Klima angepaßt war als die Plainsbisons der Prärie. Einige dieser Tiere hat man in letzter Zeit benutzt, um neue Bestände im hohen Norden zu begründen.

Mit all dem war nun wieder ein beträchtlicher Bisonbestand vorhanden. Surplus aus kleineren Populationen wurden überall vermehrt ausgesetzt, auch in Alaska, wo der Bison bis dahin nicht vorkam. Wir werden darüber unter „Alaska" Näheres berichten.

Heute haben die freilebenden Bestände in Woodbuffalo Park, in Alaska und in einigen Parks in USA wieder so zugenommen, daß „special permits" für den Abschuß alter Stiere vermehrt ausgegeben werden können. Dadurch können neue Aussetzungen finanziert werden.

Der Bisonstier, „the bull", ist ein imposantes Tier mit seiner hohen Kruppe, krausbehaartem Vorderschlag und tiefgetragenem Haupt mit den kleinen Lichtern und dem kräftigen, kurzgebogenen schwarzen Gehörn. Er kann bis zu anderthalb Tonnen Lebendgewicht erreichen. Temperamentmäßig sind die Bisons ziemlich phlegmatisch, obwohl einer Kuh mit Kalb oder einem alten grantigen Stier nie zu trauen ist. Die Brunft fällt in den November, wobei die stärksten Stiere einen Harem sammeln.

Der Bestand in Woodbuffalo-Park hat vor einigen Jahren durch Milzbrand stärkere Verluste erlitten. Daraufhin hat man Tausende von Tieren eingefangen, geimpft und wieder freigelassen, wodurch es gelang, die gefährliche Seuche zu stoppen. Merkwürdigerweise finden sich nirgends Andeutungen, wie Wölfe und Bären auf die Milzbrand-Kadaver reagierten, obwohl sie zweifellos gefallene Tiere angeschnitten haben. Der Wildlife Service der NW. Territories schrieb mir hierzu: „Wir haben keine Anzeichen gefunden, daß Raubwild für Anthrax anfällig ist. Sicher hat es Anthrax-Fallwild gerissen, was vielleicht zur hohen Wolfspopulation in den Bisongebieten um Fort Smith beigetragen hat." – Das Veterinär-Bakteriologische Institut der Universität Bern (PD Dr. KLINGLER) sagt hierzu: „Raubwild hat im allgemeinen eine erhöhte Resistenz gegen Rauschbrand, obwohl Versuchstiere oft künstlich infiziert werden können. Dort, wo Anthrax endemisch ist, werden Wolf und Bär immun sein, weil schon früher alle nicht-immune Individuen verendet sind."

Moschusochse - Muskox (Ovibos moschatus)

Dieses Tier ist weder, wie der 1816 gegebene Name irrtümlich besagt, ein Schaf (Ovis) noch ein Rind (Bos), sondern den Ziegen und Antilopen verwandt. Ursprünglich waren Moschusochsen im höchsten Norden Canadas, Alaskas und auf Grönland zahlreich. In der Eiszeit kamen sie, durch das Eis nach Süden abgedrängt, auch in Süd-Canada und Mitteleuropa vor.

Walfänger in den Gewässern nördlich der Festlandküste haben sie im 19. Jahrhundert in allen damals erreichbaren Gebieten fast restlos ausgerottet. Nur auf Grönland und auf den canadischen Arktis-Inseln überlebten einige Herden. In der nordcanadischen Tundra wurden noch um die Jahrhundertwende fast 10 000 Stück abgeschlachtet, bis die canadische Regierung 1926 die Moschusochsen unter Vollschutz, auch für Eskimos, stellte.

Dieses Tier ist seiner kargen und kalten Umwelt aufs beste angepaßt: Es ist mittelgroß, der Stier höchstens so groß wie eine Bergkuh der schweizerischen Braunviehrasse, die Kuh fast ebenso groß. Diese Größe ist wohl ein ausgewogenes Mittel zwischen der verfügbaren knappen Äsung und der Forderung nach genügend Masse, um Wärmeverlust entgegenzuwirken. Die Behaarung ist außerordentlich lang, dicht und fein, fast einen halben Meter lang und so fein, daß man gegenwärtig an mehreren Orten, so in Edmonton, Fairbanks, Vermont, Nord Quebec und Nunivak Island, versucht, den Moschusochsen zur Gewinnung der kostbaren Wolle zu domestizieren.

Der Stier hat einen ausgesprochenen Buckel über den Blättern; Der Rücken hinter dem Buckel ist weißlich, wie auch die unteren Läufe, die übrige Decke graubraun bis dunkel schwarzbraun. Das Lebendgewicht ausgewachsener Stiere liegt bei etwa 800 lbs = 365 kg. Ein in Vermont domestizierter Hauptstier erreichte 1400 lbs = 635 kg! Moschusochsen haben, außer an den Hinterläufen, keine Schweißdrüsen: Sie brauchen diese in ihrem Habitat ja nicht, außer eben an den Läufen, um eine Duftfährte zu hinterlassen. Bei frischgefangenen Tieren ist daher eine Abkühlung durch übergießen mit Wasser notwendig.

Das glatte Gehörn ohne Jahresringe erinnert in der Grundform etwas an einen Kaffernbüffel. Ein breiter Helm deckt den Schädel, und die gelblichen Hornspitzen sind neben dem Haupt tief hinunter- und wieder nach oben gebogen.

Bei Gefahr bilden die Moschusochsen einen „Igel", indem sie sich mit den Hinterleibern zusammenschieben und nach außen einen Ring von hornbewehrten Häuptern zeigen. Diese Verteidigung kann kein Wolf und kein anderes Raubtier durchbrechen, weil es nur eine kleine Kopfdrehung braucht, um die hakenförmigen Hörner dem Angreifer von unten in den Leib zu schlagen. Leider ist diese seit Jahrtausenden so effiziente Verteidigung erbmäßig so fest verankert, daß sie unter allen Umständen beibehalten wird, auch wenn der Mensch ein Tier nach dem anderen erschießt.

Daß aber in der Domestizierung auch das „Igel-Verhalten" verlorengehen kann, erlebte ich in Edmonton: Um Nahaufnahmen machen zu können, bat ich den Fütterer, mich mit seinem Jeep ins Gatter zu fahren, was sonst nie geschah. Daraufhin flüchteten alle Tiere außer dem Leitstier in Einerkolonne ins nahe Weidengebüsch, während sich uns der Stier mit tiefem Brummen, Brüllen und Vorderlaufstampfen entgegenstellte. Zu einem Angriff auf den wohlbekannten Futterjeep kam es aber nicht.

Das 1926 erlassene canadische Jagdverbot, dem auch auf den arkti-

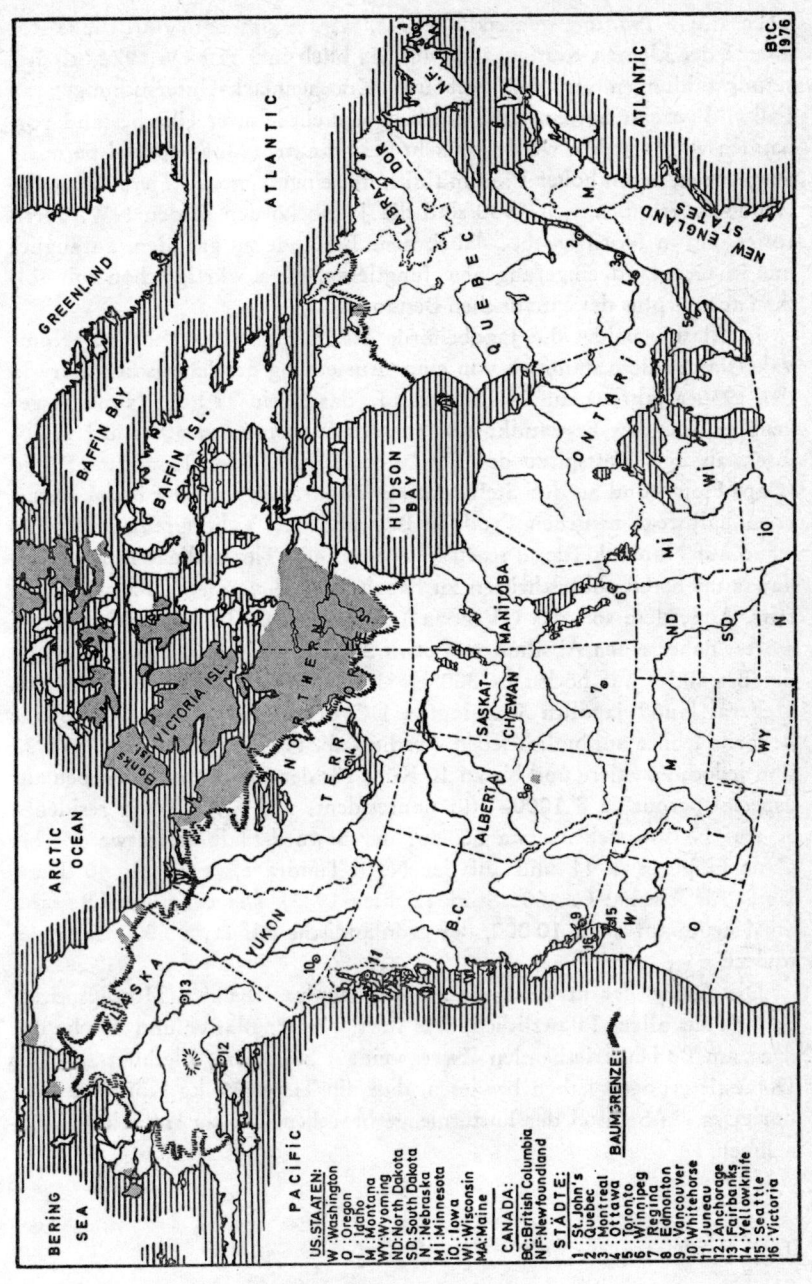

Moschusochse (Ovibus moschatus)

schen Inseln Achtung verschafft wurde, wirkte sich bald durch eine Zunahme der kleinen Restbestände aus. Es blieb in Kraft bis 1972, als Bestandeszählungen aus der Luft und Knochenmark-Untersuchungen an Fallwild gezeigt hatten, daß örtlich bereits ein leichter Überbestand vorhanden war. Seitdem werden in sehr beschränktem Maß „special permits" ausgegeben, deren hoher Preis mithilft, mit eingefangenen Tieren neue Bestände zu gründen. Seit 1930 sind die Jagdbehörden in den NW. Territories und in Nord Quebec dabei, neue Bestände zu gründen, anfänglich mit in Grönland eingefangenen Jungtieren, gegenwärtig schon mit solchen aus Surplus der canadischen Bestände.

In Alaska meldet die Jagdbehörde Moschusochsenbestände auf Nunivak Island (diese stammen von einer Aussetzung grönländischer Tiere in den 1930er Jahren), auf Nelson Island, (das ist ein Teil der Nunivak gegenüberliegenden Festlandküste), auf der Westspitze der Seward Halbinsel, an der Westspitze des Festlandes nördlich der Kotzebue Sound (Cape Hope) und an drei Stellen in der Tundra nördlich der Brooksberge, etwa halbwegs zwischen Prudhoe Bay und der Yukongrenze. Der Bestand auf Nunivak Island scheint 1972 mit 483 Tieren die Winteräsungskapazität bereits überschritten zu haben, so daß vermehrt Fallwild auftritt. Außerdem soll das GV etwa 1¹/₂:1 sein. Der Game Service befürwortet daher einen Abschuß von etwa 200 Stieren und die Stabilisierung des Bestandes auf höchstens 300 bis 350 Stück. Nunivak ist jedoch als „federal land" jagdlich Washington DC direkt unterstellt. Die dortige Behörde lehnte anfänglich jeden Abschuß ab. Für die Jagdsaison 1976/77 sind jedoch 70 Stiere und bis zu 10 Kühe für den Abschuß freigegeben auf „special permit" à $ 1000,— für nonresidents und $ 500,— für residents.

Auf Nelson stehen etwa 50, auf der Seward-Halbinsel etwa 25, bei Cape Hope etwa 11 und auf der Nord-Tundra etwa 35 bis 40 Tiere. Total für Alaska: Ca. 600 Stück (Zahlen 1972). Der canadische Bestand wird heute auf etwa 10 000, der grönländische auf etwa 6000 Tiere geschätzt.

Die Äsung der in völlig baumloser Tundra lebenden Moschusochsen besteht aus allem Pflanzlichen, was dort wächst: Blätter und Triebe der flach am Boden kriechenden Zwergweiden, Sauergras, Flechten etc. Die Domestizierungen haben bewiesen, daß die Tiere pro kg Körpergewicht nur etwa ein Sechstel der Futtermenge brauchen, wie sie Hausrinder aufnehmen.

Tafel 5: *Schneeziegen-„Billy"* · Phot. D. On.

2. Bären - Bears (Ursus)

Schwarzbär - Blackbear (Ursus americanos)

Der Schwarzbär ist fast über ganz Nordamerika verbreitet; er wird bejagt im Staat New York wie in Californien, in Quebec und Newfoundland wie in British Columbia und Alaska.

Der Schwarzbär füllt in Amerika etwa die gleiche ökologische Nische aus wie das Schwarzwild in Eurasien. Er lebt praktisch von allem, was freßbar ist: Gras und Kräuter, Beeren und Aas, Mäuse, Erdhörnchen, Käfer und Larven, Eier und Junge der Bodenbrüter sowie, wo er es haben kann, auch liebend gerne Fallobst, Mais und Honig. Gelegentlich schlägt er Wild. Obwohl mir dieser Speisezettel wohlbekannt war, erstaunte es mich trotzdem, Schwarzbären Ende Mai in Alberta das junge Gras rupfen zu sehen wie Schafe oder Rinder. Das erscheint einem nicht ganz „standesgemäß".

Dieser Bär kommt in vier Farben vor: Die große Mehrheit ist kohlschwarz mit hellbraunem Fang. Die Jungen zeigen im ersten Sommer außerdem einen weißen Fleck oder schmalen Halbmond auf dem Stich. Nicht allzu selten ist auch die braune Varietät, der „Zimtbär" (Cinamon bear), der eine kupferrote Decke trägt. Dies ist eine rezessive Farbe, die nach bekannten Gesetzen mendelt. Eine schwarze Bärin kann demnach, wenn sie selber die rote Farbe rezessiv in sich trägt und von einem roten Bären belegt wurde, rote Junge (cubs) haben. Umgekehrt auch eine rote Bärin schwarze Junge.

Eine sehr seltene Farbspielart ist der „Gletscherbär" (Glacier bear), der eine hellgraumelierte Decke trägt. Diese Art kommt nach bisheriger Auffassung nur in den ausgedehnten Gletschergebieten der „Dreiländerecke" Alaska—Yukon—Br. Columbia vor, doch wurde solch „blauer" Schwarzbär kürzlich auch am Teloquana-See im Jagdbezirk Bristol Bay in SW. Alaska gemeldet. Einige scheinen auch in den höchsten Bergen der Kenai-Halbinsel zu leben. Jedenfalls ist dies ein Hochgebirgs-Schwarzbär. Eine Bestandszählung mittels Flugzeug im alaskanischen Bezirk Yakutat ergab 1972 nur einen Gletscherbär auf 86 schwarze Bären, doch vermutet man eine etwa höhere Zahl, weil auf dem Schnee der „blaue" Bär

Tafel 6: *Pronghornrudel (Böcke mit gespreiztem Spiegel) · Phot. North Dakota Game & Fish Dept.*

weniger sichtbar ist als der schwarze. Immerhin ist diese Spielart eine sehr seltene Trophäe, und ihre Erlegung wird denn auch von der Jagdbehörde nur beschränkt erlaubt.

Eine noch größere Seltenheit sind die rein weißen Schwarzbären (Teilalbinos mit blauen Augen) auf dem der Br. Columbia-Küste vorgelagerten Gribble Island, südwestlich von Kitimat. Diese Farbvarietät genießt völlige Schonung.

Der ausgewachsene Schwarzbär erreicht in der Herbstfeiste Gewichte von 300 bis 500 lbs = ca. 135 bis 225 kg Lebendgewicht. Die Bärin ist etwas leichter. Nach dem Winterschlaf ist das Gewicht natürlich viel niedriger. Die Feistschicht kann auf dem Rücken 7 bis 8 cm messen; hinzu kommt noch viel Innenfeist. Dieses Fett wird vom Jäger sorgfältig gesammelt, ausgelassen und als Koch- und Bratfett verwendet, da es keinen Nebengeschmack hat. Das Wildbret ist eßbar und wurde früher von „backwoodsmen" auch trotz des etwas muffeligen Beigeschmackes regelmäßig genutzt. Heutzutage ist es jedoch üblich, daß der Bärenkern nach Abschärfen des Feistes liegenbleibt. Außerdem müssen alle Bären, also Schwarzbär, Grizzly und Eisbär, als trichinenverdächtig angesehen werden, so daß das Wildbret unter allen Umständen völlig durchgebraten oder -gekocht werden muß. Das Abschärfen der Decke ist mühsam, weil sie, wie bei der Sauschwarte, Zentimeter für Zentimeter losgeschärft werden muß.

Der Schwarzbär kann im Gegensatz zum ausgewachsenen Grizzly Bäume erklettern. (EBEN-EBENAU erwähnt aber in „Goldgelbes Herbstlaub" einen Fall, wo ein kapitaler Grizzly ihm Hirschwildbret stahl, das 8 Meter hoch in einer Tanne aufgehängt war. Neuschnee zeigte eindeutig die Grizzlyspur. EBEN sagt aber nicht, ob es ein Stamm mit vielen starken Seitenästen war, was im Hinblick auf trockenes Aufbewahren des Wildbrets anzunehmen ist.)

Lustig ist zu beobachten, wie die führende Bärin mit einem kurzen Grunzer ihre Sprößlinge zum blitzschnellen Aufbaumen veranlaßt. In wenigen Sekunden sind sie oben und setzen sich meist rittlings auf einen Ast, während sie sich mit den Vorderbranten an den Stamm klammern. Diese Abwehrmethode zeigt, daß nichtkletterndes Raubwild, also Wolf und Grizzly, für die Jungbären eine Gefahr sind.

Der „Winterschlaf" des Bären ist keine Hibernierung, wie beim Murmeltier, Igel, Siebenschläfer usw., weil Körpertemperatur und Atemfrequenz nur wenig gesenkt werden. Der gestörte Bär erwacht deshalb schnell. Schwarzbären graben sich für ihr Winterlager normalerweise keine Höhle, sondern machen sich ein Lager unter dem Wurfteller eines

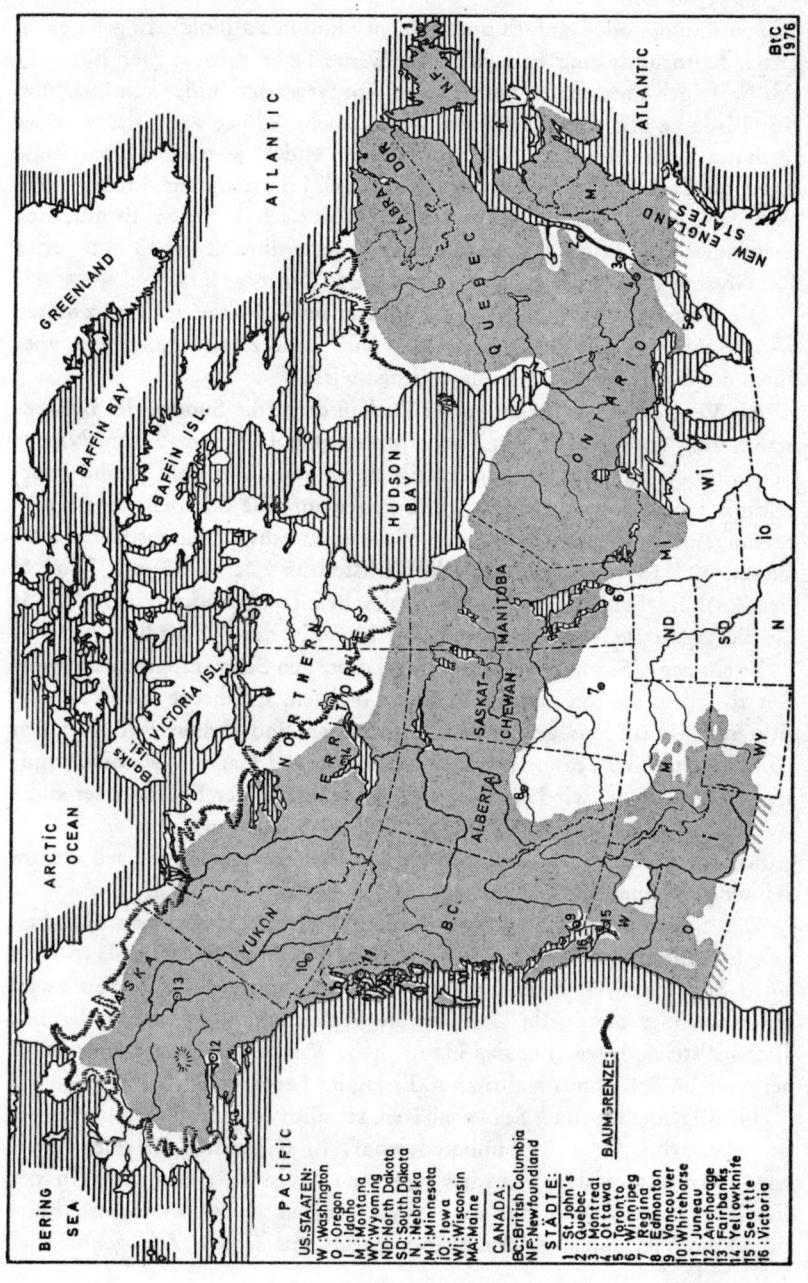

Schwarzbär (Ursus americanos)

großen Baumes oder einfach unter einem Haufen Fallholz. An geeigneten Orten kann auch eine Felsspalte als Winterlager dienen. Der Bär läßt sich im Lager einschneien. Durch seine Körperwärme bildet sich über ihm eine Eisdecke mit einem Luftloch, und je mehr Schnee fällt, desto besser geschützt liegt das Tier. Der Winterschlaf endet, je nach Klima, Ende April bis Ende Mai. Die Bärzeit ist im Juni/Juli, nachdem sich die Tiere nach der kargen Zeit des Winterschlafs wieder erholt haben. Es gibt eine Keimruhe bis Oktober, und die Bärin setzt ihre 2 bis 3 nur etwa 300 Gramm wiegenden Jungen während des Winterschlafs.

Diese bleiben 1½ Jahre bei der Mutter und schlafen auch im zweiten Winter mit ihr. Die Bärin setzt also nur jedes zweite Jahr, was aber durch die Mehrfachgeburten ausgeglichen wird.

Als Vergleichsmaß für erbeutete Decken dient die Summe des Breitenmaßes von Vorderbrante bis Vorderbrante plus Längenmaß vom Nasenschwamm bis zur Bürzelspitze, geteilt durch zwei. Für das Trophäenverzeichnis vom Boon & Crocket Club gelten nur die Schädelmaße: Kluppenlänge + Kluppenbreite = Maß. Sehr gute Schwarzbärenschädel messen ca. 30 + 18 = 48 cm, die allerstärksten 35 + 22 = 57 cm (Boon & Crocket). Im Felde kann die Breite des Brantenabdrucks einen Anhalt für die Jagdbarkeit geben: Über 12 bis 13 cm ist der Bär jagdbar.

In einigen US-Staaten ist es noch erlaubt, den Schwarzbären mit Hunden zu jagen, die ihn zum Aufbaumen bringen. Erfahrene Altbären verzichten aber auf das gefährliche Aufbaumen und stellen sich eher den Hunden (running bear). In anderen Staaten und Canada ist diese Jagdart verboten. Dort wird er meist zufällig während der Hirsch- oder Elchjagd erlegt oder im Frühling auf offenen Stellen, wo das erste Gras grünt, wo Beeren unter dem Schnee überwintert haben oder wo ein im Winter gefallenes Stück Wild liegt.

Der Schwarzbär windet und vernimmt ausgezeichnet; sein Gesichtssinn ist schlecht entwickelt. Als ich im Mai 1967 mit EBEN in Slave Lake einen Schwarzbären beim Grasrupfen antraf, gingen wir ihn zu zweit hintereinander ohne jede Deckung an: Ruhig schreitend, wenn der Bär äste, stillstehend, wenn er das Haupt hob. Wir kamen bis auf etwa 60 m heran, ohne daß er uns wahrnahm. Er lag im Feuer.

Im allgemeinen sind Schwarzbären ziemlich harmlose Gesellen, doch ist bekanntlich jeder Bär unberechenbar. In Gegenden, wo viel gejagt wird, versucht er den Menschen aus dem Wege zu gehen, aber in der richtigen Wildnis weiß man nie... Vor einigen Jahren wurde in Alaska ein Mann von einem Schwarzbären nachts aus seinem Zelt geholt und getötet. Auch Bärinnen mit Jungen ist nicht zu trauen, ebensowenig dem bei der Jagd mit Hunden gereizten Bär. Doch bleiben Angriffe eine große Ausnahme.

Braun- und Grizzly Bär - Brownbear, Grizzly (Ursus arctos)

Beide Namen bezeichnen dasselbe Tier, das auch mit dem eurasischen Braunbären identisch ist. Der Unterschied liegt nur darin, daß der Braunbär, der in einem meeresnahen Gebiet mit Lachsflüssen lebt, sich von Ende Mai bis im Herbst sehr bequem von fetten Lachsen ernähren kann und infolge des maritimen Klimas einen kürzeren Winterschlaf hält. Der Inlandgrizzly hingegen muß sich seine Nahrung mühsam zusammensuchen und braucht des Klimas wegen einen um etwa 6 Wochen längeren Winterschlaf. Daher bleibt er kleiner als der Braunbär.

Kein Wunder, daß sich der Küsten-Braunbär im Laufe der Jahrtausende zu einem wahren Riesen entwickelt hat, der aufrechtstehend 2¹/₂ Meter mißt. Und dies nicht nur auf der Insel Kodiak, die vor der Ära der Buschflugzeuge am leichtesten zu erreichen war und deshalb für seine Großbären berühmt wurde, sondern überall, wo Meeresklima und Lachsflüsse die Voraussetzungen bieten.

Auch in der Farbe gibt es kaum Unterschiede zwischen Braun- und Grizzlybär: Es gibt schokoladenbraune, rotbraune, blonde Bären überall. Der richtige „Silvertip" zeigt weißliche Spitzen an den Grannenhaaren, etwa wie ein Schwarzwildkeiler im Juni. Diese Farbvarietät hat dem Grizzly, dem „Grauen", aber auch „Greulichen" = Ursus horribilis, den Namen gegeben, aber lange nicht alle Grizzlies oder Braunbären sind so gefärbt.

Früher kam der Grizzlybär im gesamten Westen Nordamerikas vor, von der mexikanischen Grenze bis zur Beringstraße. Im Süden ist er jetzt praktisch ausgerottet, in den nördlichen US-Staaten geschützt, bzw. mit nur ganz wenigen „special permits" jagdbar. In British Columbia, wo nach Schätzung der Jagdbehörde 1975 noch 5000 bis 10 000 Grizzlies leben, ist im größten Teil der Provinz noch 1 Stück jährlich frei. In Alberta, dessen Grizzlybestand rapide abnimmt, ist er nur in der nördlichen Wildnis und in den Jagdbezirken entlang den Nationalparks von Banff und Jasper frei, d. h. in den Vorbergen der Rockies, die als Viehzuchtgebiet genutzt werden. Hier würde der Bär durch Beunruhigung des Viehs (Stampede!) und auch durch Schlagen zuviel Schaden stiften.

Die Bärzeit fällt, wie beim Schwarzbären, in die Zeit Juni/Juli, und auch beim Braunbären gibt es danach eine Eiruhe von 4 Monaten. Die nur rattengroßen Jungen werden während des Winterschlafs gesetzt und bleiben 1½ Jahre bei der Mutter. Meist sind es Zwillinge; Drei- und Vierlinge kommen vor. Der Durchschnitt ist 2,2.

Das Lebendgewicht eines Inlandgrizzlies erreicht etwa 200 bis 275 kg. Das des Alaska-Braunbären erreicht 450 kg und mehr, doch sind diese so schwer, daß es draußen praktisch unmöglich ist, sie zu wiegen. Erst in den letzten Jahren gelang es, einige mit Narkosegewehr immobilisierte Bären in ein Netz zu rollen und mittels Helikopter zu heben und dabei zu wiegen.

Die Winterlager finden sich auf nördlich gerichteten Hängen in höheren Lagen (bis zu 3000 m in Montana). Es können selbstgegrabene Erd- oder natürliche Felshöhlen sein, die Jahr für Jahr wieder bezogen werden, solange der Bär ungestört bleibt.

Die Äsung des Grizzlybären ist, wie bei allen Bären, sehr vielseitig. Außer Lachs, den sie vorzugsweise in Stromschnellen fangen, wo die Fische langsamer vorwärtskommen und das Wasser seichter ist, werden vor allem alle Sorten Beeren, Whitepine-Nüsse, Gras, Wurzeln und Kräuter gefressen. Das Ausgraben von gophers (Erdhörnchen), Murmeltieren, Packratten und Eichhörnchen (die in Nordamerika im Sommer in Baumnestern, aber im Winter unterirdisch leben) ist auch eine Liebhaberei des Grizzly, der dabei oft enorme Erdarbeiten für eine minimale Beute ausführt, die er in einem Bissen verschluckt. Jede Art von Aas wird mit Vorliebe genossen. Es scheint, daß dem Bären Wildbret mit starkem Haut gôut lieber ist als frisches. Die aufgefundenen Reste, z. B. eines vom Jäger geschossenen Elches, werden vom Grizzly mit Ästen und Laub zugedeckt. Dieses Zudecken macht der Schwarzbär nicht; und es ist sozusagen der „Inbesitznahmebruch" des Grizzly, der meist auch vom Wolf respektiert wird. Oft schiebt sich der Bär in der Nähe eines solchen Risses ein, um ihn gegen Schwarzbären und Wölfe zu bewachen. Dies ist gelegentlich einem Jäger zum Verhängnis geworden, wenn er sich solcher Stelle absichtlich oder unabsichtlich näherte.

Auch sonst ist Vorsicht bei der Jagd angebracht. Der Braunbär war von jeher das stärkste Tier der Wildnis und kennt als solches keine instinktive Angst. Er ist der Herr und die anderen haben zu weichen. Da er außerdem über beträchtliche Intelligenz verfügt und alt genug wird, um die Tücken der Menschen kennenzulernen, ist er unberechenbar. Vielleicht wird er, durch Erfahrung klug geworden, den Menschen sorgfältig aus dem Wege gehen, vielleicht aber auch, wenn man ihm zu nahe rückt

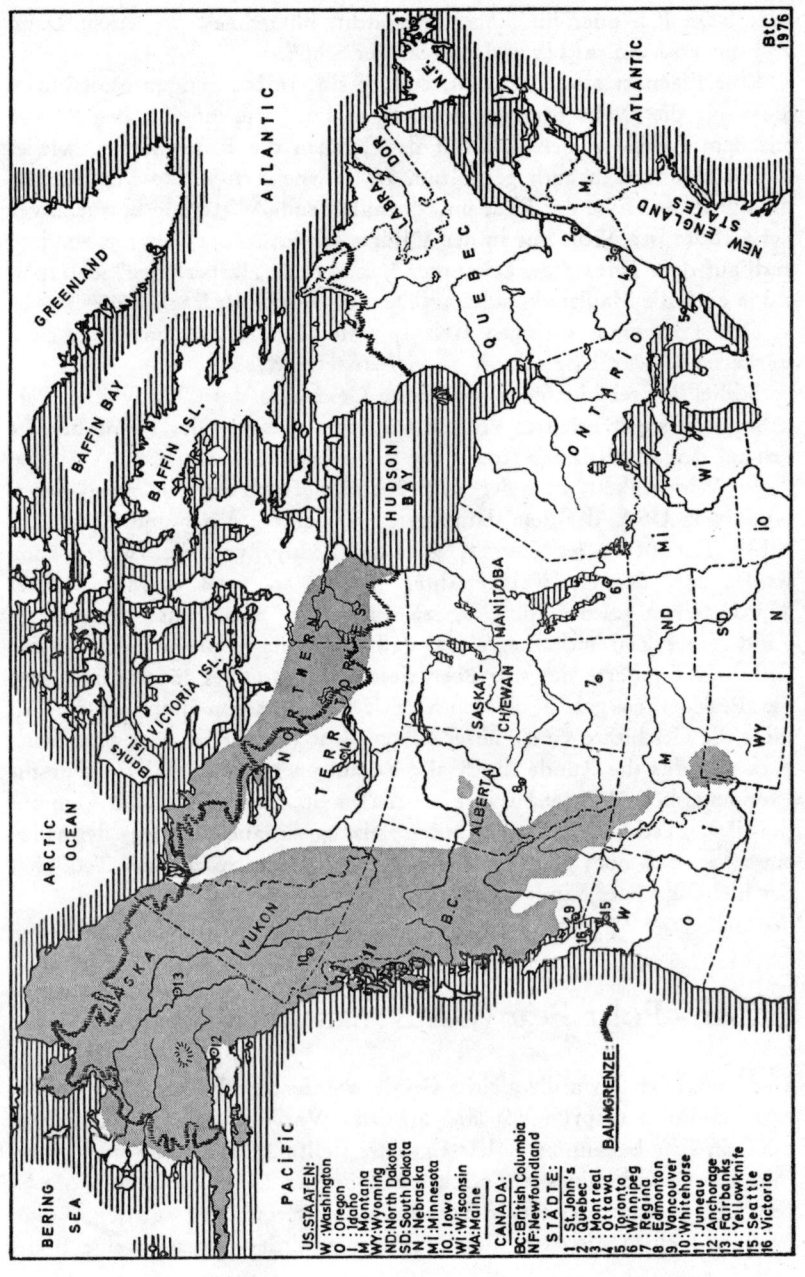

Braun- und Grizzly-Bär (Ursus arctos)

US-STAATEN:
W :Washington
O :Oregon
I :Idaho
M :Montana
WY:Wyoming
ND:North Dakota
SD:South Dakota
N :Nebraska
M :Minnesota
IO:Iowa
WI:Wisconsin
MA:Maine

CANADA:
BC:British Columbia
NF:Newfoundland

STÄDTE:
1 :St.John's
2 :Quebec
3 :Montreal
4 :Ottawa
5 :Toronto
6 :Winnipeg
7 :Regina
8 :Edmonton
9 :Vancouver
10:Whitehorse
11:Juneau
12:Anchorage
13:Fairbanks
14:Yellowknife
15:Seattle
16:Victoria

BAUMGRENZE:

oder beim Riß oder im Schlaf überrascht, blitzschnell angreifen. Dann hilft nur noch ein rascher und gutgezielter Schuß.

Eine Eigenart aller Bären ist, daß sie sich an bestimmten Malbäumen nicht nur die Decke scheuern, sondern so hoch wie möglich den Stamm mit dem Gebiß schälen und mit den Klauen die Rinde ritzen, wie es unsere Hauskatzen auch gerne tun. Ist es eine Art Stärke-Konkurrenz, die durch die Höhe der Risse und die anhaftende Witterung besagen, wer der Größte ist? Nicht nur in der Wildnis sah ich solche Stämme, sondern auch auf dem Terrain des bekannten Luxushotels „Jasperlodge" in Jasper, wo ja auch die Maultierhirsche tagsüber auf dem Golfplatz äsen.

Der Tritt eines geringen Grizzly unterscheidet sich von dem eines stärkeren Schwarzbären durch die viel längeren Klauen.

Schließlich sei hier noch die wahre Geschichte des „Teddybären" erzählt, weil sogar gelehrte Professoren heute glauben, der Name beziehe sich auf den australischen Koala, der ja gar kein Bär ist.

In Wirklichkeit war der ursprüngliche Teddybär ein zweijähriger Grizzly in USA, der dem damaligen Präsidenten, Jäger und Naturliebhaber THEODORE ROOSEVELT, genannt Teddy, vor die Büchse kam. ROOSEVELT, der ein waidgerechter Jäger war, fand es unter seiner Würde, einen solchen Jüngling zu erschießen. Sein Führer konnte als Kind seiner Zeit nicht begreifen, daß man eine bequeme Beute laufen ließ, und wunderte sich sehr über diese Marotte seines Jägers. Im Camp des Präsidenten gab es natürlich auch damals schon Journalisten. Als diese die Geschichte vom Führer hörten, war das für sie „ein gefundenes Fressen", das die Runde durch alle Zeitungen machte: „Why did'nt the President shoot?!" usw., usw. Ein schlauer Spielwarenfabrikant kam auf die Idee, „Teddys Bear" als Kinderspielzeug zu lancieren, was dermaßen einschlug, daß noch heute, dreiviertel Jahrhundert später, der Teddybär der Liebling vieler Kinder ist.

Eisbär - Polar Bear (Ursus maritimus)

Der Eisbär hat etwa die gleiche Größe wie der Alaska-Braunbär und ist wahrscheinlich ursprünglich eine arktische Variante von ihm. Dr. JONKEL, ein sehr bekannter Eisbär-Experte, stellte 1970 als einwandfrei ermitteltes Gewicht eines sehr starken canadischen Bären 1450 lbs = 658 kg fest. Ein Jagdgast des Herrn SKAL (Alaska) erlegte 1966 auf der Alaska-Halbinsel einen Eisbären, dessen Decke, amtlich vermessen, eine Breite über die Vorderbranten von 385 cm und eine Länge von 302 cm hatte. Das Schädelmaß war 26⁷/₈ inch = 67 cm (Länge + Breite).

Der Eisbär war bis vor kurzem für die Wissenschaft ein ziemlich wenig bekanntes Tier, weil sein Biotop im Eismeer liegt, das nur wenige Besucher anzieht. Es gab aber 1969 eine aufsehenerregende Entdeckung, als man herausfand, daß nur 40 Meilen südlich des Eisenbahnhafens Churchill an der Hudson Bay alljährlich ein halbes Hundert Eisbärinnen ihr Winterlager an der Küste von Manitoba machen, worin sie im Januar ihre Jungen bringen. Zugleich entdeckte man, daß die Bärenpopulation in den Hudson- und Jamesbays viel größer war, als man geglaubt hatte: 250 bis 300 Bären an der Manitobaküste, etwa gleichviel an der Ontarioküste, wo man bei Kap Henrietta Maria ebenfalls einige solche „denning areas" entdeckte und folgerichtig sofort über eine Küstenlänge von ca. 450 km einen „Polar Bear Provincial Park" unter Schutz stellte.

Hier gab es also, völlig überraschend, viele Eisbären sozusagen an der Hintertür der zivilisierten Welt, und die Biologen machten sich sofort daran, den Eisbären zu studieren.

Es zeigte sich, daß die Bären im Winter auf dem Eise der Hudson Bay Robben jagen, bei der Eisschmelze im Juli an Land gehen und sich dort den Sommer über von Beeren, Kleintieren, Caribous, Vogeleiern und Vogeljungen, Gras und Kräutern, am Strand angetriebenem Aas, sogar von Kelp, einer großen Meeresalge, ernähren. Die weißen Bären leben dann nicht nur im sumpfigen, baumlosen und mückenverseuchten Küstenstreifen, sondern gehen auch weit landeinwärts. Ausnahmsweise bis zu 160 km!

So weit südlich leiden die Bären im Sommer unter der Hitze und den Myriaden von Mücken und Stechfliegen. Sie graben sich daher in der Moorerde Höhlen bis auf den Permafrost, der hier nur wenige Meter tief liegt. Dort können sie kühl und insektenfrei auf dem Permafrosteis schlafen. Diese Höhlen scheinen z. T. schon jahrhundertealt zu sein. Diese Periode des An-Land-Lebens dauert von Anfang Juli bis November, wenn die Hudson Bay zufriert. Die Bären ziehen dann wieder zur Robbenjagd hinaus und bleiben auf dem Eis. Die innehabenden Bärinnen aber überwintern von Mitte Oktober bis März/April im Winterlager an Land und setzen im Januar ihre nur rattengroßen Jungen. April bis Juli sind Mutter und cubs auf dem Eis, und wenn es schmilzt, wieder an Land.

Man nimmt an, daß die Eisbären auch an der Nordküste Canadas und auf den arktischen Inseln sommers über an Land leben, wenn das Küsteneis ganz weggetaut ist.

Im Städtchen Churchill, dem einzigen Ort auf der Welt, zu dem man

73

Die Verbreitung des Eisbären

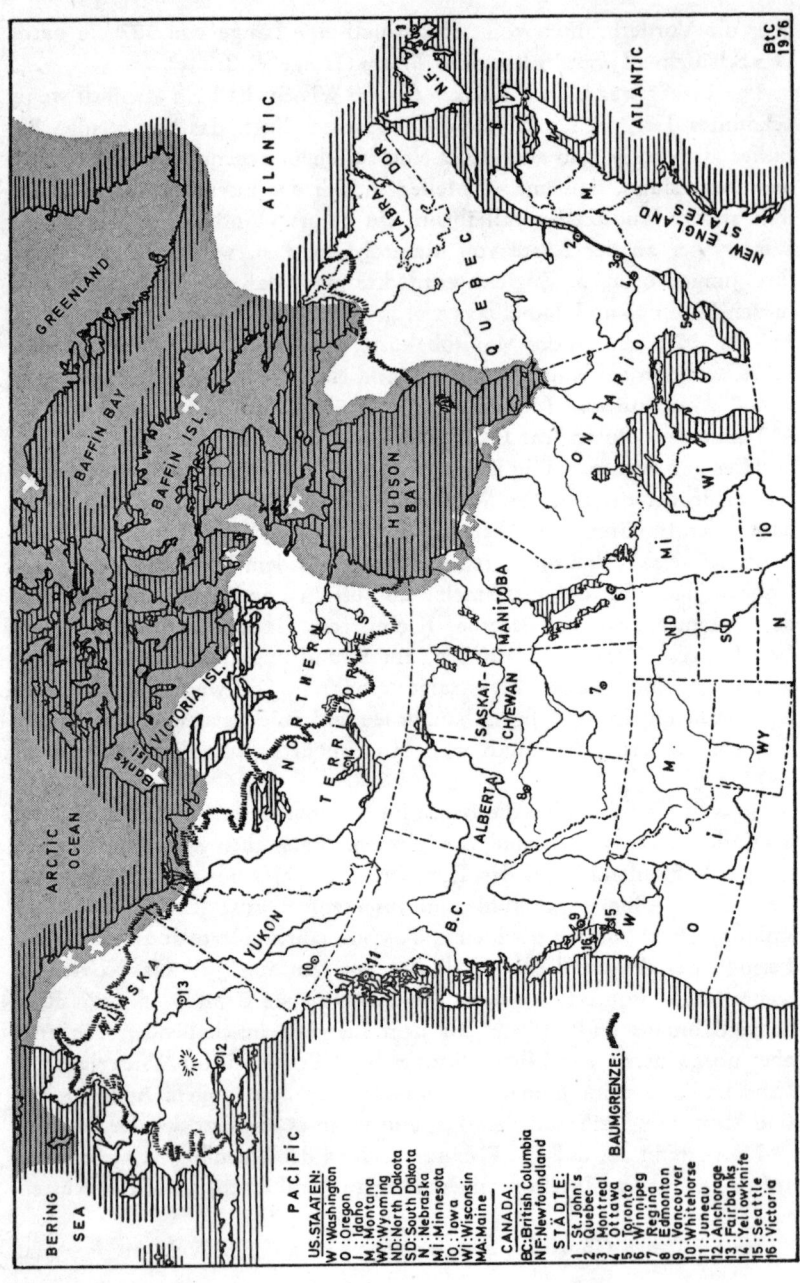

Eisbär (Ursus maritimus) − ✕ = Überwinterungsplätze der ♀♀

US-STAATEN:
W : Washington
O : Oregon
I : Idaho
M : Montana
WY : Wyoming
ND : North Dakota
SD : South Dakota
N : Nebraska
MI : Minnesota
IO : Iowa
WI : Wisconsin
MA : Maine

CANADA:
BC : British Columbia
NF : Newfoundland

STÄDTE:
1 : St. John's
2 : Quebec
3 : Montreal
4 : Ottawa
5 : Toronto
6 : Winnipeg
7 : Regina
8 : Edmonton
9 : Vancouver
10 : Whitehorse
11 : Juneau
12 : Anchorage
13 : Fairbanks
14 : Yellowknife
15 : Seattle
16 : Victoria

BAUMGRENZE:

per Bahn hinfahren kann, um wilde Eisbären zu sehen, gab es nach 1969 mehrmals Schwierigkeiten zwischen fotohungrigen Touristen und Eisbären. Jeden Herbst frequentieren 50 bis 100 Bären das Stadtgebiet, so daß Begegnungen nicht ausbleiben konnten. Einmal wurde ein junger Mann durch einen Bären erschlagen. Heute hat man überall Tafeln angeschlagen: „A safe Polar Bear is a distant Bear"; man hat auch an gefährlichen Punkten Drahtzäune errichtet, und die Abfälle (der Haupt-Anziehungspunkt für die Bären) werden heute weit entfernt vergraben. Die Sommerdecke des Eisbären ist leicht zitronengelb, die Winterdecke rein weiß. Es könnte sein, daß die beim Eisbären so große Gewichtsdifferenz zwischen Bär und Bärin, etwa 2:1, den gleichen Grund hat, wie die zwischen Küstenbraunbären und Inland-Grizzlies: Die Länge des Winterschlafes und damit die Länge der nahrungslosen Periode.

Nach Untersuchungen der alaskanischen Jagdbehörde sind $^2/_3$ bis $^3/_4$ der erlegten Eisbären Trichinenträger. Daher muß dringend geraten werden, Bärenwildbret weder selber zu verzehren, noch es an die Schlittenhunde zu verfüttern.

Von früheren Polarexpeditionen und Walfängerfahrten ist bekannt, daß man damals die Eisbärleber als giftig betrachtete. Neueste Untersuchungen stellten fest, daß die Leber 15 000 bis 30 000 Int. Einheiten Vitamin A pro Gramm enthält. Der Tagesbedarf eines Menschen ist 6000 I. E. oder 2 Milligramm. Ein Pfund Leber enthält also 1250 bis 2500 menschliche Tagesbedarfe. Weil die fettlöslichen Vitamine A und D nicht ausgeschieden, sondern gespeichert werden, könnte eine solche Überdosis schädlich sein.

Bekanntlich hat man sich seit einiger Zeit Sorgen über den Fortbestand des Eisbären wegen zu starker Bejagung gemacht. Seit 1965 haben sich die USA, Canada, Dänemark, Norwegen und die Sowjetunion zusammengeschlossen, um den Bären zu schützen und wissenschaftlich zu untersuchen. Bei den Sowjets wird er seit 1956 nicht mehr bejagt, Norwegen und Dänemark haben die Jagd beschränkt, in Canada und Alaska ist er nur noch auf „special permit" frei.

Nach letzten Berichten schätzt man den Weltbestand heute auf etwa 20 000 Stück, obwohl eine solche Schätzung nur grob sein kann.

3. Raubtiere- Predators

Wolf - Timberwolf (Canis lupus)

Wohl über kein Jagdtier ist soviel blutrünstiger Unsinn geschrieben wie über den Wolf. Nach der „vox populi" war der Wolf ein wahrer Teufel, der weder Mensch noch Tier verschonte und tagtäglich eine Kuh oder mindestens ein paar Schafe riß. Neuerdings schlägt das Pendel nach der anderen Seite aus, und man behauptet, der Wolf sei ein feiger Geselle, den ein Kind mit einem Stekken verjagen könne.

In Wirklichkeit ist der Wolf ein hochinteressantes Raubtier, das in der Wildnis darauf spezialisiert ist, schwache, kranke und überzählige Tiere zu beseitigen. Weil aber die Wolfsrotte potentiell die gefährlichste Einheit der Wildnis ist, wurde dem Wolf sozusagen von der Natur „verboten", sich an vollwertigen, starken Tieren zu vergreifen. Deshalb ist er im noch nicht vom Menschen verfälschten Ökosystem ein höchst nützlicher „Mitbürger". Deshalb auch vergreift er sich nicht leicht an einem Menschen, weil seine Art diesen seit jeher als außerordentlich „stark" kennengelernt hat und darum meidet. Man kann dies Feigheit nennen, verkennt dabei aber, daß es sich hier um den Kernpunkt seiner „Programmierung" handelt: Was „stark" ist, ist dem Wolf tabu. Daß der Wolf nicht feige ist, beweist ein Bericht des Biologen A. Murie vom Alaska National Park Service: Ein starker männlicher Grizzly bekam Wind von einem von Wölfen gerissenen Caribou und wollte sich dieses zu Gemüte führen, obwohl er sicher gewindet haben wird, daß es ein Wolfsriß war. Anderer Leute Riß sich anzueignen ist aber in der Wildnis ein schwerer Verstoß gegen das Gesetz. Die Wölfe, die in Deckung ihren Verdauungsschlaf hielten, griffen sofort den Grizzly an, obwohl sie sich normalerweise nie mit ihm einlassen würden. Ohne daß ein Wolf geschlagen wurde, zwangen sie nach zehnminütigem Kampf den Bären zum Abzug.

Die „Programmierung" bewirkt z. B. auch, daß Wölfe (und andere Raubtiere) immer dort auftreten, wo eine Tierart sich übermäßig vermehrt hat. Dadurch wird verhindert, daß sich diese Tierarten stärker vermehren, als ihre Äsung im Biotop erlaubt. Deshalb auch folgen Wölfe immer größeren Caribou- und Büffelherden: Diese ziehen durch ihre Vielzahl gleichartiger Individuen den Wolf magisch an. Außer kranken und überalterten Stücken werden im Frühjahr auch viele Kälber gerissen.

Dieser „Programmpunkt" wirkt aber auch, wenn der Mensch ganze Herden Rindvieh oder Schafe in den Wald treibt und damit das „Vermehrungsgesetz" verletzt. Wenn dann Wolf, Bär oder Cougar Vieh schlagen, ist nach Naturgesetz der Viehbauer schuld, aber dieser schreit natürlich nach Vernichtung der „schädlichen Raubtiere".

Ein Wolfsrudel ist immer bestrebt, aufgefundenes Hochwild zu „testen": Zeigt sich ein Elch oder Wapiti verteidigungsbereit statt ängstlich, dann greift das Rudel nicht an, wenn der Hunger nicht zu groß ist. Sind flüchtende Hirsche genügend schnell und auf der Höhe, um mit allen Tricks die Verfolger irrezuleiten, dann wird die Hetze abgebrochen. Ausnahmen gibt es nur, wenn entweder der Hunger groß ist oder wenn das Opfer „Krankheitswitterung" abgibt. Wir kennen dieses Phänomen auch von unseren Jagdhunden: Ein Tier mit Krankwitterung wirkt unwiderstehlich auf Hund wie Wolf und wird ohne Besinnen gehetzt und gerissen: „Sanitätspolizei"!

Als im Winter 1948/49 Wölfe übers Eis des Lake Superiors auf der Isle Royale erschienen, und den dort sich übermäßig vermehrenden Elchen an den Kragen gingen, haben Biologen zu Fuß und mit Flugzeugen durch Jahre hindurch ihr Benehmen kontrolliert. Es zeigte sich, daß das Wolfsrudel im Durchschnitt 12 Elche „testete", ehe sie einen rissen. Elche, die selber die Wölfe mit Schlägen der Vorderläufe angriffen, solche, die sich im Sommer in tieferes Wasser stellten, so daß die Wölfe schwimmen müßten, oder solche, die im Schnee mit ihren langen Läufen schneller waren, blieben unbehelligt. Man konnte auch in vielen Fällen durch Knochenmark-Proben feststellen, daß die Opfer abgekommen waren (zu wenig Fett im Mark) oder daß sie stark unter Parasiten gelitten hatten.

Die Elchpopulation auf der von Großraubwild freien und nicht bejagten Isle Royale hatte sich vor der Wolfsinvasion auf einige Tausend Stück vermehrt, viel zuviel für die beschränkten Äsungsmöglichkeiten. So kam es zu viel Fallwild im Winter. Die Ankunft der Wölfe aus Ontario oder Minnesota kam wie gerufen. Sie beschnitten den übermäßigen Elchbestand auf etwa 600 Stück, und dieser Bestand konnte sich halten. Das natürliche Gleichgewicht zwischen Äsung, Friedwild und Raubwild war wiederhergestellt.

Die Insel zieht im Sommer viele Touristen an, doch niemals kam es zu Belästigungen durch Wölfe, außer als man im Anfang neben den „wilden" Wölfen vier „zahme" aus dem Detroiter Zoo aussetzte. Diese mußten wieder eingefangen oder erschossen werden, weil sie keine Angst vor dem Menschen hatten. Dagegen konnten Biologen, allein und zu Fuß, ruhig die gerissenen Elche untersuchen. Sobald die wilden Wölfe den Mann vernahmen, flüchteten sie.

Die Wölfin wölft ihr Geheck in einer Höhle und bleibt in der ersten Zeit in deren Nähe. Der Rüde trägt solchen Fraß herbei, wie er allein zu bewältigen vermag und der den Jungtieren zuträglich ist.

Der Kontakt zwischen Fähe, Rüde und Jungen ist im allgemeinen wohl so, wie es E. TRUMLER für den Hund in seinen Büchern „Hunde ernst genommen" und „Mit dem Hund auf Du" beschreibt. Der Rüde ist also der Erzieher der Jungen. Sobald diese im Herbst dreiviertel erwachsen sind, formen sie mit den Eltern ein Pack und jagen nun gemeinsam auch an Großwild. Im Winter können sich einige solche Familien zu einem größeren Rudel zusammenschließen. Als Beute ausersehene Tiere werden, wenn möglich, eingekreist und gehetzt. Wehrhafte Beute, wie Elch oder Bison, werden geschwächt durch schwere Bißwunden an Keulen und Dünnungen. Blutverlust, Schock und Steifheit immobilisieren bald das Stück, die Wölfe lagern sich rundum und warten ab, bis es reif ist für den gefahrlosen Schlußangriff.

In der Literatur findet man bis zum heutigen Tag immer wieder die Behauptung, Wölfe könnten nur heulen, nicht bellen. Das stimmt nicht. Ich selber hörte 1970 im nördlichen British Columbia während fast einer halben Stunde ein jagendes Wolfsrudel nicht nur heulen, sondern auch im Ton wie eines großen Hundes richtig bellen. Mein canadischer Führer bestätigte, daß Wölfe bellen. Nach meiner Rückkehr fragte ich noch bei EBEN-EBENAU an, der schon viele Wölfe erbeutet hat. Er schrieb mit: „Wölfe bellen wie Hunde; genauso auch der Coyote, dieser sogar noch mehr. Warum sollten sie nicht?"

Die Biologen D. L. ALLEN und L. D. MECH, welche die Isle Royale-Wölfe beobachteten, schrieben im „National Geographic Magazine" Februar 1963 über das Wolfsgeheul (meine Übersetzung): „Der Vorsänger war ein beeindruckender Bassist. Sein tiefes Röhren inspirierte die anderen, sich in höheren Tönen zu beteiligen mit langgezogenem Heulen, Jodeln und — ja, sogar mit Bellen, obwohl einige Leute behaupten, daß Wölfe niemals bellen". Was ALLEN und MECH hier beschrieben, ist der typische „Chorgesang" ruhender Wölfe; was ich hörte, war das Lautgeben jagender, oder wenigstens ziehender, Wölfe, denn der Laut war über einen langen Bergabhang, ein Tal und den Gegenhang hinweg zu verfolgen, bis das Pack über den nächsten Kamm außer Hörweite geriet.

Also steht fest, daß Wölfe bellen! Übrigens: Woher sollte der Hund, der ja nach neuesten Untersuchungen nur vom Wolf abstammt, sein Bellen geerbt haben, wenn nicht vom Wolf?

Timberwolves (Waldwölfe, im Gegensatz zum Präriewolf = Coyote)
sind sehr unterschiedlich gefärbt. Die Farbskala reicht von schwarz über
grau, graubraun, hellbraun, bläulich grauweiß bis fast rein weiß im höchsten Norden. Das Lebendgewicht eines ausgewachsenen Rüden liegt bei
50 bis 80 kg, die Wölfin ist um etwa $1/4$, die Jungen im September um
etwa die Hälfte leichter.

Wolfsbalg und -schädel sind für den ausländischen Nordlandjäger
eine sehr seltene Trophäe. Auch in Alaska, wo es noch die meisten Wölfe
gibt, werden jährlich nur 500 bis 1000 Wölfe erlegt oder gefangen, doch
wird nur höchstens ein Dutzend von ausländischen Jägern erbeutet. Die
meisten werden von Ansässigen in Fallen oder Schlingen gefangen. In den
unendlich großen NW. Territories betrug die 1947er Strecke 1087 Stück
(KWATEROWSKI). SKAL erwähnt in „Jagdparadies Alaska", daß seine
Jagdgäste in 13 Jahren bis 1971 unter 907 jagdbaren Tieren nur 8 Wölfe
erlegten, also weniger als 1 Prozent. Presse-Inserate über „spezielle Wolfs-
jagden" müssen daher mit Mißtrauen betrachtet werden.

Präriewolf - Coyote (Canis latrans)

Der Präriewolf ist viel kleiner als der Waldwolf und bevorzugt offeneres
Gelände. Er ist ebenfalls sehr unterschiedlich gefärbt, doch im allgemeinen mehr bräunlich. Der Kopf ist im Verhältnis zum übrigen Körper
kleiner als beim Waldwolf.

Präriewölfe fressen alles, was einigermaßen freßbar ist, und gelegentlich auch Unverdauliches, wie Gummi, Holz, Leder etc. Wenn sie Gelegenheit haben, reißen sie auch schwaches Schalenwild. Ihre Hauptnahrung sind Mäuse, Gophers (Erdhörnchen), Präriedogs (eine Art Murmeltier) und Aas. Sie können in Viehzuchtgebieten schädlich werden, indem sie frischgeborene Kälber oder Lämmer reißen. Dies hat früher zu
manchem Vernichtungsfeldzug durch Viehbauern geführt, wobei Schuß-
waffen, Gift, Fallen und Schlingen verwendet wurden. Außerdem zahlte
die Regierung Prämien für jeden erlegten Coyoten. Die Folgen zeigten
sich dann im nächsten Trockenjahr, wenn Myriaden von Mäusen und
Gophers nicht nur das Gras, sondern auch den Weizen vernichteten. So
ist man allmählich darauf gekommen, daß ein jedes Tier in der Natur
seine Aufgabe zu erfüllen hat. Die kurzsichtigen Vernichtungsaktionen
wurden eingestellt. Seit Jahren werden auch keine Prämien mehr gezahlt.

Coyoten kommen in Ost- und Mittel-Canada nicht so weit nördlich vor wie der Waldwolf, sind aber dafür im Westen der USA und Canadas bis zur Eismeerküste hinauf noch weit verbreitet. Ihr melodisches Geheul wird mancher Canadajäger schon gehört haben. Die Möglichkeit, auf Coyoten zu Schuß zu kommen, ist auch entsprechend größer, doch wird man es sich zweimal überlegen, ob man sich durch den Schuß auf so geringe Beute nicht wichtigeres Wild vergrämt.

Silberlöwe - Cougar - Mountain Lion (Felis concolor)

Diese große, gleichmäßig rötlich- oder gelblich-graubraun bis silbergrau gefärbte Katze ist ein ausgesprochener Kulturflüchter und hat sich heute in die wildesten westlichen Berggebiete von Südamerika bis British Columbia und Alberta zurückgezogen. Früher hat er fast im ganzen Gebiet der USA und in Süd-Canada gelebt. Die heutigen Bestandesschätzungen liegen bei 4000 bis 6000 Stück für USA und Canada zusammen. Bis vor kurzem wurden auf Drängen der Viehbauern fast überall Abschußprämien für den Cougar gezahlt. Nach und nach sind aber immer mehr Staaten bzw. Provinzen davon abgekommen und haben den Silberlöwen unter das jagdbare Wild aufgenommen. Dementsprechend kann er nun Schonzeiten genießen und seine Erlegung kann an „special permits" gebunden werden. Damit haben die Jagdbehörden das Fortbestehen dieses schönen Tieres in den Griff bekommen.

In den USA wird der Silberlöwe meist mit speziellen Hundemeuten gejagt, die den Löwen zum Aufbaumen bringen und ihn dort verbellen, bis die Jäger eintreffen. Für den europäischen Jäger ist die Chance, auf den Cougar zu Schuß zu kommen, äußerst gering, weil das Tier sehr unstet ist und weit herumzieht. Außerdem vernimmt oder äugt er den Jäger immer früher, als dieser ihn. Man muß schon mit einem meuteführenden guide zusammengehen, falls dieser eine der wenigen permits beschaffen kann. Fast überall in Canada ist die Jagd mit Hunden auf alles „big game" verboten; in Alberta aber 1976 auf Cougar wieder erlaubt.

Nach dem Biologen Dr. M. G. HORNOCKER, der den Cougar in Montana und Idaho studierte, beträgt das Lebendgewicht des männlichen

Tafel 7: *Moschusochse in üppiger Äsung · Phot. C.-H. Buck (oben) — Bison stier (unten)*.

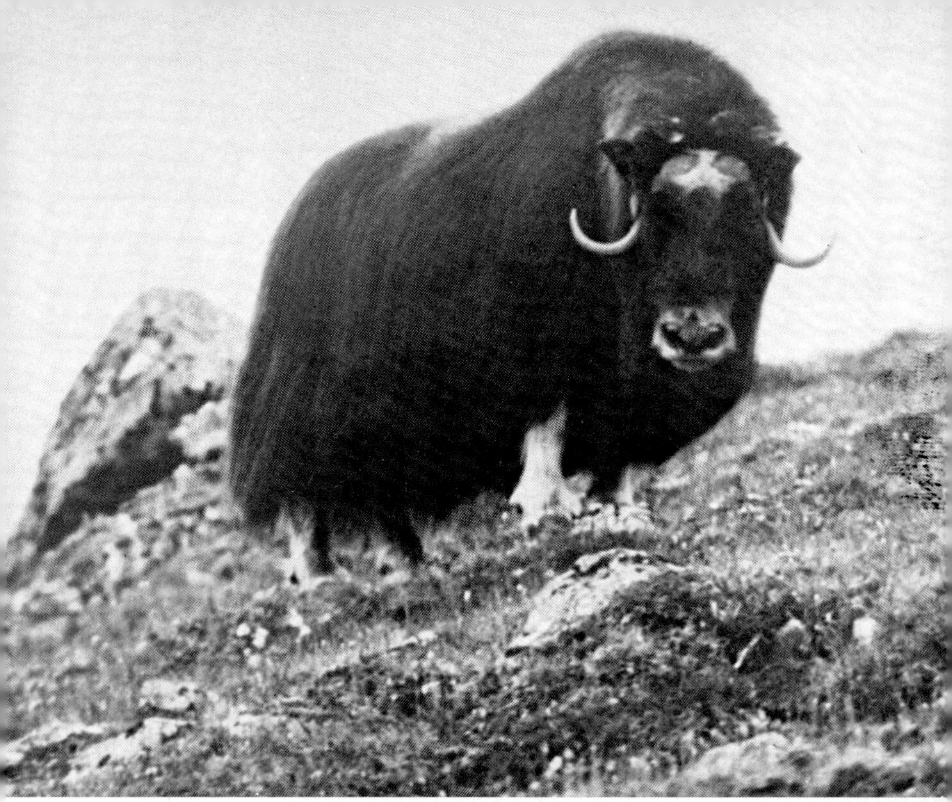

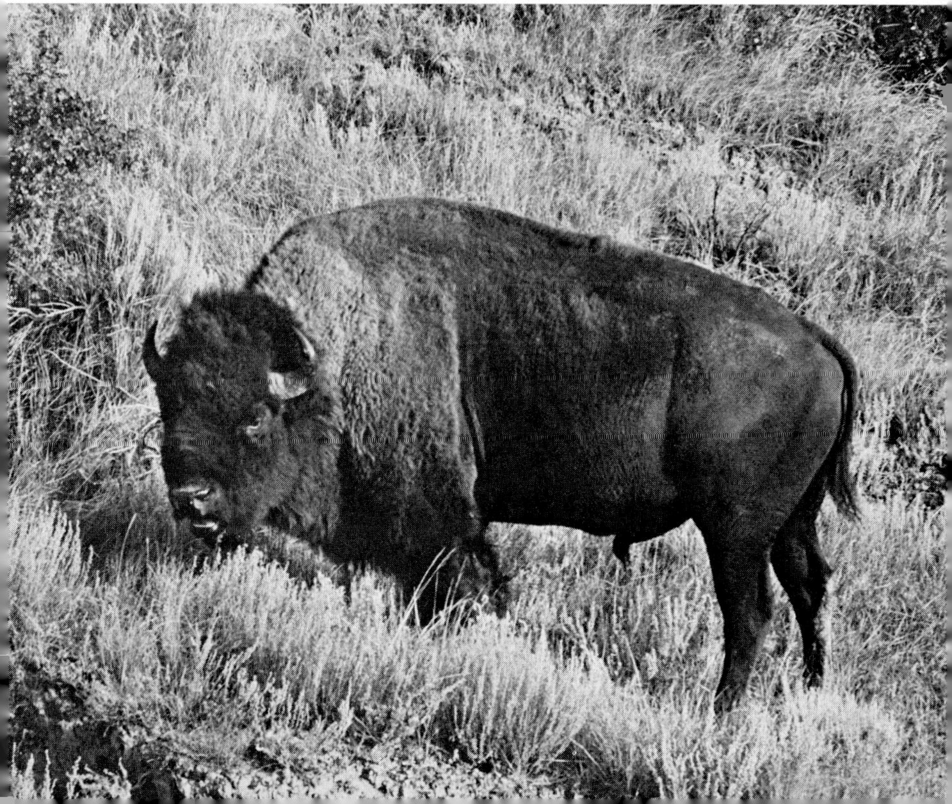

Löwen durchschnittlich 150 lbs = 70 kg, das der Löwin 100 lbs = 45 kg, seine Länge samt Lunte etwa zwei Meter. Jedes Tier behauptet sein eigenes Territorium, das durch kleine, zusammengekratzte Laub- und Nadel-Häufchen gekennzeichnet wird, die mit Urin bespritzt werden. Die Geschlechter bleiben in der Ranzzeit nur 1 bis 2 Wochen zusammen und trennen sich dann wieder. Je nach Klima kann sich die Ranzzeit über das ganze Jahr verteilen oder, wie im Norden, in den Spätwinter fallen. Drei Monate später bringt die Löwin 2 bis 4 Junge in einer Felshöhle oder unter einem Windwurf. Sie sind gelbgrau und schwarz gestromt, und etwa wie eine Wildkatze gezeichnet.

Silberlöwen suchen ihre Nahrung überall. Sie schlagen den 1000pfündigen Wapiti ebenso wie (nach HORNOCKER) Heuschrecke, Maus und Gopher. HORNOCKER fand auch hier wieder bestätigt, daß Raubwild in erster Linie junge und überalterte Beutetiere schlägt, weil diese am leichtesten zu überwältigen sind. 75 Prozent der geschlagenen Wapiti waren unter 1½ oder über 9½ Jahre alt; 62 Prozent der Maultierhirsche gehörten diesen Altersklassen an. Also vom schwieriger zu schlagenden starken Wapiti mehr als vom viel kleineren Hirsch. Etwa die Hälfte der Beutetiere litt, nach Knochenmark-Untersuchungen, an Unterernährung.

Vielfraß - Wolverine (Gulo gulo)

Dieser große Marderartige ist ein überaus unstetes Raubtier, das große Entfernungen in einem merkwürdigen, schaukelpferdartigen Trab-Galopp zurücklegt. Da er fast ausschließlich in bewaldeten Berggebieten vorkommt, ist die Chance, auf ihn zu Schuß zu kommen, klein und obendrein der Treffer-Prozentsatz auf dieses „Schaukelpferd" gering. Es empfiehlt sich aber, beim Überprüfen eines Bärenköders auch nach dem kleinen Vielfraß Ausschau zu halten.

Gulo gulo ist bei den Trappern verhaßt, weil er nicht nur die Fallenlinie inspiziert, um gefangene Tiere zu reißen (selber fängt er sich nicht leicht!), sondern auch in Hütten oder Camps wahre Verwüstungen anrichten kann.

Der Vielfraß ist dunkelbraun, mit einem V-förmigen, gelblichbraunen Streifen von der Rutenwurzel beidseits des Rumpfes nach vorne bis an

Tafel 8: *Schwarzbär im Frühlingspelz* · *Phot. E. Smith.*

die Blätter und einem gleichfarbigen Streifen quer über den Schädel. Die Rute ist mittellang und buschig.

Obwohl er früher fast überall als vogelfreier Schädling galt, wird er neuerdings immer mehr unter das jagdbare Wild aufgenommen, und es werden ihm Schonzeiten zuerkannt, obwohl er im Frühling viele Hirsch- und Caribou-Kälber reißt und auch den Waldhühnern nachstellt.

Alle Pelztiere, ausgenommen beide Wölfe und Vielfraß, gelten als „Furbearers" und sind für die Trapper reserviert. Der Jäger darf sie daher nicht schießen. Dies gilt also auch für Fuchs, Luchs und Biber.

Obwohl also der Biber nicht geschossen werden darf, wollen wir diesem hochinteressanten und für die Erschließung Nordamerikas wichtigen Tier hier doch einige Zeilen widmen.

Es ist bekannt, daß der Biber Bäche und kleinere Flüsse durch Dämme aufstaut und in den so entstandenen Teichen seine Wasserburg baut.

Anfang dieses Jahrhunderts war der Biber über große Teile Nordamerikas infolge Überbejagung ganz oder fast ausgerottet; heute ist er überall wieder an der Arbeit. Man hatte nämlich erkannt, daß der Biber im komplizierten Ökosystem der Natur eine sehr wichtige Rolle spielt.

Wo er ein Gewässer staut (bis 2 m Höhe), überflutet der Strom die Ufer, und der Hochwald stirbt dort ab. An seine Stelle treten bald Weiden- und Pappelgebüsche, deren leichte Samen ja überall in der Luft schweben. Diese Weichhölzer sind die Hauptnahrung des Bibers wie des Elches und werden durch Verbiß kurzgehalten. Entlang einem Biberbach entsteht daher je nach Bodenbeschaffung ein sumpfiger Streifen von 30 bis über 100 m Breite, der bei Waldbränden als Feuerbrecher wirkt. Weil ein Biberpaar mit seinen Nachkommen, wenn sie ungestört bleiben, einen Bach viele Kilometer weit in eine Reihe von Stauteichen verwandelt, entsteht so ein wirksamer Feuerschutz. Daß natürlich auch die Bodenerosion praktisch auf Null reduziert wird, wenn die Wassergeschwindigkeit stark herabgesetzt ist, versteht sich von selbst. Die Fische ziehen ebenfalls Vorteil aus der Biotopveränderung, weil es sich in einem Teich leichter leben läßt als in einem schnellströmenden Bach. Der Biberdamm zeigt immer einen Bogen gegen den Wasserstrom, um dem Druck besser Widerstand leisten zu können; er wird aber gelegentlich vom Eisgang etwas eingedrückt. Überzählige Junge werden weggebissen und müssen sich ein neues Revier suchen. Sie können dabei weite Strecken über wasserloses Land ziehen: In Nord-Alberta spürte ich auf einem knochentrockenen Vermessungsstreifen zwei Jungbiber über mehrere Kilometer in einer Gegend, in der nirgends Wasser zu finden war.

Ein anderes Mal trafen mein Führer und ich auf einen Jungbiber, der dabei war, ein winziges Bächlein mit einem kaum 10 cm hohen Damm aus Gras und Erde zu stauen. Das war der Anfang. Sobald das Wasser höher stieg, würde er immer dickere Äste und Stämme in diesen Damm verbauen. Wir sahen dem Tier längere Zeit auf etwa zehn Meter Entfernung zu, wie es immer an seinem Damm entlang lief und überall kleine Überlaufstellen erhöhte. Als wir plötzlich Nackenwind spürten, tauchte der Biber mit einem Sprung ins tiefere Wasser und verschwand dort nach einem kräftigen Schlag mit der Kelle aufs Wasser.

Dabei wurde mir plötzlich klar, daß dieser Schlag auf die Wasseroberfläche weder ein Warnsignal noch eine Tauchhilfe darstellt (wie man immer wieder liest), sondern daß es eine instinktive Verteidigungsbewegung ist. Dieser Schlag mit der unten flachen Kelle ist so kräftig, daß das Wasser nach allen Seiten zwei bis drei Meter hoch spritzt. Man kann sich denken, daß ein Raubtier, das den Biber anspringt, einen Bruchteil einer Sekunde aus dem Konzept gerät, wenn es Fang und Lichter voll Wasser bekommt. Das kann entscheidend sein. Das Manöver wirkt natürlich nur in tiefem Wasser, wo der Biber wegtauchen kann. Biberfleisch schmeckt jedem Raubtier, sogar dem größten, dem Homo sapiens, und der Biber arbeitet ja beim Bäumefällen auch auf festem Boden.

Es ist lustig zu beobachten, wie der Biber sofort bemerkt, daß sein Damm an einer anderen Stelle als vorgesehen überläuft. Sofort schwimmt er hin und dichtet das Leck. Dieser Trieb kann sich merkwürdig auswirken:

Die neue Straße von Slave Lake zum Ölgebiet beim Utikuma-See führt zum Teil über einen neu aufgeschütteten Damm. Bäche von oberhalb hatten ein weites Gebiet überflutet, dessen Baumbestand ertrunken und am Absterben war. Biber hatten diesen gratis gelieferten und vollkommen dichten Damm gerne angenommen und sich häuslich niedergelassen. Das Projekt hatte nur einen Fehler: Die dummen Menschen hatten mitten im Damm einen „culvert" (Wasserdurchlaßrohr aus Wellblech) eingebaut, und dadurch floß mehr Wasser ab, als den Bibern paßte. Also schleppten sie fuderweise Äste herbei und verstopften das Rohr. Aber immer wenn der Wegarbeiter vorbeikam, zog er die Äste heraus und das „Leck" war wieder da. Das ging damals schon seit Monaten so. Man ließ die Biber gewähren, weil man diesen neuen Biberteich gerne als Feuerbrecher direkt an der Straße akzeptierte.

Noch eine Bemerkung über den Biber: Bekanntlich beruhte die früheste Erschließung Canadas vornehmlich auf der großen Nachfrage nach Biberbälgen in Europa. Diese wurden teils zu Rauchwerk (Pelze) verarbeitet, vornehmlich aber für die Hutindustrie benötigt. Mancher glaubt, diese „Biberhüte" seien eine Art Kopfbedeckung aus Biberpelz. Richtig ist, daß die schlechteren Felle und die Grannenhaare der Pelzverarbeitung zur Filzherstellung verwendet wurden. Biberhaar läßt sich besser als jedes andere Haar verfilzen und liefert daher ein hochwertiges Produkt. Die breitkrempigen hohen schwarzen Hüte des siebzehnten, die Drei- und Zweispitze des achtzehnten Jahrhunderts waren in ihren besten Ausführungen „Biberhüte".

Walroß - Walrus (Odebenus rosmarus)

Für Alaska hat der amerikanische Kongreß 1972 ein Jagdverbot auf Meeressäugetiere erlassen, mit Ausnahme der amtlichen Ausbeutung der Pelzrobben (Seals) auf den Pribiloff-Inseln und der „Subsistence" Jagd der Eskimos für ihren persönlichen Bedarf.

Walrosse können daher zur Zeit nur an der canadischen Küste und auf den Eismeerinseln bejagt werden, obwohl es in Alaska, z. B. auf Nunivak und in der Bristol-Bay, noch viele Walrosse gibt. Aber „die Wege des Kongresses sind unergründlich"...

Walrosse sind schwere Tiere. Ein guter Bulle kann über $1^1/_2$ Tonnen wiegen und ca. $3^1/_2$ m lang werden. Die herbstliche Speckschicht mißt bis zu 15 cm. Die Trophäe ist der Schädel mit den elfenbeinernen Hauern, die etwa $^3/_4$ Meter lang werden und ca. 30 cm Basisumfang haben, sowie der Penisknochen, der etwa $50 \times 3^1/_2$ cm mißt. Letzterer heißt auf eskimoisch „Oosik" oder „Uschik". Die schwere Walroßdecke wird von den Eskimos zu Leder verarbeitet und zum Überziehen ihrer Großboote, der Umiaks, verwendet.

Das Walroß lebt vorwiegend von Muscheln, Seeigeln und anderen Bodentieren, die mit den Hauern vom Boden losgerissen werden. Die sehr dicken, steifen Haare auf der Oberlippe dienen dabei als Tastorgan. Die Brunft im Spätwinter, die Tragezeit dauert 12 bis 14 Monate, die Jungen bleiben 2 Jahre bei den Müttern. Die Jagdzeit ist im Mai und Juni offen. Die Eismeer-Walrosse wandern im Winter zur Beringsee.

Diese Jagd, ausgeführt mit leichten und nicht immer gut unterhaltenen Eskimobooten im trügerischen Treibeis, ist nicht ohne Gefahr. Angeschossene Walrosse sollen gelegentlich ein Boot angreifen und zum Kentern bringen, doch sind die Gefahren durch Eis, Nebel und Wind höher einzuschätzen. Trotzdem ist meines Wissens noch kein europäischer Jäger bei dieser Jagd zu Schaden gekommen.

TEIL 3

Die Jagd in den einzelnen Gebieten

Einleitung

Wir betrachten meist die USA und Canada als wohlfundierte Staaten: Die USA seit ihrer Unabhängigkeit 1776, Canada seit dem Dominion-Status 1867. Das mag für die seit Jahrhunderten besiedelte Ostküste gelten, aber wenige vergegenwärtigen sich, daß der Mittelwesten und der Westen sehr junge Gemeinschaften sind, die frühestens nach 1860, spätestens in unserem Jahrhundert ihre heutige Staatsform erhielten. Dementsprechend sind auch heute noch ein großer Teil ihrer Landschaft und die Mentalität ihrer Bürger mehr oder weniger „Wildwest", trotz Straßen, Autos und Flugzeugen. Wir werden deshalb jeden Staat oder jede Provinz mit einigen Angaben über Entstehung und Landschaft einführen.

Die nachfolgenden Notizen basieren teils auf eigenen Jagd- und Reiseerfahrungen, teils auf meist sehr ausführlichen Informationen, die mir freundlicherweise von den Jagdbehörden dieser Gebiete zur Verfügung gestellt wurden. Die amerikanischen und canadischen „Fish & Game Services" wetteifern miteinander in der Herausgabe informativer und z. T. technisch hervorragend ausgeführten Broschüren über ihre Tätigkeit. Die wichtigsten sind im Literaturverzeichnis angeführt.

Anlaß zu diesen vielen Drucksachen ist wohl, daß in der Lizenzjagd viele Bürger jagen, die von den biologischen und ökologischen Grundprinzipien der Jagd sozusagen nichts verstehen. Sie wollen schießen und Beute machen, oder oft auch nur „a good time" in der freien Natur genießen. Auch die heute weltweit von Ignoranten und Sentimentalisten angeheizte Antijagd-Stimmung unter nichtjagenden Bürgern zwingt zur Aufklärung, warum Jagd in Gebieten mit stark herabgesetzten Raubwildbeständen absolut notwendig ist, um das Nutzwild vor Selbstvernichtung durch Übervermehrung zu schützen.

Man muß also dem „Mann auf der Straße" versuchen klar zu machen, daß Äsungsmangel durch zuviel Wild ebenso tödlich ist wie übermäßiger Jagddruck und daß für das Wild der Tod durch eine schnelle Kugel gnädiger ist als ein Dahinsiechen an Parasiten, Seuchen oder Hunger. Aber weiter auch, daß in noch praktisch unberührten Gebieten Alaskas, in Yukon und den NW. Territories seit Jahrtausenden ein Gleichgewicht zwischen Nutz- und Raubwild und den wenigen Eingeborenen bestand. Sobald dieses Gleichgewicht zerstört wird, indem plötzlich einige Tausend von auswärts zugezogene Jäger mitjagen wollen und die Eingeborenen sich so vermehren wie in letzter Zeit, dann verschiebt sich dieses Gleichgewicht zu ungunsten des Wildes, wie dies in den USA schon vor 90 bis 50 Jahren geschah, wie es heute in Alberta, British Columbia und den an Straßen grenzenden Teilen Alaskas geschieht. Man spricht dann von „strengen Wintern", „zuviel Wölfen" und allem erdenklichen anderen, ohne einsehen zu wollen, daß es der Mensch und nur der Mensch ist, der das Gleichgewicht stört. In den meisten Gebieten der USA ist man über diese Periode schon hinweg, und die dortigen Jagdbehörden haben die Großwildbestände einigermaßen durch die Ausgabe von „special permits" für alle gefährdeten Wildarten und Maximumstreckenzahlen für die übrigen in der Hand. In Demokratien wie USA und Canada müssen aber solche Mißstände schon sehr weit, allzuweit, fortgeschritten sein, bevor sich eine Behörde traut, die „Rechte des freien Mannes" zu beschneiden.

In den Jagdstatistiken findet man oft auch die „success ratio", d. h. den Prozentsatz der Jäger, denen es gelang, die bejagte Wildart zu erbeuten. Der Europäer wird sich wundern, daß diese Zahl oft sehr niedrig ist. Die Gründe hierfür sind folgende: Die Jagdlizenz für Einwohner ist in ganz Nordamerika außerordentlich billig, sie kostet nur wenige Dollar. Es gibt dabei 2 Systeme. Entweder man kauft für jede Großwildart eine gesonderte Lizenz, worin die Wildmarke (Tag) einbegriffen ist, oder aber es gibt eine allgemeine „Großwildlizenz" und man kauft die Wildmarken für jede einzelne Wildart dazu. Diese Wildmarken können entweder ziemlich teuer sein (dann unterbleiben weitere Abgaben), oder sie sind billig, wobei dann aber *nach* der Erlegung des Wildes eine Trophäengebühr (Trophy fee) zu entrichten ist, die etwa so viel wie in anderen Staaten die Wildmarke kostet. Das letztere System ist natürlich günstiger, weil man nur zahlt, wenn etwas erlegt worden ist.

In allen Fällen sind die vorab zu zahlenden Kosten für Einwohner ausgesprochen billig, und die Jäger kaufen sich daher Lizenzen für jede Wildart, der sie *vielleicht* begegnen könnten. Ein Jäger, der z. B. auf

Schaf oder Elch jagen will, nimmt nebenbei auch Lizenzen für Schwarzbär und Caribou, obwohl er auf diese Wildarten nicht speziell jagt. Unter
diesen Umständen ist natürlich die Erfolgsquote niedrig und beträgt oft
nur 10 bis 20 Prozent.

Ausnahmen machen nur zum einen die „special permits", weil die
Jagdbehörde davon nur so viele ausgibt, wie der Wildbestand zuläßt,
und zwar für Gebiete, wo tatsächlich genügend Wild vorhanden ist; und
zum anderen fast überall die „geführten Jagden" (guided hunts), bei
denen die Jagdführer ihr Gelände gut kennen und meist nicht über-
bejagen, weil ihr Broterwerb davon abhängt. In solchen Fällen kann die
succes ratio auf 80 bis 100 Prozent ansteigen. In den folgenden Ab-
schnitten werde ich, soweit mir bekannt, die „success ratio" für einzelne
Wildarten und Gebiete angeben.

Bemerkenswert ist noch, daß in den USA und Canada verhältnismäßig viel mit Langbogen gejagt wird. Dies muß als eine besondere
amerikanische Variante der Waidgerechtigkeit gewürdigt werden, weil
man dem Wild eine größere Chance gegenüber dem Jäger einräumen
will. Durch die viel kleinere Schußentfernung ist die „success ratio" der
Bogenjäger noch viel kleiner als jene der Büchsenjäger, die Genugtuung
bei Erfolg aber vermutlich viel größer. Man erlegt sogar Elche, Büffel,
Braun- und Eisbären mit Pfeil und Bogen, obwohl beim Großbären ein
zweiter Mann mit Büchse aus Sicherheitsgründen dabeisein muß. Man hat
entsprechend kräftige Bogentypen und Spezialpfeile für diese Jagdart entwickelt, und die Jagdbehörde tut ihren Teil, indem sie bestimmte Jagdgebiete für Bogenjäger reserviert oder die Jagdzeit für Bogenjäger um
1 bis 2 Wochen vorverlegt. Auch die Minimum-Spannkraft der Bogen,
meistens 45 lbs oder 20,4 kg bei voll ausgezogenem Pfeil, wird gesetzlich
bestimmt.

Die Vereinigten Staaten von Amerika

Wir fangen mit den USA an, weil die Bemühungen um Erhaltung der
Wildbestände dort schon auf eine z. T. hundertjährige Geschichte zurück-
blicken können, während in Canada und Alaska noch wesentlich ur-
wüchsigere Zustände herrschen.

Maine

(85 570 km², US-Staat seit 1820)

Die riesige Halbinsel zwischen der St.-Lorenz-Mündung und dem Atlantik besitzt größtenteils wenig fruchtbaren Boden. Die Winter sind streng. Deshalb ist die Halbinsel auch heute noch überwiegend bewaldet und damit Jagdgebiet geblieben. Ursprünglich war Maine Urwald, und es gab Elch, Weißwedelhirsch, Waldcaribou, Schwarzbär und Wolf. 1607 entstand die erste kleine englische Kolonie an der Mündung des Kennebec river. Ausbeutung der Holzbestände beherrschte die Szene von 1634 an und erreichte um 1850 ihren Höhepunkt. Riesige Waldbrände vernichteten enorme Flächen (1825 über 330 000 Hektar, 1837 über 60 000 Hektar). Die gerodete Farmfläche verdoppelte sich fast von 1850 bis 1880. Der Waldwolf, der bisher die Hirschbestände kurzgehalten hatte, wurde um 1860 ausgerottet.

Alle diese Vorkommnisse bewirkten durch Zurückdrängung des geschlossenen Urwaldes und Verbesserung der Äsung auf den ausgeholzten, verbrannten oder kultivierten Flächen eine enorme Zunahme der Weißwedelbestände. Der Kulturflüchter Elch hingegen ging stark zurück, auch weil er, als schwerstes Nutzwild, übermäßig bejagt wurde.

Leider liegt Maine Großstädten in den USA und Canada zu nahe: Boston, New York, Montreal, Quebec und vielen kleineren Zentren. Hierdurch ist es ein beliebtes Ferien- und Jagdgebiet geworden, und viele Jagdführer unterhalten dort feste camps. Eine solche Entwicklung ist immer tödlich für gute Jagdgebiete. Gegenwärtig werden an Großwild nur noch der Weißwedelhirsch und der Schwarzbär bejagt. Der Anfang dieses Jahrhunderts fast ausgerottete Elch wurde 1934 unter Vollschonung gestellt. Seitdem hat er sich angeblich schon wieder auf ca. 17 000 Stück erholt und sollte nach Meinung der Jagdbehörde beschränkt bejagt werden. Nun hat der State-Congress von Maine vor einigen Jahren zwar dem „gamecommissioner" (Jagd-Inspektor) das Recht zuerkannt, selbständig die Jagd- und Schonzeiten zu regeln, aber leider dabei den Elch ausgenommen. Die beabsichtigte Freigabe der Elchjagd wird aber im Kongreß durch Antijagd-Kreise verhindert, so daß Übervermehrung des Elches und damit Schädigung des Bestandes durch Parasiten und Hunger in Aussicht stehen.

Als sich im vorigen Jahrhundert der Weißwedelhirsch stark hob, lohnte es sich, für den Markt zu jagen. Etwa ab 1850 erschienen Marktjäger auf dem Plan. Sie ersetzten die Wölfe und reduzierten den Hirschbestand wieder auf ein niedriges Niveau. 1830 wurden die ersten Schonzeiten verordnet, 1873 die erste „bag limit", die nur noch 3 Hirsche pro Jahr erlaubte. Diese Beschränkungen waren weitgehend erfolglos, weil das Personal fehlte, ihr Einhalten zu erzwingen. Die Vernichtung der Wildbestände ging daher weiter, und Hand in Hand damit die Verschärfung der Schonvorschriften. Die Jagdzeit, bis 1873 noch $4^{1}/_{2}$ Monate, wurde nach und nach gekürzt und umfaßt seit 1923 nur noch 6 Wochen. Die Freigabezahl (bag limit) wurde ebenfalls herabgesetzt und beträgt heute 1 Stück.

Von 1900 bis 1920 herrschte erhebliche Verwirrung über die Bewirtschaftung der Hirschbestände: Die ziemlich rücksichtslose Bejagung durch Markt- und andere Jäger und die für jeden Hochwildbestand verderbliche Verwendung von Hunden bewirkten in der Bevölkerung eine starke Antijagd-Stimmung. Viele zum Teil gegensätzliche Jagdbestimmungen wurden erlassen und wieder aufgehoben. Wichtig war, daß in dieser Zeit die Jagdaufsicht ausgebaut und verschärft wurde, so daß die Wilderei auf ein erträgliches Maß zurückgedrängt werden konnte.

Infolgedessen nahm der Hirschbestand zuerst stark zu, dann aber wirkte sich jenes Grundgesetz der Natur aus, wonach Nutzwildbestände bei fehlendem Raubwild und ungenügender Bejagung sich so stark vermehren, daß die Winteräsung nicht mehr für alle ausreicht, so daß große Fallwildverluste auftreten. Damals gab es aber nur wenige Menschen, die diese Wechselwirkung erkannten. Die Mehrheit der Bevölkerung glaubte nur an drei Todesursachen: Jagd, Wölfe (die es nicht mehr gab) und Wintertod durch Erfrieren. Man schrieb den beginnenden Zusammenbruch noch immer einer übermäßigen Bejagung zu und bremste sie deshalb, statt sie, wie es nötig gewesen wäre, zu intensivieren.

Allmählich jedoch gab es bessere Einsicht in die ökologischen Verhältnisse: Heute sorgen Beobachtung des Verbißgrades der Winteräsung und Knochenmarkuntersuchungen an Fallwild dafür, daß die Bestände wenn nötig stärker, wenn nötig weniger bejagt werden. So bleibt ein gleichmäßiger Wildbestand erhalten. Obwohl die Jägerzahlen stark zugenommen haben, konnte dadurch die Weißwedelernte von 6000 bis 8000 Stück in den 1920er Jahren, 12 000 bis 19 000 Stück in den 30er Jahren, auf gleichbleibend 30 000 bis 40 000 Stück von 1946 bis heute erhöht werden (Hirschstrecke 1975 = 34 675 Stück). Die Jägerzahl stieg von rund 70 000 (1930) auf über 94 000 (1940), 134 000 (1950), 157 000 (1960) und 219 000 (1970) auf 224 498 (1975). Die „success ratio" auf Hirsche war 1973 für Einheimische (residents) 13 Prozent und für (meist geführte)

Auswärtige (nonresidents) 19 Prozent, im Jahr 1975 17 beziehungsweise 22 Prozent.

Der Schwarzbär ist das zweite Großwild in Maine. Bis 1957 wurde er als „Raubzeug" bewertet und eine Prämie für seine Erlegung gezahlt. Schonzeit gab es nicht. 1957 wurde die Abschußprämie abgeschafft, 1965 eine fünfmonatige Schonzeit gewährt und 1969 eine „bag limit" von 1 Bär eingeführt. Seit 1970 muß jeder erlegte Bär bei der Jagdbehörde vorgewiesen und registriert werden. Die Strecken: 1970 = 970 Stück, 1971 = 989 Stück, 1972 = 786 Stück, 1973 =1071 Stück und 1975 = 957 Stück. Die besten Strecken wurden im noch weitgehend unerschlossenen Nordwesten des Staates gemacht. Die success ratio" auf Bär war 1970 für nonresidents 40,9 Prozent gegenüber 26,4 Prozent auf Hirsche im gleichen Jahr.

In 1975 wurden 300 der 957 erlegten Schwarzbären mittels Zahnschliffmethode auf ihr Alter untersucht. Das durchschnittliche Erlegungsalter war für Bären etwas über 5 Jahre und für Bärinnen 5,7 Jahre, Altbären von 17, 18, 20, 21 und 26 Jahren wurden ermittelt. Ein 16jähriger männlicher Bär wog im Herbst aufgebrochen 425 lb = 194 kg.

Schwarzbären können ca. 30 Jahre alt werden. Ein Durchschnitts-Erlegungsalter von 5½ Jahren ist demgegenüber viel zu jung, weil die Bärin erst in ihrem vierten Jahr Junge bringt. Wenn trotzdem Jahr für Jahr in Maine etwa 1000 Bären erlegt werden, dann muß man hieraus schließen, daß eine 2- bis 3mal höhere Strecke möglich wäre, wenn die Tiere erst mit 8 bis 10 Jahren erlegt würden. Leider ist dies in einer Lizenzjagd eine Utopie.

Obwohl für Jäger tabu, sei interessehalber erwähnt, daß sich der Biber auch in Maine erholt hat: 1970 wurden 8508 Stück gefangen. Durchschnittlich steigt die Zahl der Fänge, obwohl es von Jahr zu Jahr erhebliche Unterschiede gibt.

Maine macht zwar in großen Teilen des Nordwestens und Nordens noch einen ziemlich unberührten Eindruck, doch lohnt es sich für europäische Jäger nicht, dorthin zu gehen. Es gibt zu viel Konkurrenz und zu wenig Auswahl an Wild. Man muß auch bedenken, daß die „success ratio" nichts über die *Qualität* des erlegten Wildes besagt. Ein Großteil davon sind junge Hirsche, vom Spießer aufwärts.

Ich überspringe hier das ganze Gebiet der nördlichen USA zwischen Maine und Minnesota, weil dieses für den europäischen Jäger bedeutungslos ist: Es enthält nur Niederwild, etwas Weißwedel und hier und da einige Schwarzbären.

Minnesota
(219 317 qkm, US-Staat seit 1858)

Im Staat Minnesota, wo der Mississippi entspringt, besteht der Süden aus Kulturland. Im Nordosten erhebt sich ein niedriger Gebirgszug, die Messabi Range (bis 600 m ü. M.), früher ein sehr ergiebiges Eisenerzgebiet, dessen Minen heute fast erschöpft sind. Nordwestlich der Messabiberge schließt sich ein sehr wenig bewohntes, z. T. sumpfiges und felsiges Gebiet an, das ein letzter Ausläufer des kanadischen Schildes ist. Bis Anfang dieses Jahrhunderts war es noch waldbestandene Wildnis, wo Elch, Wapiti, Schwarzbär, Weißwedelhirsch und Caribou zahlreich vorkamen. Durch große Holzeinschläge wurde der Urwald größtenteils vernichtet. Elch, Caribou und Bär zogen sich ins angrenzende Ontario zurück, aber der Weißwedelhirsch vermehrte sich durch bessere Äsung auf den offenen Flächen stark. Der in Minnesota in sehr vielen Ortsnamen auftauchende Wortteil „Minne" bezieht sich auf das Indianerwort für „Wasser".

Die historische Übersicht der Jagdbehörde sagt über die Entwicklung der Jagd aus:

1858 Erstes Jagdgesetz. Schonzeit für Wapiti und Hirsch vom 1. Februar bis 1. September.

1887 Wapiti- und Hirschjagd beschränkt auf 1. bis 30. November; übrige Jagd unbeschränkt.

1893 Keine Jagdzeit mehr für Wapiti, Elch, Caribou und Antelope.

1895 „Bag limit" für Hirsche beschränkt auf 5 Stück.

1897 1 Elchschaufler und 1 Caribou frei für 6 Jagdtage; 5 Hirsche frei; Lizenzkosten 25 cents.

1899 Allgemeine Jagdlizenz eingeführt: Für residents 25 cents, für non-residents 25 $!

1901 „Bag limit" 2 Hirsche.

1903 Lizenz à $ 1,— für 2 Hirsche und 1 Elchschaufler.

1904 Letzte Caribou-Jagdzeit.

1905 Keinerlei Jagdlizenz benötigt für residents im eigenen Bezirk.

1911 1 Hirsch und 1 Elch per Lizenz.

1917 Einführung der Wildmarke zum Kennzeichnen von legal erlegtem Wild. Schwarzbär Schonzeit vom 1. März bis 15. Oktober.

1919 Lizenz-Verpflichtung für alle Jäger; Jagdzeit beschränkt auf Tageslicht; Schwarzbär keine Schonzeit mehr.

1923 Elchjagd geschlossen. (Bis 1971.) Bär offen vom 15. Oktober bis 1. Januar. Hirschjagd nur jedes 2. Jahr.

1925 Bär wieder ohne Schonzeit.

1931 Bär jagdbar während Hirschjagd und 15. April bis 15. Mai.

1933 Bär als Großwild anerkannt.

1943 Bär ohne Schonzeit.

1945 Abschußprämie auf Bär.

1954 Bär geschont in einem Teil des Staates.

1963 Lizenzkosten erhöht auf $ 5,—.

1965 Abschußprämie auf Bär aufgehoben.

1969 Lizenzkosten für Hirsche erhöht auf $ 7,50.

1971 Bär Jagdzeit vom 18. September bis 31. Oktober. Jungbären zum erstenmal geschützt. Bogenjagd vom 18. September bis 31. Oktober. 400 Special permits auf Elch.

1971 Verpflichtung, jedes erlegte Stück Hirschwild bei Kontrollstellen vorzuweisen.

Man sieht: In Minnesota herrscht seit jeher ein fortwährendes Tauziehen zwischen Jäger/Bauern und Naturschutz/Jagdbehörde.

Heute bildet der Wolfsbestand in Minnesota eine Kontroverse zwischen Conservationisten und Viehranchern: Der Bestand wird für Nord-Minnesota auf 800 bis 1000 Stück geschätzt. Er soll rückläufig sein, obwohl bis 1966, als Washington unter dem „Endangered Species Act" den Wolf unter Vollschutz stellte, alljährlich etwa 200 Wölfe geschossen oder gefangen wurden. Die Jagdbehörde versucht daher, von Washington die Aufhebung der Schonung zu erlangen, weil sie befürchtet, die Wölfe könnten sich so vermehren, daß Schwierigkeiten mit der Bevölkerung zu erwarten sind. Die Wolfs-Situation könnte sich zum gleichen ziellosen Hin und Her entwickeln, wie in den letzten 50 Jahren beim Bären.

Gegenwärtig sind an Großwild in Minnesota nur der Weißwedelhirsch, der Elch (beschränkt) und der Schwarzbär jagdbar. Die Hirschjagd-Zahlen sind:

Jahr	Jägerzahl (licenses)	Strecke
1918	23 893	ca. 9 000 Stück
1930	62 515	ca. 27 800 Stück
1940	69 290	ca. 46 000 Stück
1951	181 678 (1950 geschlossen)	ca. 91 000 Stück
1960	233 210	ca. 95 000 Stück
1970	188 166	ca. 50 000 Stück
1974	316 301	ca. 65 000 Stück
1975	362 157	65 869 Stück
Größte Strecke 1965 mit		ca. 127 000 Stück

Unter den 362 157 Hirschjägern von 1975 waren 2725 Nonresidents, wovon 804 Bogenjäger. Zusammen mit den 31 836 einheimischen Bogenjägern erlegten sie 2265 Hirsche = success ratio 7 Prozent.

Weil die Zuwachskapazität des Wildes nicht schritthalten kann mit dem stark zunehmenden Jagddruck, ist für 1977 geplant, nur 1 „buck" per Hirschlizenz freizugeben und daneben eine ausgeloste Zahl von special permits für weibliches Wild unf Kälber. (Bisher war 1 Stück, ♂ oder ♀, frei.) Die neue Regelung wird aber das GV ungünstig beeinflussen. Mit der Zeit wird es sich wohl als notwendig erweisen, die ganze Hirschjagd nur auf special permits zu basieren, um der Formel: „Zuwachs minus Verluste = bejagbares Wild" zu genügen.

Elchstrecken:	1918	=	175 Stück
	1920	=	364 Stück
	1922	=	219 Stück
	1971	=	374 Stück
	1973	=	465 Stück auf 520 „special permits" für je 4 Jäger, die zusammen 1 Elch erlegen durften; „Success ratio" 22 %.

Die Schwarzbärenstrecke betrug von 1956 bis 1970 im Durchschnitt 146 Stück jährlich. 1972 = 96 Stück, 1973 = 262 Stück, 1974 = 647 Stück, 1975 = 522 Stück.

Dieser Rapport scheint darauf hinzuweisen, daß die Jagd in Minnesota stark verpolitisiert ist, weil eine klare, biologisch vertretbare Linie in der Wildbewirtschaftung fehlt. Auch Minnesota kann für den europäischen Jäger nicht empfohlen werden.

Nord und Süd Dakota

(N. Dakota 183 460 km², S. Dakota 201 015 km², beide US-Staaten seit 1889, vorher Territorien der USA. Trockengebiete: 400—450 mm Niederschlag)

Beide Dakotas formen mit Nebraska einen Teil der Großen Ebene (Great Plains) und sind für den Jäger nur von Bedeutung, wenn er den Gabelbock (Antelope, Pronghorn) bejagen will. Außer diesen gibt es einige Hirsche (Weißwedel- und Maultierhirsch) in den Flußtälern, die besten Fasanenjagden der ganzen USA, etwas Wasserwild auf den vielen Stauseen und verschiedene Grouse-Arten.

Beide Staaten sind Stromgebiet des Missouri, der fast auf seiner ganzen Länge gestaut ist und gute Wasserwildjagd bietet, vorab im Herbst, wenn die durchziehenden nordischen Scharen auf den Weizenstoppeln reiche Nahrung finden. Erhebungen von Bedeutung gibt es in beiden Staaten nur auf der Westseite, wo die allmähliche Anhebung der Prärie zu den foothills der Rockies beginnt. Ein isoliertes größeres Bergland besteht in SW. Süd Dakota, die „Black Hills". Hier gibt es Gipfel bis über

2000 m (Harney Peak 2214 m) und verschiedene State Parks und Wildschutzgebiete, wo Wapitis, Bisons und Schwarzbären leben.

Man weiß aus dem Reisebericht der schon erwähnten Lewis & Clark Expedition 1804/6, die von St. Louis aus am Missouri entlang die erste Durchquerung des Landes bis zum Pacifik unternahm, daß die Missouri-Prärie damals ein Wilddorado war: Die Küchenjäger der Expedition schossen viele Bisons, Wapitis und Antelopen (die sie „Ziegen" nannten) neben Wasserwild und Präriehunden (Murmeltiere). Von den Bisons ist nur ein kleiner Rest in eingezäunten Schutzgebieten vorhanden, und die Antelopen waren vor 50 Jahren bis auf geringe Reste ebenfalls verschwunden. Heute sind sie jedoch in ihrem Bestand gesichert.

In den Dakotas überlappen sich die Verbreitungsgebiete des Weißwedelhirsches und des Maultierhirsches (siehe Karten). Die Jagdbehörde macht bei der Bejagung keinen Unterschied und faßt beide unter „deer" zusammen.

Wie überall haben auch in den Dakotas die Jäger stark zugenommen. Für Kleinwild, das dort die Hauptsache ist, gab es in Nord Dakota eine Steigerung der Jägerzahl von 23 712 im Jahr 1909 auf 77 785 im Jahr 1971, davon 8638 nonresidents. Von den Hirschjägern fehlen Angaben vor 1931, vermutlich weil der Hirsch bis dahin geschützt war. Die Zahl der Hirsch-Lizenzen ist inzwischen von 2061 (1931) gestiegen auf 58 385 (1974), davon 4133 Bogenjäger. 1975 sank die Zahl der Hirschlizenzen aber auf 39 361 ab, mit 62 Prozent „succes ratio". Die Antelopenjagd wurde erstmals 1951 wieder mit 1004 Jägern und einer Strecke von 913 Stück geöffnet. Seither variiert die Antelopenstrecke zwischen 1000 und 3000 jährlich. 1971 gab es 2276 Antelopenjäger, 546 davon mit Pfeilbogen, die zusammen 1486 Tiere erlegten („success ratio" 65 Prozent). 1975 wurden 2178 Antelopen-Lizenzen verkauft. 1975 wurden auf 12 „special licenses" für Bighorns auch 12 Widder erlegt. Die 1975er Großwildstrecken waren für Nord-Dakota: 24 600 Hirsche, 1683 Antelopen und 12 Bighornwidder.

In Süd-Dakota waren die vergleichbaren Zahlen:

Jahr	Hirsche Lizenzen	Strecke	success ratio	Lizenzen	Antelopen Strecke	success ratio
1970	44 248	22 028	50 %	5 094	3 851	76 %
1971	47 071	23 161	49 %	7 306	5 496	75 %
1972	49 247	27 246	55 %	7 507	6 404	85 %
1973	57 991	33 241	57 %	8 226	6 908	84 %
1974	62 894	32 245	51 %	10 657	8 637	81 %
1975	65 303	35 085	54 %	12 702	10 445	82 %

Hirsche wie Antelopen sind nur auf „special license" jagdbar, was die verhältnismäßig hohe „success ratio" erklärt. Die Lizenzkosten betrugen 1975/76 für „nonresidents" $ 50,– für jede Wildart, also $ 100,– für beide zusammen (residents je $ 12,–). Die wenigen Wapitilizenzen werden nur an residents à $ 15,– abgegeben. Überall kommt eine „General hunting license" à $ 1,– hinzu und ein kleiner Betrag für den Lizenzverkäufer (meistens ein Sportgeschäft). Kleinwildlizenzen kosten für nonresidents $ 25,–, Wasserwildlizenzen $ 30,–. 1975 waren unter den 65 303 Hirschjägern 4979 Auswärtige und unter den 12 702 Antelopenjägern nur 24 Auswärtige, letztere nur für Bogenjagd.

Neue Wildschutzmaßnahmen für 1977 umfassen hauptsächlich strengere Strafen für Jagdgesetz-Übertretungen sowie bessere Information des Publikums.

Nebraska
(200 769 km², US-Staat seit 1867, vorher Territorium der USA)

Auch Nebraska ist ein ausgesprochener Präriestaat mit nur wenig Niederschlag, meist welligem Gelände und einigen felsigen Hügeln. Es ist größtenteils Stromgebiet des Platterivers. Fast die ganze Bevölkerung wohnt im südöstlichen Teil des Staates. Im Norden und Nordwesten gibt es eine weite, trockne und flache Ebene mit viel sagebrush (Salbeisträucher), wenig Gras, einzelnen Wasserlöchern (potholes) und trockenen coulées. Dies ist das Hauptverbreitungsgebiet der Antelopen. Hirsche gibt es zwar im ganzen Staat, jedoch vorwiegend entlang den Wasserläufen, wo sie etwas mehr Deckung finden. Sowohl Weißwedel wie Maultierhirsche kommen vor.

Nebraska ist, wie die Dakotas, vorwiegend Niederwildgebiet. Jährlich werden etwa 1 Million Fasanen, 1/2 Million Wachteln, 250 000 bis 450 000 Enten, 200 000 bis 400 000 Kaninchen und über 1000 Truthähne geschosen. Daneben werden 8000 bis 10 000 Biber gefangen.

Die Abschußstatistik meldet 50,6 Prozent Maultierhirsche und 49,4 Prozent Weißwedel in einer Totalstrecke von 14 606 (1973), 15 982 (1974) und 16 629 (1975). Die „success ratio" betrug in diesen Jahren entsprechend 60, 63 und 58 Prozent. Daneben erbeuteten 9103 Bogenjäger 1508 Hirsche in 1975 = „success ratio" 17 Prozent. Hirsche sind nur auf „special license" frei.

Der Antelopenbestand war 1974 der höchste seit Beginn der Bestandszählungen aus der Luft vor 20 Jahren. 3477 Jäger bewarben sich um 1635 „special permits". 1649 Jäger erlegten in der neuntägigen Büchsenjagdzeit 1305 Tiere = Erfolgsquote 79 Prozent. In der 64tägigen Bogenjagdzeit erlegten außerdem 123 Jäger 12 Tiere = Erfolgsquote 10 Prozent. 1975 wurden 1945 Antelopen-permits ausgegeben, davon 1789 für Büchsen- und 156 für Bogenjäger. Die Büchsen-Strecke war 1463 Antelopen = 82 Prozent, die Bogenstrecke 7 Stück = 5 Prozent.

Die Streckenzahlen beweisen, daß erstens die „success ratio" bei „special permits" viel höher ist als bei der Ausgabe gewöhnlicher Lizenzen, und zweitens, daß der Erfolg der Bogenschützen auf Hirsche nur ein Viertel, auf die so viel schwieriger anzupirschenden Antelopen nur ein Achtel bis ein Sechszehntel derjenigen der Büchsenschützen betrug. Weil dies überall so ist und die Zahl der Bogenschützen trotzdem noch zunimmt, darf man dieser Jagdart seine Anerkennung nicht versagen, obwohl für das Wild der Tod durch die Kugel wohl gnädiger sein wird.

In Nebraska gibt es noch ziemlich viele Präriewölfe. Ihr Bestand wird ständig überwacht, weil sie einerseits als Nagetiervertilger nützlich, andererseits durch Reißen vieler Lämmer und Kälber schädlich sind. Bei „bonafide"-Beschwerden über Schaden an Vieh werden unter Aufsicht der Jagdbehörde Coyoten aus der Luft abgeschossen. Der Pelzhandel kaufte 1974 43 727 Coyote-Bälge auf.

Montana

(380 706 km², 1809 erste weiße Siedler, 1864 USA-Territorium, seit 1889 US-Staat)

Die jagdliche Geschichte dieses jüngeren Staates zeigt eine interessante Entwicklung von rücksichtslosester Ausbeutung bis zur heutigen wohlüberdachten Wildbewirtschaftung:

1804/6 Erste Durchquerung durch Weiße: Lewis & Clark-Expedition.

1810/50 Trapping und Pelzexport (bis 1850 ausgebeutet).

1850/60 Wildschlächterei nur wegen der Decken, weil keine Transportmöglichkeiten für Wildbret vorhanden.

1860/80 Erste Dampfboote auf dem Missouri; Abschlachtung der Bisons, Anfang der Viehranches auf der Prärie.

1872 Erste Schonzeit für Großwild; oft mißachtet.

Tafel 9: *Grizzly sichernd über Riß* · *Phot. Montana Dept. Fish & Game*

1873 Singvogeljagd verboten.

1877 Gebot nur Nutzung des Wildbrets von erlegtem Wild (Bisons!).

1883 Jagdverbot im Yellowstonepark, mit Randstreifen in Montana.

1889 Die ersten 8 staatlichen Wildhüter werden angestellt.

1893 Erste ganzjährige Schonzeit für Elch und Wapiti.

1895 Jagdbehörde geschaffen. Erste „bag limits" für einige Wildarten.

1897 Abschußprämien für Raubwild eingeführt.

1901 Erste Jagdscheine für Auswärtige.

1905 Erste Jagdscheine für Einwohner.

1911 Erstes Wildschutzgebiet geschaffen.

1917 „Bag limit" für Hirsche: 0, 1 oder 2 Stück, je nach Bezirk.

1921 Bestimmung der Jagd- und Schonzeiten durch eine Wildkommission statt durch den Kongress (Entpolitisierung der Jagd!).

1930 33 Wildschutzgebiete; zu hoher Hirschbestand; Beginn der Fallwildverluste.

1935 Erste „special permits" für Antelopen.

1941 Erste Zuweisung von Bundes-Finanzmitteln für Wildschutz. Beginn der wissenschaftlichen Wildbewirtschaftung, Wildverpflanzungen in großem Umfang.

1953 Erste Spezial-Jagdzeit für Bogenjäger.

1955 Erste „special permits" für Hirsche.

1962 Abschußprämie für Berglöwe abgeschafft.

1963 Beginn der Umweltschutz-Gesetzgebung.

1965 State Parks unter Jurisdiction der Jagdbehörde.

1973 Jagdgesetzrevision; Nachdruck auf Umweltschutz, Maßnahmen gegen „stripmining", Anlage von Hochspannungsleitungen etc. Reorganisation der Jagdbehörde, Planungsbüro, Umweltschutz-Kontrollen, Abteilung für Information und Erziehung.

(Anm. d. Verf.: Montana ist hochgradig sensibilisiert durch große, in Tagebau abbaubare Kohlenflöze unter seiner Prärie und wehrt sich gegen „stripmining" mit seiner Landverwüstung. Auch die in letzter Zeit „explodierende" Erstellung von Wochenendhäuschen und Ferienorten für die „Plains"-Leute sucht man durch Verhinderung von Hochspannungsleitungen zu bremsen. All dies kommt aber auch dem Wild-Habitat zugute.)

Nach dem sehr umfangreichen Material zu urteilen, das mir aus USA und Canada zur Verfügung gestellt wurde, ist Montana führend in der wissenschaftlichen Wildbewirtschaftung. Man hat dort schon früh den wichtigen Zusammenhang zwischen Äsungsmöglichkeiten und Maximum-

Tafel 10: *Geringer Eisbär · Phot. D. Lentfer.*

Wildbestand erkannt. Dies mag damit zusammenhängen, daß Montana überwiegend Viehgebiet ist und in den Bergen die Staatsforsten gegen eine geringe Gebühr den Viehbauern als Waldweide zur Verfügung gestellt werden. Da außerdem das Klima trocken und die Winter streng sind, kommt es oft zur Futterkonkurrenz zwischen Wild und Vieh.

Jäger und Publikum wurden erstmals aufmerksam durch das große Wintersterben der nördlichen Wapitiherde des Yellowstone-Parks im Winter 1919/20, als über 14 000 dieser Großhirsche im Gebiet der Yellowstone- und Galatin-Rivers verhungerten. Diese Wapiti stehen im Sommer in den Bergen des Yellowstone-Parks, pflegten aber im Winter zu den Flußtälern in Montana hinunterzuwechseln. Als aber die Täler durch Viehbauern besetzt wurden, zwang dies die Wapiti zum Ausweichen in die angrenzenden Hügel der Madison und Galatin Ranges, wo für so viel Wild nicht genügend Äsung war. Diese „winterkills" (Winterfallwild) wiederholten sich alle paar Jahre bis Anfang der 1960er Jahre, weil im Yellowstone-Park die Jagd verboten ist (siehe ähnliche Entwicklung beim Rotwild im schweizerischen Nationalpark). Um diesem Drama ein Ende zu setzen, wurde in Montana während einiger Jahre für wenige Tage die Jagd auf Wapiti dieser Herde freigegeben, und zwar „jenseits einer bestimmten Straße". Dort gab es dann unerfreuliche Szenen, indem einige hundert Jäger im Straßengraben lauerten und rollendes Schützenfeuer auf das Wild abgaben, sich gegenseitig gefährdeten und anschließend über die Beute in die Haare gerieten. Für das Wild (soweit es nicht erlegt wurde) war das Endresultat aber günstig, weil die Verminderung der Kopfzahl eine allmähliche Erholung der stark verbissenen Äsung erlaubte. Heute hat die Jagdbehörde diese Sache gut in der Hand, weil das Staatsgebiet in eine große Zahl von „management units" unterteilt worden ist, worin, je nach Wildbestand, pro Lizenz 1 Wapiti, Hirsch, Tier oder Kalb, oder auch nur 1 „bull" = Hirsch frei ist. In Bezirken mit geringem Wapitibestand gibt es nur „special permits".

Die Jahresstrecke an Wapiti betrug in den letzten 10 Jahren zwischen 10 000 und 16 000 Stück und hat sich seit 1946 auf etwa gleicher Höhe gehalten. Die Jagdzeit dauert je nach Gebiet vom 15. September oder 20. Oktober bis Ende Oktober oder Ende November.

Die Jagd auf Weißwedel- und Maultierhirsche ist ebenfalls bezirksweise geregelt.

Grizzly, Antelope, Elch, Bighorn, Schneeziege und Berglöwe sind nur auf „special permits" zu haben. Grizzly-, Elch- und Bighornpermits dürfen vom gleichen Jäger nur alle sieben Jahre beantragt werden. Für Grizzly und Bighorn sind außerdem so wenige permits verfügbar, daß kaum ein Jäger eine Chance hat, mehr als einmal im Leben eines zu bekommen.

Die Lizenzkosten für Auswärtige betrugen 1975: Big game license (2 Hirsche, 1 Wapiti + Geflügel und Fischen) $ 151,—, Frühjahrs-Schwarzbär (1 Stück) $ 35,—. „Special permits" (neben big game license à $ 151,—) für Grizzly $ 35,—, Berglöwe $ 25,—, Antelope $ 35,—; alle zu beantragen vor dem 1. Juli. Die Preise für residents sind nur etwa 1/5 so hoch.

Die Großwildstrecken haben für Hirsch und Antelope von 1945 an stark zugenommen, wie folgende Übersicht zeigt (durchschnittliche Jahresstrecken):

Jahr Ø	Hirsch	Wapiti	Antelope	Schwarzbär	Elch	Bighorn	Schneeziege
1940/49	26 340	9 175	2 027	747	64	55	120
1950/59	86 680	12 170	16 372	544	237	71	398
1964/69	97 716	12 600	16 353	1 757	462	71	376
1970/73	109 858	12 405	18 860	1 118	504	90	291
1973	122 648	15 234	19 303	1 347	597	92	280
1974	103 656	10 927	18 811	1 527	532	134	306
1975	11 496	15 750	17 295	1 252	498	99	237

Außerdem: Grizzly 1974 = 18, 1975 = 13, und Berglöwe 1975 = 75 Stück

Die Schneeziege wird stärker geschont, um Tiere für neue Bestandsgründungen einfangen zu können.

Die Jägerzahlen haben sich zwischen 1945 bis 1973 etwa verdreifacht, doch kann hiervon keine Übersicht gegeben werden, weil die „special permits" die Anzahl der Jäger für die betreffenden Wildarten stark vermindert haben. Die Anzahl der ausgegebenen Großwildlizenzen betrug nach Statistik:

	1974	1975
Residents	194 967	165 803
Nonresidents	27 936	27 589

In den Jahren 1964 bis 1975 haben die „success rationes" betragen: Auf Hirsche 63 bis 94 Prozent, auf Wapiti 14 bis 23 Prozent, auf Antelope 69 bis 83 Prozent, auf Elch 66 bis 86 Prozent, auf Schneeziege 43 bis 55 Prozent.

Wenn wir annehmen, daß fast jeder Jäger in Montana auf Hirsche jagt, und somit die „special permits" außer Betracht lassen, dann ergibt sich für 1973 eine ungefähre Jägerzahl von 172 089. Auf 380 706 km² ergibt dies 2,21 Jäger pro km² = 100 ha. In der Bundesrepublik Deutschland kamen 1973 nur 1,05, in Österreich 1,08 und in der Schweiz 0,81 Jahresjagdkarten (oder Jagdpatente) auf 100 ha. Trotz der viel dünneren Bevölkerung ist also die Jägerdichte als Folge des Lizenzjagdsystems in Montana rund doppelt so hoch. Gegenüber der schweizerischen Lizenzjagd wird der Unterschied in den Preisen liegen, die in der Schweiz heute etwa 10- bis 15mal höher sind.

Die Niederjagd in Montana umfaßt verschiedene grouse-Arten, Fasanen, Tauben, Kaninchen und Wasserwild. In den letzten Jahren betrug die Wasserwildstrecke 170 000 bis 220 000 Stück, die „upland game bird" (Landgeflügel) 330 000 bis 430 000 Stück. Die Hirschstrecke 1975 war in Montana zwei Stück pro 1000 ha (1973 in der BRD 1,3 und in Österreich 4,9 Stück).

Wyoming

(253 587 km², US-Staat seit 1890, vorher Territorium der USA)

Der berühmte 13 000 ha große Yellowstone-National-Park bildet Wyomings Nordwest-Ecke, an der Westgrenze liegt der Teton-National-Park. Wir werden in dieser Veröffentlichung immer wieder sehen, von wie hervorragender Bedeutung die großen Nationalparks für die Erhaltung der Wildbestände in Lizenzjagdgebieten sind. Die amerikanisch-canadischen Parks haben den großen Vorteil, daß sie schon geschaffen wurden, als ihre Gebiete noch Wildnis waren, komplett mit allen Wildarten und dem dazugehörigen Großraubwild (Yellowstone seit 1872). Deshalb ist ihr Wildbestand besser in Ordnung zu halten als in den viel kleineren und großraubwildfreien europäischen Nationalparks. (Die unter „Montana" geschilderte Wapiti-Katastrophe war eine Ausnahme. Vermutlich hatten sich allzuviele Wapitis aus dem Flachland in die jagdfreie Sicherheit des Parks geflüchtet. Außerdem war in den Wintereinständen außerhalb des Parkes das Großraubwild durch die Viehbauern schon sehr stark dezimiert worden.)

Dank der Yellowstone- und Teton-Parks konnten sich in Wyoming, Montana und Idaho beträchtliche Bestände an Wapiti, Bighorns, Antelopen, Schneeziegen sowie Grizzlies, Berglöwen, Wolverines, Luchse und ein schöner Schwarzbärenbestand über die bösesten Zeiten zwischen 1870 und 1910 hinwegretten. Leider wird der Yellowstone-Park heute im Sommer durch solche Unmassen von Touristen heimgesucht, daß scharfe Maßnahmen getroffen werden mußten, um die Natur vor der Zerstörung zu schützen.

Die frühe jagdliche Geschichte Wyomings stimmt in großen Zügen mit derjenigen Montanas überein, jedoch mit einer Verschiebung von einigen Dutzend Jahren, weil Wyoming weder einen großen schiffbaren Fluß besitzt, noch von den ersten transkontinentalen Eisenbahnen durchquert wurde, und wegen des trockenen Klimas auch für Siedler weniger anziehend war.

Dieser Staat ist nicht, wie Montana, in zwei Hälften gegliedert: Prärie und Gebirge, sondern weist auf seinem ganzen Gebiet einzelne Gebirgsmassive auf. Die kontinentale Wasserscheide läuft schräg von NW nach SO durch den ganzen Staat. Im Westen liegen die Tetonberge, im Norden die Bighornberge, im Nordosten die Black Hills (die Wyoming mit Dakota teilt), im Südosten die Laramie Mountains, im Süden die Gipfel des Medicine Bow National Forest. Die Bergeshöhen gehen bis etwa 4000 Meter. Zwischen diesen verstreuten Bergmassiven liegen wüstenartige Hochtäler bis etwa 2000 Meter und einzelne Grasprärien. Durch diese Topografie mit wenig Landwirtschaft ist Wyoming ein hervorragendes Jagdland geblieben. Schon der alte Niedieck hat 1901 dort viele Wapitis geschossen, was damals noch unbegrenzt erlaubt war.

Wyoming ist eine Ausnahme unter den in diesem Buch behandelten Gebieten, indem es sehr viele auswärtige Jäger zuläßt: auf 1975 verteilten sich 275 619 Lizenzen an Einwohner und 277 466 an Auswärtige, worunter viele nur für Kleinwildjagd und zum Fischen ausgegeben wurden. Allerdings sind diese Zahlen nicht gleichbedeutend mit der Jägerzahl, weil die meisten Jäger mehrere Lizenzen für verschiedene Wildarten kaufen. Nimmt man nur die Lizenzen für Hirsche als wichtigste Großwildart und somit als ungefähren Anhaltspunkt für die Jägerzahl, dann stehen in 1975 52 539 „resident"-Hirschlizenzen 47 577 „nonresident"-Lizenzen gegenüber. Für die zweitwichtigste Wildart, die Antelope, sind es respektive 20 204 „resident" gegen 31 524 „nonresident". Die Großwild-Jägerzahl wird somit um 100 000 sein, davon sind etwa die Hälfte Auswärtige. Weil aber die Lizenzpreise für nonresidente viel teurer sind, zahlten diese 1975 sogar $ 6 124 519,— an Gebühren gegen $ 2 176 093,— durch Einwohner. Kein anderer US-Staat oder canadische Provinz erreicht dieses Verhältnis. Man betrachtet offensichtlich die Jagd als einträglichen Touristensport.

1975 wurden erlegt: 20 970 Wapiti (1974: 17 860) mit success ratio 43 Prozent, 75 429 Maultier- und Weißwedelhirsche (1974: 61 072) mit s. r. 79 Prozent (davon rund 1/5 Weißwedel- und 4/5 Maultierhirsche), 51 491 Antelopen (42 534) s. r. 94 Prozent, 1685 Elche (1460) s. r. 91 Prozent, 312 Schwarzbären (197) (nebenbei, weil auf andere Lizenzen frei), 150 Bighorns (133) s. r. 44 Prozent, 2 Schneeziegen (4) s. r. 66 Prozent, 0 Grizzlies (7) und 3 Berglöwen (5). In den letzten 10 Jahren waren die

Wapiti-, Hirsch-, Bighorn-, Schneeziegen- und Grizzly-Strecken gleichbleibend, die Antelopen- und Elchstrecken steigend und die Schwarzbärstrecken stark variabel.

Wie in allen US-Bergstaaten sind Grizzly und Bighornschaf die Lieblinge und Sorgenkinder der Jagdbehörden. Der Grizzly ist nun einmal durch seine Art unverträglich, das Schaf sehr empfindlich gegen Viehkrankheiten und Mangel an geeigneter Winteräsung. Aber man tut sein Möglichstes und dies nicht ohne Erfolg. Biologen betäuben viele Grizzlies mit dem Narkosegewehr, markieren sie mit Ohrmarken und Farbe, tätowieren eine Nummer auf die Lefze und legen einigen ein Halsband mit Radiosender an, um ihre Bewegungen durch Telemetrie verfolgen zu können. Special permits für Grizzly werden nur so viel abgegeben, wie der jährliche Zuwachs beträgt, damit sich der Bestand nicht außerhalb jener Wildnisgebiete ausbreitet, wo der Grizzly leben kann, ohne in Konflikt mit der Menschheit zu geraten. 1974 gab es 12 permits für die Randgebiete um den Yellowstone-Park. Es wurden 7 Bären erlegt. 4 weitere Verluste traten ein: 1 erschossener Schadbär, 1 natürlicher Tod und 2 gewilderte Bären. Um die 12 Grizzly-permits bewarben sich 248 Jäger.

In 1975 wurde der Grizzly zur „gefährdeten Wildart" erklärt und, mit gewissen Ausnahmen für Schadbären, unter Vollschonung gestellt.

Für die 356 Bighorn-permits bewarben sich 1974 2994 Jäger, und es wurden darauf 133 Widder erlegt = success ratio 39 Prozent.

1975 betrugen die Lizenzpreise für Auswärtige:

Hirsche	$ 50,—	Elch	$ 125,—
Schneeziege	$ 150,—	Bighorn	$ 150,—
Grizzly	$ 150,—	Antelope	$ 50,—
Schwarzbär	$ 30,—	Wapiti	$ 125,—
Berglöwe	$ 100,—		

Angaben über die Zunahme der Jägerzahl wurden nicht gemacht, doch wird sie sich auch hier, wie überall sonst, verdoppelt bis verdreifacht haben.

Wyoming kann als Jagdgebiet empfohlen werden, sofern man einen vertrauenswürdigen outfitter kennt und Erfolg bei der Ziehung der special permits hat. Speziell Antelopen sind reichlich vorhanden und infolgedessen ist auch die permit-Zahl genügend groß. Die Chancen auf Grizzly, Bighorn und Schneeziege sind in Nordcanada und Alaska sehr viel besser, aber das Klima ist in Wyoming bedeutend angenehmer als im hohen Norden.

Die Kleinwildjagd ist weniger ergiebig als z. B. in Montana oder Dakota, weil es weniger Landwirtschaft und Stauseen, dafür aber mehr

Raubwild gibt. 1975 betrug die Wasserwildstrecke 84 502 Stück, neben 129 225 Stück „upland"-Geflügel (Fasanen, Grouse, Truthähne), 109 987 Cottontail rabbits und 43 206 Tauben = ca. 368 000 Stück Kleinwild oder 14,5 Stück per 1000 ha.

Idaho

(172 610 km², bis 1863 Teil von Washington und Oregon, 1863—1890 US-Territorium, seit 1890 US-Staat)

Idaho ist, mit Ausnahme der sagebrushbewachsenen steppenartigen Ebene des Snakeriver im Süden, ein reiner Bergstaat mit Gipfeln bis über 3000 Meter. Es liegt gänzlich westlich der kontinentalen Wasserscheide, aber östlich der regenabfangenden Cascade-Kette. Niederschläge erreichen daher nur 330 mm im Jahr. Als bewaldetes Bergland ist Idaho in erster Linie ein Großwildgebiet und ein Land für Forellenfischer. Fast ²/₃ des Staates ist „federal land", d. h. Besitz der USA.

Immerhin wird auch noch eine ansehnliche Niederwildstrecke erzielt: In den letzten Jahren waren es über 2 Millionen Stück, vornehmlich Fasanen, Enten und Kaninchen.

Die Großwildstrecken waren:

	1968*	1970	1972	1974	1975	Spec. permit
Hirsche	25 269	77 087	47 599	42 026	40 102	teils
Wapiti	6 208	14 146	9 324	8 710	8 981	teils
Antelope	1 294	1 551	1 486	1 301	1 214	ja
Schneeziege	161	151	152	121	102	ja
Bighorn	47	64	21	16	32	ja
Elch	53	81	88	112	93	ja
Berglöwe	109	114	70	112	142	ja
Schwarzbär	?	3 404	3 783	1 747	2 285	nein

Für Elch   gab es   118 permits für 2 923 Bewerber,
für Antelope gab es 2 050 permits für 9 034 Bewerber,
für Bighorn   gab es   89 permits für   604 Bewerber,
für Schneeziege gab es 307 permits für 1 640 Bewerber.

* 1968er Zahlen inkomplett für Hirsch und Wapiti.

Der Berglöwe ist heute ebenfalls unter „special permit".

In Idaho kauft man nicht getrennte Lizenzen für jede Wildart, sondern eine allgemeine Jagdlizenz (für nonresidents $ 50,—) und dazu Wildmarken (tags) für jene Wildarten, die man bejagen will: Hirsch und Berglöwe $ 35,—, Wapiti $ 100,—, Schwarzbär $ 15,—. Für die kontrollierte Jagd auf Antelopen, Bighorn, Schneeziege, Elch und heute auch

Berglöwe werden „special permits" verkauft, die wegen der großen Nachfrage ausgelost werden: Antelope und Ziege $ 25,—, Bighorn $ 100,—. Elchpermits werden an Auswärtige nicht abgegeben. Diese Zahlen beziehen sich auf 1975.

Das Geschlechterverhältnis ist beim gezählten Wildbestand nicht gerade gut (ausgenommen beim Elch):

Maultierhirsche: Hirsch:Tier:Kalb   = 35:100:64 in 1973 = GV 1:2
46:100:53 in 1972
45:100:60 in 1971

Elch: Hirsch:Tier:Kalb   = 87:100:71 in 1973 = GV 1:1,1
82:100:62 in 1971

Bighorn: Widder:Schaf:Lamm   = 301:185:132 in 1973 = GV 1:0,7

Der Anteil auswärtiger Jäger ist in Idaho im Vergleich zu Wyoming gering: 1974 im Großwildsektor 13 120 Auswärtige gegenüber 128 607 Einheimischen = 1:10.

Viele Zahlen weisen darauf hin, daß die Großwildbestände in Idaho eher rückgängig sind. Der Jahresrapport 1973 sagt hierüber: „Der fortwährende Verlust an Wild-Habitat bildet die größte Bedrohung für den Fortbestand der Populationen. Während des ganzen Jahres wurde viel Zeit für die Bestimmung der Landverwendung und Änderung im Habitat aufgewendet sowie für deren Auswirkung auf Wildgeflügel und Haarwild."

Die zum Teil fallenden Streckenzahlen und das sich verschlechternde GV weisen in die gleiche Richtung. In den letzten 10 Jahren haben sich, im Gegensatz zu benachbarten Staaten, die Lizenzzahlen für Großwild nur um etwa 1/4 vermehrt.

Die Kleinwildstrecken 1972 betrugen:

Fasan	537 500	Wachteln	86 000	Wasserhühner	24 000
Tauben	251 500	Sagegrouse	72 000	Kaninchen	67 600
Waldgrouse	185 200	Enten	733 000	Truthähne	54
Rebhühner	65 300	Kan. Gänse	31 300	Waldschnepfen	2 700
Chukars	134 700	Schneegänse	1 400	Total-Stück:	2 147 454

Washington

(170 032 km², 1811 erste Besiedlung durch Weiße, 1853 US-Territorium, seit 1889 US-Staat)

Auch der Staat Washington ist zum größten Teil gebirgig. Das Cascadengebirge mit vielen Gipfeln von 1500 bis 3000 m, als höchsten Berg den

4400 m hohen erloschenen Vulkan Mount Rainier, beherrscht die Mitte. Im Nordosten liegen die Ausläufer der canadischen Ketten, und auf der Halbinsel zwischen dem Ozean und Puget Sound erhebt sich im Olympic National Park der 2426 m hohe Mount Olympic. Im Südosten gibt es zwischen den Städten Spokane und Yakima große, trockene Ebenen. Der Hauptfluß ist der große Columbia-River, der auf der Westseite der canadischen Rockies am Jasperpark entspringt und nach vielen Umwegen schließlich die Grenze zwischen Washington und Oregon bildet, bis er bei Astoria in den Pazifik mündet. Die Niederschläge betragen im Mittel 925 mm, aber der größte Teil davon fällt westlich der Cascaden, während das Land östlich davon trocken ist. Etwa ein Drittel des Staates ist „federal land", hauptsächlich in den Cascaden und im Olympic National Park.

Obwohl dieser Staat durch seine Landschaft ein beachtliches Potential für Wild besitzt, wird dieses durch seine für den Westen dichte Bevölkerung mit der Großstadt Seattle am Pudget Sound, einem wichtigen Überseehafen, und die kleineren Städte Tacoma (ebenfalls am Pudget Sound) und Spokane, dicht an der Grenze gegen Idaho, stark herabgesetzt. Es gibt fast alle Arten Großwild und Kleinwild sowie vor allem an der Küste, am Pudget Sound und auf den vielen Stauseen des Columbia-Rivers, jede Art von Wasserwild auf dem Durchzug nach und von den hochnordischen Brutgebieten in Canada und Alaska.

Auch in Washington hat man um die Jahrhundertwende (und noch später!) so unverantwortlich unter dem Wild gehaust, daß vom Großwild nur noch spärliche Reste verblieben. Danach hat jedoch auch hier ein amerikanisch-energischer Wildschutz eingesetzt, der schon vieles wiedergutgemacht hat.

Wie in Idaho, kauft man auch in Washington eine allgemeine Jagdlizenz (1975 für nonresidents $ 50,—) und dazu Wildmarken für die zu bejagenden Wildarten. Die 1975er Preise für nonresidents: Maultierhirsch und Schwarzwedelhirsch $ 5,—, Wapiti, Schneeziege und Bighorn $ 42,—. Die Hirsche können in mehreren Jagdbezirken frei (d. h. mit Lizenz und Wildmarke) bejagt werden, z. T. werden auch hierfür „special permits" ausgegeben. Wapiti, Schaf und Ziege sind nur mit ausgelosten „special permits" jagdbar. 1975 wurden 25 Bighorn- und 905 Schneeziegen-permits ausgegeben.

In den Jahren 1969 bis 1974 betrugen die Wildstrecken im Mittel für Maultierhirsch und Schwarzwedel zusammen rund 50 000 Stück, 1975: 58 700 Stück, Wapiti rund 10 000 Stück, 1975: 12 730 Stück, Schneeziegen zwischen 253 und 340, 1975: 238, Bighorns 3 bis 13, 1975: 7,

Schwarzbär 3000 bis 4000, 1975: 3760, Berglöwen 200 bis 300 Stück, 1975: 230 Stück. Wie man sieht, sind nur Hirsche, Wapiti und Schwarzbären reichlicher vorhanden. Diese kann man aber in Canada leichter und mit weniger amtlichen Beschränkungen bejagen.

Die Kleinwildstrecken sind auf den ersten Blick ansehnlicher: In 1975 wurden erlegt: 460 770 Fasanen, 369 220 diverse Grouse-Arten, 979 730 Enten, 62 140 Gänse (Canada- und Schnee-), 356 040 Tauben, 40 020 Schnepfen, 246 890 Wachteln, 179 650 Chukars, 61 070 europäische Rebhühner, 900 Sagegrouse, 160 Truthähne, 161 770 Kaninchen. Niederwildstrecke = 2 918 360 Stück. Man vergißt aber bei diesen Zahlen zu leicht, daß Amerika weiträumig ist. Obige Strecke bedeutet nämlich 171 Stück pro 1000 ha. Nimmt man die Großwildstrecken dazu, dann sind es drei Millionen Stück, das heißt 176 Stück pro 1000 ha. Im gleichen Jahr betrug die Wildstrecke in der Bundesrepublik Deutschland 275 Stück pro 1000 ha und in Österreich 182 Stück pro 1000 ha.

Die Totalzahl der Jäger stieg nur leicht an von 302 200 in 1969 auf 313 850 in 1974 und 310 900 in 1975, wobei die Großwildjäger etwas mehr zunahmen, während die Kleinwildjäger abnahmen. 1974 kauften 313 850 Jäger insgesamt 1 361 546 verschiedene Lizenzen und Wildmarken = 4,3 Stück pro Jäger. Sie zahlten dafür $ 8 379 925,— = $ 26,70 pro Jäger. In 1975 belief sich dieser Betrag auf $ 29,28 pro Jäger. Diese im Vergleich zum Reviersystem sehr geringen Kosten erklären auch die hohen Jägerzahlen. Bei der totalen Wildstrecke von 3 Millionen Stück erlegte jeder Jäger im Durchschnitt 9,6 Stück, gegenüber der Bundesrepublik Deutschland 26 Stück, Österreich 17 Stück und der Schweiz 6,8 Stück.

Grizzly, Caribou, Timberwolf, Wolverine, Fisher (eine große Marderart), Seeotter und Pelzrobben sind geschützt. Der heutige Grizzlybestand wird auf etwa 10 Stück geschätzt; an Waldcaribous zieht nur ein kleines Rudel von 30 bis 50 Stück herum in der Dreiländerecke Washington–Idaho–Canada. Der Wolf wurde schon um 1910 ausgerottet. Am 9. August 1950 wurde noch einer, der wohl aus Canada kam, im nordöstlichen Bezirk Ferry geschossen. Der sehr selten gewordene Wolverine (Vielfraß) nimmt wieder zu, seitdem er 1964 geschützt wurde; der Fisher ist ein seltener Solitär im Gebirge und schon seit vielen Jahren geschützt. Der Seeotter, der im 18./19. Jahrhundert im ganzen Pazifik angeblich ausgerottet wurde, ist jetzt wieder an allen Küsten vorhanden. Er und die Pelzrobben sind durch internationale Verträge geschützt. Der Elch, der in Washington schon ausgerottet war, breitet sich nun wieder, von Br. Columbia kommend, nach Süden aus. Es gibt aber wenig geeignete

Habitats für ihn in Washington, weil die Niederungen zu trocken oder zu dicht bevölkert sind und das Gebirge zu wenig Weichhölzer bietet. Die Bighornschafe wurden zwischen 1900 und 1920 ausgerottet. 1957 wurden canadische Bighorns an verschiedenen Orten ausgesetzt, die sich heute auf rund 300 Stück vermehrt haben. Teilweise läßt die Vermehrungsrate aber zu wünschen übrig. Der jährliche Abschuß auf „special permits" beträgt 20 bis 25 Stück; 1975 waren es 23.

Antelopen waren zur Zeit der ersten Besiedlung durch Weiße nicht vorhanden. 1938 kaufte die Jagdbehörde Tiere von Oregon und Nevada und setzte sie bei Yakima aus. 1969 folgten weitere Aussetzungen in Kittikas und Grant. Anfänglich vermehrten sie sich gut, aber 1955 wurden sie von einer für sie tödlichen Krankheit der Hirsche befallen, wodurch der Bestand von ca. 300 auf 100 zurückging. Bisher wurden noch keine Antelopen freigegeben.

Der Berglöwe kommt noch in allen Bergwäldern vor. Sein Bestand wird auf 1000 bis 1500 Stück geschätzt. Die Abschußprämie wurde 1961 abgeschafft und der Löwe als „jagdbares Tier" anerkannt, wodurch ihm Schonzeiten zuerkannt werden konnten. Seit einigen Jahren nimmt der Bestand langsam zu. Der jährliche Abschuß auf special permit beträgt 200 bis 300 Stück; in 1975: 230.

Oregon

(250 440 km², 1830 erster Posten der Hudsonbay Cy, 1848 US-Territorium, 1859 US-Staat)

Oregon ist zu Dreiviertel gebirgig: Im Westen liegt das Cascadengebirge, das den Regen abfängt, mit den höchsten Gipfeln Mount Hood 3420 m und Mount McLoughlin 2896 m. Im Nordosten erheben sich die Blue Mountains mit Gipfeln bis 3000 m. Das südöstliche Viertel des Staates ist eine trockene Ebene mit einzelnen, schmalen Gebirgszügen und einer Anzahl durch Gebirgsbäche genährten Seen, die z. T. salz- oder alkalihaltig sind. Die Ebene bildet überwiegend eine Salbeisteppe. Alkali flats gibt es in vielen US-Staaten und in den canadischen Prärieprovinzen. Sie entstehen, wenn im Boden mehr als 15 Prozent austauschbare Natrium-Kationen vorhanden sind und/oder der pH-Wert über 8,5 ansteigt. Die stehenden Gewässer und die Landoberfläche verfärben sich schneeweiß und das Pflanzenwachstum hört praktisch auf.

An Großwild gibt es Schwarzwedelhirsche, Maultierhirsche, einige inselartige Vorkommen von Weißwedelhirschen, die beiden Wapiti-Arten

107

Rocky Mountain Elk und Roosevelt Elk, im Südosten Antelopen und schließlich Schwarzbären und kleine Bestände von Bighorns und Schneeziegen. Außerdem leben in der Prärie etwa 7500 Wildpferde, die nicht als Wild gelten. Bisher durfte sie jeder Grundbesitzer frei einfangen und zähmen oder schlachten. Ein Bundes-Schutzgesetz vom 15. Dezember 1971 hat dies verboten und nur beschränkte Möglichkeiten für die Beseitigung dieser Tiere offengelassen. Infolgedessen vermehren sich diese Rudel nun so stark, daß die Äsung für Wild und Viehherden in diesen Trockengebieten zu knapp wird. Oregon und andere westliche Staaten, in denen Wildpferde und burros (verwilderte Esel) vorkommen, bemühen sich um Lockerung der Schutzbestimmungen, bis jetzt jedoch vergeblich.

Obwohl die Jagdbehörden, nach ihren Jahresberichten zu urteilen, theoretisch durchaus auf der Höhe sind, zeigen die Wildbestandszählungen, daß das Geschlechterverhältnis beim Schalenwild durchwegs schlecht bis sehr schlecht ist und daß es sich in den letzten Jahren noch weiter verschlechterte:

Beim Schwarzwedel ergaben die Bestandszählungen nach der Jagdzeit 21 Hirsche per 100 Tiere mit 67 Kälbern im Jahr 1974. Beim Maultierhirsch zählte man 1974 10 Hirsche per 100 Tiere mit 64 Kälbern. Beim Roosevelt-Wapiti war es noch weit schlimmer: 5 „bulls" (Stiere) per 100 „cows" (Kühe). Dieses GV scheint sich schon auf die Befruchtung des weiblichen Wildes auszuwirken, denn es gab nur 35 Kälber per 100 Tiere. Da die Tierstrecke gering ist, kann dies nicht an einem Übermaß von Schmaltieren liegen; eher ist eine Überalterung schuld. Der Anteil an männlichem Wild ist hier noch nicht einmal vollwertig, weil er vorwiegend aus Jährlingen und sehr jungen Hirschen bestehen muß, denn in der Wapitistrecke von 1974 gab es 78 Prozent(!) Jährlinge, obwohl gewiß alle Jäger nach besseren Trophäen Ausschau hielten.

Beim Rocky-Mountain-Wapiti ergaben die Bestandszählungen sogar nur 3 Stiere per 100 Kühe mit 48 Kälbern.

Bei den Antelopen ist das GV etwas besser: 29 Böcke per 100 Geißen mit 26 Kitzen. Die Kitzzahl per 100 Geißen fiel aber von 42 im Durchschnitt der letzten zehn Jahre auf 26 im Jahr 1973. 1950, als die Bestände noch praktisch ohne Jagd im Aufbau waren, gab es aber 63 Böcke per 100 Geißen; 1968 waren es nur noch 24.

Man sollte meinen, daß bei solchen Verhältnissen ein totales Abschußverbot für männliches Wild während einiger Jahre notwendig wäre. Die Streckenzahlen für 1974 zeigen anderes:

Beim Hirschwild (alle 3 Arten) wurden 76 400 Stück erlegt, davon 59 100 „bucks" = 77½ Prozent männlich. (1972 waren es noch

103 470 Stück, davon 87 Prozent männlich.) An weiblichem Wild wurde bis 1969 immer rund 30 Prozent erlegt, nachher allmählich weniger. 1972 und 1973 nichts mehr. Das deutet, trotz des miserablen GVs, auf ein vorübergehendes Abschußverbot für weibliches Wild hin. 1974 wurden dann wieder 1018 cows = 3 Prozent der Strecke erlegt. Die Zahl der Hirschjäger betrug 1974 286 560, die „succes ratio" 26 Prozent.

Wapitis wurden 1974 14 070 durch 106 200 Jäger erlegt = „succes ratio" nur 13 Prozent. In dieser Strecke gab es, wie schon erwähnt, 78 Prozent Jährlinge. Starke Hirsche (und der Wapiti ist eine der schönsten Trophäen Amerikas) sind also nicht oder kaum mehr vorhanden. Trotz des heute so schlechten GVs vermehrte sich der Wapitibestand allmählich doch: 1933 wurden erst 579 erlegt, 1940: 2529, 1950: 5391, 1961: 12 091. Seitdem variiert die Strecke zwischen 10 000 und 14 000.

Bei der Antelope gab es 1974 1590 „special permits", worauf 712 Stück erlegt wurden = succes ratio 53 Prozent. Für Bighorns wurden nur 17 „special permits" verlost, worauf 8 Widder erlegt wurden. Von 75 permits für Berglöwen wurden nur 34 zur Jagd benutzt und darauf 16 cougars erlegt = succes ratio 47 Prozent. Schließlich gab es noch 17 930 Wildmarken für Schwarzbären, worauf 1703 Bären erlegt wurden = 10 Prozent.

Die 19 900 Bogenjäger in Oregon erbeuteten 1343 Hirsche, 429 Wapiti und 124 Bären, aber keine Antelopen.

Der Grund für diese merkwürdigen Zustände geht aus einem Brief der Jagdbehörde hervor, woraus ich zitiere:

„Oregons Biologen sind der Meinung, daß ein GV von 9 Stieren per 100 Kühe beim Wapiti und 13 bis 15 Hirsche per 100 Tiere beim Maultierhirsch das wirksamste Verhältnis zur Bewirtschaftung der Bestände ist und um die Jäger zu befriedigen." Weiter: „Unser Ziel war in den letzten Jahren die Erwirtschaftung einer maximalen Vermehrung der Wildarten, um so den Jägern maximale Jagdgelegenheit zu bieten."

„Es gibt alljährlich eine größere Sterblichkeit unter dem männlichen Hirsch- und Wapitiwild als unter dem weiblichen Wild, und je länger man diese (männlichen) Tiere im Bestand läßt, bevor sie geerntet werden, desto weniger Tiere können erlegt werden." Und schließlich noch: „Die meisten Jäger sind mehr an Wildbret interessiert als an einer Trophäe. Es gibt aber einen gewissen Teil der Jäger, der eine Möglichkeit zur Trophäenjagd wünscht. Deshalb planen wir, einige Herden auf dieser Basis zu bewirtschaften."

Diese Zitate enthüllen genau jene Politik der Jagdbehörden, die ich hier mehrfach kritisiert habe. Sie war noch einigermaßen tragbar beim früheren geringen Jagddruck, aber nach der enormen Zunahme der Jägerzahlen geriet das System ganz aus der Hand, und das Geschlechterverhältnis verschlechterte sich rasch.

Oregon hat ganz offensichtlich mit dem Ziehen der Notbremse zu lange gewartet, weil man die Gefahren einer so starken Verschiebung des GVs nicht erkannte, ja, direkt wünschte, im irrtümlichen Glauben, man könne größere Strecken erzielen, wenn man nur männliches Wild erlegte (der gleiche Fehler, der früher in der schweizerischen Patentjagd gemacht wurde). Jetzt aber scheint man, wenn auch noch zögernd, bereit zu sein, das Ruder herumzuwerfen. Der oben erwähnte Brief sagt dazu: „Der Jagddruck hat eine solche Höhe erreicht, daß Maßnahmen erforderlich sind, um ihn zu reduzieren oder besser zu verteilen, damit mehr ausgewachsene männliche Tiere für die Ernte bereitstehen und das GV verbessern."

Ob diese Bereitschaft allerdings so weit geht, daß ein einigermaßen natürliches GV angestrebt wird, bleibt fraglich. Zu sehr scheint man noch in dem Glauben verhaftet zu sein, daß der Wunsch der Fleischjäger nach Wildbret (politisch?) wichtiger sei als die Erhaltung der Wildbestände in ihrer natürlichen Lebensart. Die nächsten Jahre werden es zeigen.

Oregons Niederwaldstrecke betrug 1974:

Fasanen	168 378	Enten	523 393	
Wachteln	140 559	Gänse	54 560	
Chukars	106 654	Wasserwild	577 953	
Grouse	60 525	Uplandbirds	696 874	
Tauben	220 758	Federwild	1 274 827	Stück = 5 St./km²
Uplandbirds	696 874			oder 50 St./1000 ha

Für den auswärtigen Jäger kann Oregon nicht empfohlen werden.

Wir haben gesehen, daß die hier behandelten US-Staaten durchweg unter Trockenheit leiden. Nur der Westhang der Küstengebirge erhält reichlich Niederschlag. Vor der Landnahme durch die Weißen waren die Grasprärien wegen der unlimitierten Äsung durch Buffalogras und Salbeibüsche ein Wilddorado: Bisons, Antelopen, verschiedene Hasenarten, Grouse und Wasserwild gab es millionenweise. Die dortigen Indianer hatten im Bison überreichliche Jagdbeute, trieben in den Flußtälern auch Ackerbau und konnten das kleinere Wild praktisch in Ruhe lassen.

Die Weißen haben in nur einem halben Jahrhundert mit diesem Überfluß gründlich aufgeräumt, aber heute liefern diese Gebiete durch den Getreideanbau mehr Nahrungskalorien als früher.

In den westlichen Gebirgen war es anders: Die dortigen Indianer scheinen ihre Wildbestände übernutzt zu haben, sonst wären die Expeditionen von Lewis & Clark und von MacKenzie in Canada hier nicht fast verhungert.

Im 19. Jahrhundert wurde das Wild der Plains durch Weizenanbau und Viehhaltung seiner Äsung beraubt und praktisch ausgerottet. Die Reste flüchteten ins Gebirge, wo die Marktjägerei ihnen schwer zusetzte. Heute ist ein Wiederaufbau der Bestände in beiden Gebieten zu beobachten, der unterschiedlichen Erfolg hat. Im allgemeinen aber darf man sagen, daß die amerikanischen Jagdbehörden trotz der Handicaps durch Trockenheit und politische Querelen erfolgreich waren.

Dies war nur möglich durch das System der „special permits". Die Konsequenz, mit der dieses System gehandhabt werden kann, wird den Erfolg bestimmen.

Alaska

(1 519 171 km² = dreimal größer als Frankreich, 1741 durch Bering entdeckt, 1799—1862 russisches Handelsgebiet, 1862—1867 russische Kolonie, 1867—1959 Territorium der USA, seit 1959 US-Staat)

Wir werden Alaska etwas ausführlicher behandeln, weil in letzter Zeit viele (allzu viele!) amerikanische und europäische Jäger dorthin zur Jagd ziehen.

Dieses weite Land zählte 1975 nur etwa 370 000 Einwohner, wovon ein Fünftel Indianer und Eskimos waren. Die Hälfte aller Menschen lebt in Anchorage (175 000 Einwohner), der Rest zum weitaus größten Teil in Fairbanks (35 000 Einwohner), Juneau, Ketchikan, Wrangel, Cordova, Valdez, Nome und einigen noch kleineren Nestern. Nur Fairbanks mit Universität und Militärflugplatz kann neben Anchorage als „Stadt" bezeichnet werden (Fairbanks heißt übrigens nicht, wie schon geschrieben, nach den schönen Ufern = fair banks des Tananarivers, sondern nach Charles W. Fairbanks, US Vizepräsident unter Theodore Roosevelt). Das Land außerhalb der wenigen Straßen ist praktisch menschenleer, seit sich die eingeborene Bevölkerung immer mehr in den Ortschaften zusammenzieht.

Daß Alaska 1867 für 7,2 Millionen Dollar durch die USA von Rußland gekauft wurde, daß es unter der Drohung einer japanischen Invasion 1942 seine bisher einzige Straßenverbindung mit Edmonton in Alberta erhielt, daß die Hauptstadt nicht Anchorage, sondern die Kleinstadt Juneau im „Panhandle" gegen Br. Columbia ist, daß dieses Land gebirgig und z. T. vulkanisch ist, daß an der Nordküste große Erdölvorkommen entdeckt wurden, wofür jetzt eine Pipeline nach Valdez an der Südküste gebaut wird, daß es im Mount MacKinley (6198 m) den höchsten Berg Nordamerikas besitzt, das alles ist wohl genügend bekannt. Bis zur Eröffnung der Alaskastraße war seine einzige Verbindung mit der Außenwelt die Fähre von Seattle im Staat Washington nach Seward an der Südspitze der Kenai-Halbinsel. Dieser Hafen und die Bahn von Seward nach Anchorage und Fairbanks wurden gebaut, weil der Cook Inlet, der Seearm nach Anchorage, so seicht ist und so hohe Gezeiten hat, daß größere Schiffe vor Anchorage alle 12 Stunden auf dem Trocknen liegen würden. Anchorage ist heute ein großer internationaler Flughafen, und eine Flugkarte dorthin kostet von Europa aus genau so viel wie eine nach Edmonton.

Diese „letzte Wildnis der USA" hat nach der Katastrophe von Pearl Harbour eine unerhörte Entwicklung durchgemacht. Der Bau der Alaskastraße, die Aufnahme in den internationalen Flugverkehr, die enorme Zunahme des privaten Flugverkehrs, die Erfindung der Snowmobiles und Sumpfwagen, der Bevölkerungszuwachs, der Zustrom von Jägern aus aller Welt haben anfänglich die — im verschlafenen Kleinstädtchen Juneau 950 km südöstlich von Anchorage ohne gute Verbindungen sitzenden — Behörden einfach überrollt:

Anzahl Jagdlizenzen:	1926		1966		1974		1975	
	residents/nonresid.		residents/nonresid.		residents/nonresid.		residents/nonresid.	
	1864	118	44 295	6 484	65 697	8 340	64 716	7 103

Wildstrecken:	1911	1945	1966	1974	1975
Elch		1 547	7 048	5 638	3 286
Caribou ca.		4 897	36 000	25 000	40 000
Dallschaf		300	955	1 243	1 071
Wapiti		27	114	30	23
Schwarzbär ca.	628	1 127	1 200	1 000	2 000
Grizzly	11	543	856	756	824
Eisbär	56	82	415	?	60
Schwarzw.Hirsch		7 204	14 200	11 000	17 000
Moschusochse	—	—	—	—	10
Bison	—	—	?	64	65
Wolf	78	853	1 360	?	1 090
Vielfraß	110	108	659	?	805

Tafel 11: *Hellfarbiger Waldwolf · Phot. Alaska Dept. Fish & Came.*

Auch die Jagdbehörde wurde anfänglich anscheinend das Opfer der Idee, die Wildnis müsse unerschöpflich sein. Viel zu lange glaubte man, daß man auch Städte wie Anchorage mit fast 200 000 Einwohnern, Fairbanks mit 35 000 und noch alle anderen Ortschaften mit Wildbret füttern könnte, ohne daß das bis dahin bestehende Gleichgewicht zwischen Wildzuwachs einerseits und Jagd- und anderen Verlusten aller Art andrerseits zerstört würde. Die Folge war, daß in allen mit Auto oder Flugzeug leicht erreichbaren Gebieten der Wildbestand weitgehend aufgerieben wurde, obwohl in anderen, abgelegenen Gegenden der Jagddruck nach wie vor äußerst gering war und noch ist: Eine Jägerzahl von 66 000 bedeutet ja für dieses große Land nur 1 Jäger auf 2337 ha. Weil aber die Stadtjäger aus Anchorage und Fairbanks überwiegend mit ihrem Auto längs der Straßen jagen und Alaska nur rund 2100 km Autostraßen besitzt, bedeuten 50 000 Jäger schon eine Büchse alle 42 Meter, bei den Cariboukreuzungen sogar fast ein Schulter-an-Schulter-Stehen.

Alaska ist unterteilt in 26 Jagdbezirke, für die unterschiedliche Bestimmungen gelten. Außerdem gibt es noch 37 Spezial-Schongebiete. In jedem Bezirk sind mehrere Wildhüter und Wildbiologen stationiert, denen die Jagdaufsicht und die Kontrolle der Wildbestände übertragen wurde.

Trotzdem war bis 1975 vielerorts ein beängstigender Rückgang der Bestände zu verzeichnen, der nach den Rapporten der Behörde die Folge einer Reihe von extrem kalten Wintern und viel Wolfsschaden war: Das alte Lied, das wir später auch in Canada hören werden. Winter und Wölfe hat es aber in Alaska seit Jahrtausenden gegeben. Auch die ursprünglich wenig zahlreichen Eskimo und Indianer haben früher das Wild nie dezimieren können, weil sie nur erlegten, was sie für ihren Lebensunterhalt brauchten. Was sich geändert hat, ist der Jagddruck:

Auf der seit altersher um ihre kapitalen Elchschaufeln berühmten Kenai-Halbinsel gab es nach der Bestandszählung 1972 nur noch 15,6 männliche Elche auf 100 Elchkühe, darunter waren dann noch 25,7 Prozent Ein- und Zweijährige. In Homer, an der Westküste von Kenai, war es noch schlimmer: Dort zählte man 1972 nur noch 9,8 Stiere auf 100 Kühe, darunter 9 Prozent Jungtiere. Es ist klar, daß bei einem solchen Geschlechterverhältnis keine starken Schaufler mehr vorkommen können, weil sie das nötige Alter nicht mehr erreichen. Auf Kenai gab es seit langem die Eisenbahn Seward—Anchorage, später die Autostraße

Tafel 12: *Silberlöwe* · *Phot. Montana Dept. Fish & Game*

auf der gleichen Strecke und dann in den letzten Jahren viele neue Verbindungen zur Westküste, nach Homer und zur Ostseite der Halbinsel. Das war tödlich für den guten Elchbestand. Daraufhin gingen die Jäger auf die Alaska-Halbinsel, wohin keine Straße führt. Auch dort hat man unterdessen Beschränkungen wegen des zu hohen Abschusses von Elchen und Braunbären einführen müssen.

Der Rapport 1972 der Jagdbehörde besagt: „1972 wurden 5739 Elche erlegt, davon 4294 bulls und 1361 cows. Dies war die geringste Strecke seit 1963. Auf Kenai fiel die Strecke von 1419 in 1971 auf 712 in 1972."

Dies sind Beispiele örtlicher Überbejagung, aber auch für den ganzen Riesenstaat Alaska fiel die Elchstrecke von 7048 Stück (1966) auf 3286 (1975). Das sieht zwar schlimm aus, bedeutet aber nur einen erlegten Elch auf 46 000 ha. Sogar in der wildarmen nordischen Wildnis kann dies nicht als „Überbejagung" bezeichnet werden, weil die Verluste durch natürliche Ursachen vermutlich viel größer sind. Es ist dies auch hier eine Frage der besseren Verteilung des Jagddruckes.

In allen gut erreichbaren Gebieten war das Geschlechterverhältnis beim Elch sehr schlecht. In 20 der 26 Bezirke nur 6,8 bis maximal 30,9 männliche Stücke per 100 Kühe, darunter waren dann noch bis zu 40 Prozent Jährlinge. Trotzdem verfügte der Kongreß von Alaska 1974, daß keine Elche ohne Geweih (antlerless game) mehr geschossen werden dürften, wodurch der ganze Jagddruck auf das bereits arg dezimierte männliche Wild gerichtet wurde. Dieser Unsinn kam gegen den Willen der Jagdbehörde zustande, wurde aber für die Saison 1976/77 schon wieder annulliert und in verschiedenen Bezirken wieder weibliches Wild freigegeben.

Die gute alte Zeit, da überall Rekordschaufler herumliefen, ist also in allen bequem erreichbaren Teilen Alaskas vorbei. Das große Problem bleibt vorläufig noch, wie man den Jagddruck gleichmäßiger verteilen könnte.

Das zweite wichtige „Fleischtier" Alaskas ist das *Caribou*. 1968 meldete die Jagdbehörde noch:

„Die Caribou-Ernten sind sehr unterschiedlich, je nachdem ob die Herden in wenigen Tagen oder über längere Zeit verteilt über die Autostraßen ziehen. Snowmobiles beginnen das Bild zu ändern, aber es gibt immer noch genügend unerreichbare Gebiete. Es gibt keine Caribou-Herde in Alaska, die nicht von erhöhten Ernten durch bessere Gesundheit der Gesamtherde Nutzen ziehen würde. Nur bei der Nelchina-Herde, die den Großteil der Caribous für die Bevölkerung von Anchorage und Fairbanks liefert, ist die Lage kritisch."

Der Jahresrapport 1972/73 ist schon weniger optimistisch und sagt:

„Starker Rückgang in verschiedenen bequemer zu erreichenden Caribou-Herden in Süd-Zentral-Alaska, vornehmlich in der Nelchina-Herde, machen Beschränkungen notwendig bei der Jagdzeit, bei der Freigabezahl und bei den Mittwinterjagden. Die Alaskahalbinsel-Herde wuchs aber in der gleichen Zeit weiter an und verschiedene Neupflanzungen (Adak-Insel in den Aleuten und Kenai-Halbinsel) zeigten große Zunahme in der Zahl. 1972 ernteten 21 Inhaber von ‚special permits‘ 6 Caribou-Stiere in der ersten Caribou-Jagdzeit auf Kenai seit Anfang dieses Jahrhunderts.“

Also auch beim Caribou gab es Wildvernichtung entlang den Straßen und ungenügend bejagte Bestände in der Wildnis.

Der erwähnte Bestand auf Adak ist ein Beispiel des Luxurierens neuer Bestände. Auf Adak gab es nie Caribous und nie Großraubwild, aber viel Gras und Flechtenäsung, und das Meeresklima im Japanstrom ist zwar feucht, aber nicht zu kalt. Die Caribous haben sich hier zu ganz kapitalen Stücken an Größe und Geweih entwickelt.

Auf Kenai gab es früher viele Caribous, die im Sommer hoch oben im Gebirge lebten und im Winter Schutz in den dichten Nadelholzbeständen der Niederungen fanden. Anfang dieses Jahrhunderts hat ein riesiger Waldbrand den Nadelwald größtenteils vernichtet, wonach die Caribous verschwanden. Dafür erschienen von Norden her die Elche, weil auf der Brandfläche als erste Vegetation Pappeln und Weiden aufkamen, die ihre Hauptnahrung bilden. Da solche Neubestände fast immer zuerst luxurieren, ist dies auch wohl der Grund für die starke Schaufelbildung auf Kenai in der ersten Hälfte dieses Jahrhunderts. Heute hat sich der Nadelwald wieder breitgemacht und damit den Elchbiotop allmählich verschlechtert. Die Jagdbehörde hat daher kürzlich Caribous ausgesetzt, um den ursprünglichen Zustand wiederherzustellen.

Über die Nelchina-Herde besagt die Statistik, daß die Strecken 1946/47 und 1947/48 je 200 Stück betrugen. In der Saison 1971/72 waren es aber 10 131 Stück! Die erwähnten Beschränkungen reduzierten dann den Abschuß der Jahre 1972/73 auf nur noch 555 Stück.

Die Caribou-Strecken in Alaska waren: 1945: 4897, 1950: 4150, 1955: 17 000, 1960: 22 500, 1965: 30 000, 1972: 25 000 bis 30 000, 1974: 25 000, 1975: 40 000 Stück. Genaue Zahlen fehlen, weil die subsistence-Jagd der Indianer und Eskimo nie ganz erfaßt werden kann.

Das *Dallschaf* ist ein weiteres Hauptwild Alaskas, aber hier geht es um die sehr begehrte Trophäe. Weil, wie schon erwähnt, die Schafjagd hohe Anforderungen an den Jäger stellt, ist die Zahl der Lizenzen verhältnismäßig gering: 1945 = 300 Lizenzen und 300 Abschüsse, 1950 =

200 Lizenzen und 200 Abschüsse, also „success ratio" noch 100 Prozent. 1960 bis 1965 gab es jährlich zwischen 900 und 1000 Lizenzen mit 600 bis 1000 Abschüssen. Dann ging es bergab: 1972 = 1170 Abschüsse auf 3162 Lizenzen. Abschuß 1974 = 1243 Stück, 1975 = 1071 Stück.

Als Grund für die Abnahme der success ratio gibt die Jagdbehörde an, daß sich die Jäger zu sehr in Gebieten konzentrieren, wo kürzlich einige gute „Köpfe" erbeutet wurden, statt sich in weniger bejagten Gebieten zu verteilen. In den Chugagh- und Wrangel-Bergen wachsen eben die 3/4-curl-Widder nicht so schnell nach, wie sie erlegt werden. Wer weiß, wie individuell verschieden das Schneckenwachstum bei allen Wildschafen ist, der befürchtet überdies, daß auf längere Sicht die fortwährende Auslese schnellwüchsiger Widder (die früh 3/4 curl erreichen) zur Majorität der Minus-Varianten im Schneckenwuchs führen muß.

Diese Nachteile sind vorläufig (wie lange noch?) nicht in den Brooksbergen im Norden zu verspüren. Hier wird erst seit wenigen Jahren auf Schafe gejagt, und hier gibt es noch alte Widder. Nur sind die Brooks-Widder, des furchtbaren Klimas wegen, etwas dünner in den Schnecken, und für den Jäger stehen sogar bei Jagdanfang im August Schneestürme und Nebel bereit, um ihm die Jagd zu verleiden. Der Bau zweier Straßen durch die Brooksberge entlang der neuen Öl-Pipeline von der Nordküste nach Valdez und der Hickel Highway von Fairbanks nach Sagwon, südlich von Prudhoe Bay, werden auch hier den Jagdpöbel nachziehen. Immerhin sind die Brooksberge etwa 800 km lang, so daß ein paar Straßen nicht allzuviel ausmachen. Die meisten Schafjäger kommen sowieso per Flugzeug.

Von den 1170 im Jahr 1972 erlegten Widdern fielen 236 in den Brooksbergen. Die success ratio blieb zwischen 1967 und 1972 etwa gleich: 67, 72, 56, 71, 62 und 68 Prozent.

In den Chugagh-, Wrangel- und Brooksbergen lagen die Schneckenlängen zwischen 33 und 35 inch, die success ratio allgemein zwischen 19 und 24 Prozent, für geführte Jäger aber zwischen 58 und 73 Prozent.

Nach Mitteilung der Jagdbehörde vom 17. Dezember 1976 ist die Einrichtung von zwei großen neuen National-Parks in den Brooks- und Wrangel-Bergen vorgesehen, die etwa die Hälfte der guten Schafgebiete für Jagd ausschließen werden.

Die *Schneeziege* schützt sich zum Teil selber, indem sie die steilsten Felswände als Einstand bevorzugt. Sie wird verhältnismäßig wenig bejagt, weil die Jagd schwierig und der Wildbretertrag gering ist. Die success ratio betrug 1972 43,4 Prozent. Die neuen Bestände auf Baranof Island und Kodiak nehmen schnell zu. Alaska-Abschuß 1975 = 568 Stück.

Der alaskanische *Braun-/Grizzly-Bär* zieht Jäger aus aller Welt an, um so mehr, als er in den übrigen USA kaum noch und in Canada auch nur sehr beschränkt bejagt werden kann und sein sibirischer Bruder, der Kamschatka-Bär, für die meisten Jäger unerreichbar ist. Daß dies in Alaska stellenweise schon eine Bedrohung des Bestandes mit sich bringt, geht aus den Rapporten der Jagdbehörde eindeutig hervor. Die Haupt-Jagdgebiete bilden, außer Kodiak-Afognak, die Alaska-Halbinsel mit den ersten paar anschließenden Aleuteninseln und der „Panhandle", also der an Br. Columbia grenzende Küstenstreifen Alaskas. Auf Kodiak haben die Viehbauern viele Bären geschossen, weshalb die Jagdbehörde etwa die Hälfte von Kodiak zum Schutzgebiet erklärte. In den letzten Jahren noch gab es dann die stärksten Bären anscheinend auf der Alaska-Halbinsel, bis auch dort der Rahm abgeschöpft war. Etwa die Hälfte aller erlegten Braunbären fällt in diesen beiden Gebieten, während die Panhandle eine Jahresstrecke von etwa 60 bis 80 Bären aufweist.

Die Strecken waren:

1910:	10	1950:	886	1965:	771	1975:	824
1919:	120	1955:	615	1972:	825		
1945:	543	1960:	505	1974:	767		

Die Jagdbehörde meint, laut Rapport von 1972, daß der Bärenbestand nach GV und Alter unverändert blieb, mit Ausnahme der jetzt gerade „in Mode gekommenen" Alaska-Halbinsel. Daß hier offensichtlich Überbejagung stattfindet, wird durch den Rapport des örtlichen Biologen bestätigt, der unter anderem meldet:

„Von den 278 gestreckten Bären waren 228 südlich des Naknek-Rivers und Katmai-Park erlegt worden. Diese Strecke ist höher als die tragbaren etwa 150 Stück. Es wurden 57 Prozent männliche Bären geschossen und insgesamt 57 Prozent durch Nonresidents. Ein kontinuierlicher Rückgang in Decken- und Schädelmasse ist festzustellen. Fast 30 Prozent der 1970 markierten Bären wurden bis 1972 erlegt; viele davon waren 1970 ‚cubs' (halbjährige Junge) und worden somit vor Erreichung des Fortpflanzungsalters erlegt. Maßnahmen sind erforderlich, um die Jagdstrecke auf diesem Teil der Halbinsel auf höchstens 150 Stück jährlich zu reduzieren."

Interessehalber sei erwähnt, daß auf der Ostseite der Alaska-Halbinsel ein kleines, aber hervorragendes Braunbärengebiet am MacNeil-River besteht, ein kurzer Lachsfluß, der an seinen Stromschnellen im Sommer große Mengen Bären zum Fischen vereint. Die Jagd ist hier verboten, aber mit Erlaubnis der Jagdbehörde können gut ausgewiesene Tierfotografen dort prächtige Aufnahmen machen, sofern sie sich getrauen, den Bären (und Bärinnen mit cubs!) unbewaffnet gegenüberzutreten.

Das Schädelmaß (Länge plus Breite in inch) liegt heute in Alaska durchschnittlich bei 22 bis 24"; auf den ersten Aleuteninseln Unimak bis Unalaska bis 27", wohl weil die Tiere hier noch weniger bejagt werden. Die Maße der Inland-Grizzlies liegen durchschnittlich um 20 bis 22". Demgegenüber erwähnt EBEN-EBENAU als beste canadische Inland-Grizzlies der 1930er Jahre 25⁶/₁₆ und als Rekord 26⁷/₁₆. Den ersten hat er selber 1935 südlich von Slave Lake erlegt, der zweite wurde ebendort von einem Indianer-Ehepaar mit 11 Schuß Kaliber 22 lr. (!) geschossen. Beide Schädel stehen in EBENS Museum in Slave Lake. Heute gibt es auch dort keine so starken Grizzlies mehr. Der stärkste Karpatenbär auf der Internationalen Jagdausstellung in Berlin 1937 maß 25³/₁₆ inch, auf der Budapester Ausstellung 1971 65,75 cm (Rumänien) = 26⁵/₁₆ inch. Aus diesen Vergleichen geht hervor, daß voll ausgewachsene Braunbären 25 bis 26 inch Schädelmaß haben können, und somit beweist das Durchschnittsmaß von nur 20 bis 22" in der alaskanischen Bärenstrecke, daß heute die meisten Bären zu jung erlegt werden.

Die Schwarzbärpopulation ist in Alaska immer noch reichlich, so daß es die Behörde bisher nicht für nötig fand, sich speziell um diese Bären zu kümmern, außer daß in den letzten Jahren auch Schwarzbärdecken (wie alle Bärendecken) vermessen und gestempelt werden müssen. Abschuß 1975 ca. 2000 Stück. Nur für die „blauen" Gletscherbären gelten Restriktionen. Man beurteilt die Zukunftsaussichten für den Schwarzbären als besser als die für den Braunbären, weil er anpassungsfähiger ist und (weil noch in ganz Nordamerika vorkommend) weniger scharf bejagt wird.

Der *Eisbär* steht bekanntlich als „bedrohte Tierart" zum Teil unter internationalem Schutz, wie dies schon unter „Wildarten" beschrieben wurde. Die Strecken waren in Alaska laut Statistik:

1930 = 156 Stück	1965 = 296 Stück	1969 = 298 Stück
1940 = 62 Stück	1966 = 415 Stück	1970 = 316 Stück
1950 = 69 Stück	1967 = 191 Stück	1975 = 60 Stück*
1960 = 163 Stück	1968 = 351 Stück	* (Nur durch Eskimo)

Auch die Eisbärdecken müssen vermessen und gestempelt werden, was immerhin einen gewissen Schutz bietet, weil man eine eventuelle Überbejagung jetzt schnell an den kleiner werdenden Deckenmaßen feststellen kann. Außerdem sind Eisbären nur auf „special permits" frei, die bei dem zentralen US. Wildlife Service in Washington DC beantragt werden müssen.

Als 1965 die Internationale Konvention zum Schutze des Eisbären gegründet wurde, setzte 1966 prompt ein rush der Jäger ein, die sich noch schnell eine Decke sichern wollten . . .

Beim Eisbären sollte man bedenken, daß er in einem praktisch menschenleeren Biotop lebt und seine Vermehrungsrate darauf eingestellt ist, gerade die Verluste durch Alter, Klima und gelegentliche Eskimojäger mit Speer und Hunden auszugleichen. Dieses Gleichgewicht wird sofort gestört, wenn zuerst Walfänger, dann Eskimos mit Feuerwaffen und schließlich noch eingeflogene Weiße mit Fernrohrbüchsen die Bären jagen wollen. Denn sie sind langlebige Tiere, die sich mindestens während eines Dutzend Jahre am Fortpflanzungsgeschäft beteiligen müssen, um die Art zu erhalten. Werden sie früher erlegt (wie heute bei den Braunbären), dann fehlt ein entsprechender Teil des Nachwuchses, und der Bestand geht zurück.

Schwarzwedelhirsche kommen in Alaska nur im Panhandle vor (hauptsächlich auf den Inseln Admiralty, Baranof und Chichagof), rings um den Prince Williamsound und (neu ausgesetzt) auf Kodiak. Sie bilden hier als „Sitka-Hirsche" eine Unterart der südlicheren Schwarzwedel. Diese kleinen Hirsche ertragen anscheinend das extreme Winterklima des Festlandes Alaskas nicht und können sich deshalb nur in den vom Meer erwärmten Küstengebieten halten, soweit sie nicht direkt unter dem eisigen Nachtwind der hohen Küsten-Schneeberge liegen. Sie sind in den größtenteils dichtbewaldeten Küsteninseln oft auf Kahlschlägen der Holzindustrie und anderen offenen Stellen konzentriert. Weil sie nur mäßig bejagt werden (Freigabe 1, 3 oder 4 Stück!), wird die Bestandshöhe mehr von der Natur als von der Jagd beeinflußt. Die Streckenzahlen zeigen demzufolge eine Variation, übereinstimmend mit dem etwa zehnjährigen Auf und Ab der Population. Sie schwanken zwischen etwa 4000 und 17 000. Kleinste Strecken gab es mit 3300 im Jahr 1952 und 4500 in 1972. Die Zahl der auswärtigen Jäger stieg von rund 400 (1960) auf etwas über 700 (1965). Weil der Sitka-Hirsch bedeutend geringer ist als der engverwandte Maultierhirsch, werden sie fast nur durch die örtliche Bevölkerung bejagt. Abschuß 1975 = ca. 17 000 Stück.

Die heutigen alaskanischen *Bisons* gehören nicht zum autochthonen Wild, obwohl es angeblich in sehr alten Zeiten einen dünnen Bestand an Waldbisons gegeben haben soll. Sie wurden 1928 aus Montana importiert und gehören somit der „Plains"-Rasse an. Ausgesetzt wurden sie in Gebieten, die nach Meinung der Biologen dafür geeignet waren. Leider zeigte sich bei der schnellen Entwicklung Alaskas, daß diese Gebiete (1928 noch reine Wildnis) auch für Landwirtschaft oder für Militär-Übungs-

und Flugplätze taugten, so daß sich schon bald Interessenkonflikte ergaben, wobei das Wild den kürzeren zog. Die Bisongebiete sind: Das flache Gebiet zwischen Big Delta river und Healy lake, wo die Tiere mit dem Militär von Fort Greely kollidierten, weiter die Täler des Copperriver und Chitinariver zwischen den Wrangel- und den Chugagh Mountains, und schließlich die Ebene bei McGrath und Farewell am Oberlauf des Kuskoskwim Rivers, ein sehr abgelegenes Gebiet, wohin man überflüssige Tiere der beiden anderen Populationen verpflanzt hat.

Diese Präriebisons hatten anfänglich Mühe, sich dem harten Klima und den ungewohnten Äsungspflanzen anzupassen, aber 1950/52 konnten die ersten „special permits" ausgegeben werden. Die Strecken (nur alte Stiere) betrugen: 1950 = 50, 1951 = 25, 1952 = 25, 1961 = 50, 1963 = 20, 1964 = 34, 1965 = 31 Stück. 1972 schossen 30 Permithalter 27 Stück, und 1974 betrug die Strecke 64 Stück, 1975 = 65 Stück.

Man sollte sich bei dieser Jagd aber vorher vergegenwärtigen, daß das Gehörn allein, und sei es noch so massig, keine ansehnliche Trophäe darstellt. Nur das voll präparierte Haupt mit Vorschlag gibt eine Idee von Größe und Wucht eines alten Bisonstieres. Ein solcher Koloß hat aber in manchem modernen Heim kaum Platz. In diesem Fall sollte der ausländische Jäger auf die Bisonjagd verzichten.

Auch der *Wapiti* wurde nach Alaska verpflanzt, und zwar auf Afognak, der Nachbarinsel von Kodiak. Die Tiere wurden 1929 aus dem Olympia-National-Park in Washington importiert; der dortige Bestand besteht bekanntlich aus Roosevelt-Elks. Es ist anzunehmen, daß man für die Insel Afognak diesen an das Meeresklima gewohnten Typ dem Inlandtyp des Rocky-Mountain-Elk vorzog.

Auch hier zeigte sich zuerst das Luxurieren des neuen Bestandes: Die Zahl stieg schnell an, und die Tiere eroberten auch die an Afognak grenzende Raspberry-Insel. Der Bestand wuchs dermaßen, daß die Jagdbehörde noch 1968 kaum genügend Jäger nach dem abgelegenen, gebirgigen und bewaldeten Afognak locken konnte. Sie hatte aber nicht lange Grund, sich über Mangel an Wapitijägern aufzuregen. Die Bestandsvermehrung auf dem begrenzten Areal erreichte sehr bald ihre Spitze, und in letzter Zeit verringert sich der Bestand eher, als daß er zunimmt. Schon 1972 hieß es im Jahresrapport: „Die 1972er Strecke von 18 Wapiti war die niedrigste seit Eröffnung der Jagd in 1955. Bestandsaufnahmen im Herbst '72 zeigten einen weiteren Trend zur Verringerung auf Afognak, anscheinend verursacht durch die aufeinanderfolgenden schweren Winter 1970/71 und 1971/72."

Also schon wieder der böse Winter ... Aber die Jagdbehörde von

Oregon schreibt über den Roosevelt-Elk: „Charakteristisch für diese Art ist eine Tendenz zum „Siedlen" (homesteading), also einen beschränkten Raum zu besetzen und sich nicht leicht über angrenzende Gebiete zu verbreiten. Dadurch sind die Rudel einzeln verstreut, und viel brauchbarer Habitat bleibt unbenutzt."

Die Folge ist dann natürlich eine Übernutzung der vorhandenen Äsung und Zusammenbruch des Bestandes. Ich vermute, daß sich Ähnliches auf Afognak abspielt. Die schweren Winter haben dann den natürlichen Ablauf der Dinge nur beschleunigt, nicht verursacht. Abschuß 1975: 23 Stück.

Das *Walroß* fällt unter das vom Bundeskongreß in Washington verhängte Verbot der Jagd auf alle Meeres-Säugetiere, ausgenommen die subsistence-Jagd der Eskimo und die amtliche Bewirtschaftung der Pelzrobben auf den Pribiloff-Inseln. Für 1976 sind aber auf der Insel Nunivak und an der ganzen Westküste für Nonresidents je 1 Stück auf „special permit" freigegeben. Eskimo dürfen dort mehrere für den eigenen Bedarf schießen. Dies gilt auch für St. Lawrence Island.

Wolf und *Vielfraß* werden fast nur zufällig während anderer Jagden erbeutet, weil der Waldwolf weit herumschweift und ungemein scharfsinnig und mißtrauisch ist. Außer als Begleiter der Caribouzüge ist er wohl nirgends mit einiger Sicherheit zu erwarten, und dort wird er oft durch Schüsse anderer Jäger auf Caribous gewarnt.

Die meisten in Alaska erbeuteten Wolfsbälge werden in Fallen oder Schlingen gefangen. Die Strecken waren:

1910—1916: 700—1400 Stück	1945—1958: 600—1100 Stück
1917—1924: 200— 350 Stück	1960—1966: 500—1300 Stück
1925—1929: 700—1400 Stück	1971/72: 335 Stück
1930—1944: 250— 800 Stück	1972/73: 1069 Stück

davon 42 Prozent geschossen, 40 Prozent in Fallen und 16 Prozent in Schlingen. Der Jagdbezirk Nr. 20, zwischen Fairbanks, Yukonriver und Yukongrenze, war am ergiebigsten mit 296 dieser 1069 Stück. Die meisten Wölfe wurden im März erbeutet, weil dies die Ranzzeit ist und die Tiere dann viel herumziehen. Über ganz Alaska ist die Wolfspopulation stabil oder leicht steigend. In 1975/76 wurden 1090 Wölfe erbeutet.

Vom Vielfraß (Wolverine) blieben, im Gegensatz zu allen anderen Wildarten, die Strecken von 1910 bis heute ungefähr gleich: Jährlich zwischen 100 und knapp 1000 Stück (1966 = 659, 1971/72 = 946, 1975 = 805). Dies zeigt, daß der intelligente und unstete Vielfraß nur eine Gelegenheitsbeute ist. Der Jahresrapport 1972 besagt denn auch:

„Obwohl wenig bekannt ist über Alaskas Vielfraß-Population, scheint es, daß mit wenigen Ausnahmen die Exploitation durch Jagd und Fang wenig Einfluß auf sie hat."

Die bisherige Übersicht über Alaska basiert auf amtlichen Informationen über die Zeit vor 1974 und ist in mineur gestimmt, weil überall negative Erscheinungen zutage traten. Örtliche Zusammenbrüche bei Elch, Caribou, Dallschaf und Braunbär zeichneten sich für die nächste Zukunft ab, weil die Jagdbehörde offensichtlich nicht imstande oder bereit war, dem so stark gestiegenen Jagddruck zu begegnen.

Es ist daher höchst erfreulich, melden zu können, daß 1975 ein Umschwenken der Jagdbehörde zu schärferen Schonmaßnahmen und einer biologischen Wildbewirtschaftung stattfand. Möglicherweise hängt dies mit dem Amtsantritt eines neuen Direktors der „Division of game" zusammen.

Dem steht gegenüber, daß die neueste politische Entwicklung den Einfluß der indianischen und eskimoischen Gemeinschaften sehr verstärkt hat, indem ihnen etwa 40 Millionen acres (à 0,405 ha) oder ca. 10 Prozent der Staatsfläche als Gemeinschaftsbesitz zugewiesen wurden. Ob sich in diesen Gebieten die Vernunft der Naturvölker durchsetzen wird, indem der Wildbestand als pfleglich zu behandelnde Nahrungsquelle betrachtet wird, oder ob durch übermäßige Vergabe von Bejagungsrechten der Wildbestand um kurzfristiger Bareinnahmen willen aufgerieben wird, das muß die Zukunft ausweisen. Die Jagdbehörde schrieb mir am 17. Dezember 1976: „Nach dem, was wir bisher von den Eingeborenen vernommen haben, scheint es, daß der größte Teil dieses Gebietes für die öffentliche Jagd geschlossen werden wird". Ob dies so gemeint ist, daß die Leute das Jagdrecht für sich reservieren wollen oder im Sinn haben, entgeltliche Jagderlaubnisscheine abzugeben, bleibt dabei unsicher.

Es besteht also die Möglichkeit, daß (mit den neuen National-Parks) etwa ein Drittel der Staatsfläche für die Lizenzjagd ausfallen könnte. Man spricht von 70 bis 100 Millionen acres oder einem zusätzlichen Fünftel bis Viertel von Alaskas Fläche, die, außer dem Eingeborenenland, als National-Parks, Wildschongebiete etc. für die Jagd ganz oder teilweise geschlossen würden. Vorläufig jedoch scheint die Initiative auf seiten der Jagdbehörde zu sein.

Ich gebe hier eine kurze Übersicht der für die Jagdsaison 1976/77 geltenden Bestimmungen. Diese füllen jetzt 126 Druckseiten im Format $14 \times 8^{1}/_{2}$ cm, also ein richtiges kleines Buch. Daher kann hier nur das Wichtigste wiedergegeben werden.

Lizenz- und Wildmarkengebühren für Auswärtige

	1976 ($)	1977 ($)	(1977 residents) $
Allgemeine Jagdlizenz	20,—	60,—	12,—
Wildmarken (tags):			
Schwarzbär	75,—	100,—	frei
Dito, glacier bear	150,—	keiner	keiner (Spec. permit)
Braun-/Grizzly-Bär . . .	150,—	250,—	25,—
Eisbär	150,—	250,—	?? Spec. permit USA
Bison	100,—	250,—	?? Spec. permit Alask.
Caribou	50,—	200,—	frei
Schwarzwedelhirsch . . .	25,—	35,—	frei
Wapiti, Schneeziege . . .	75,—	125,—	?? Spec. permit Alaska
Elch	100,—	200,—	frei
Dallwidder	150,—	250,—	?? Spec. permit Alaska
Moschusochse	1000,—	1000,—	510,—
Walroß	100,—	250,—	?? Spec. permit Alaska
Wolf	50,—	50,—	frei
Vielfraß	25,—	50,—	frei

Wildfreigaben für 1976:

Schwarzbär: Je nach Bezirk 1, 2 oder 3. Höchstens 1 glacier bear.

Braun/Grizzly-Bär: Überall 1 Stück, alle 4 Jahre einmal.

Eisbär: Special permit durch US. Wildlife Service, Washington DC.

Bison: Dito durch Alaska Game Service, Juneau

Caribou: Je nach Bezirk 1, 2 3 oder 4 Stück. Nördlich vom Yukonriver 15 Stück (höchstens 5 pro Tag), aber es dürfen jährlich nur 2 Stück über den Yukon nach Süden gebracht werden (die 15 sind also nur gedacht für subsistencejagd an Ort und Stelle). Auf der Insel Adak 2 Stück.

Hirsche: Je nach Bezirk 1, 3 oder 4 Stück (auf Kodiak 1 Stück).

Wapiti: „Special permit" für Afognak: 1 Stück.

Schneeziege: Überall 1 Stück, einige Bezirke special permit.

Elch: Sehr unterschiedlich: Teils 1 Schaufler (bull), teils 1 Elch ♂ oder ♀, teils „spec permit", teils mit Minimum-Geweihmaß. Geweihe und Unterkiefer aus der Alaska-Halbinsel müssen zwecks Kontrolle vorgewiesen werden. Diese Verschiedenheit beweist, daß man jetzt mit dem Schutz ernst macht.

Dallschaf: In den meisten Bezirken 1 Widder mit mindestens ³/₄ curl, teils auf „special permit". Auf Kenai und in Zentral-Alaska, wo der Bestand am meisten gelitten hat, sind *nur* weibliche Schafe auf „special permit" und in beschränkter Zahl frei.

Moschusochse: Nur auf „special permit" auf der Insel Nunivak 70 Stiere und bis zu 10 Kühen.

Walroß: Bristol Bay geschlossen; auf Nunivak und an der Westküste 1 Stier auf „special permit". Eskimojäger dürfen für den eigenen Bedarf bis zu 5 Stück frei schießen. Maximum-Abschuß pro Jahr 2300 Stück.

Wolf: Je nach Bezirk verschieden: Teils 2 Stück, teils ohne Beschränkung.

Vielfraß: 1 Stück überall, außer im Chugach-State-Park.

Führerpflicht: Für Auswärtige nur für die Jagd auf Braun/Grizzly-Bär und

Dallschaf. Führer und Jäger müssen einen schriftlichen Vertrag abschließen. (Wichtige Neuerung!)

Kontrollen: Alle Bärendecken und -schädel sowie Elchschaufeln und Elch-Unterkiefer aus der Alaska-Halbinsel müssen zur Kontrolle und Abstempelung vorgewiesen werden. Die Elch-Unterkiefer verbleiben der Behörde. Die mit Lizenzen und „special permits" ausgegebenen Informationsformulare müssen ausgefüllt und retourniert werden. Für Trophäen und Wildbret braucht man eine Ausfuhrbewilligung, die bei der Kontrolle abgegeben wird.

Jeder An- und Verkauf von Trophäen ist verboten, außer von über ein Jahr alten Objekten durch lizensierte Taxidermisten.

Die Benutzung von Buschflugzeugen bei der Jagd ist eingeschränkt worden. Fallen, Schlingen und Pfeile mit Widerhaken (Eskimo!) sind auf Großwild verboten, wie auch der Gebrauch von Hunden. Schwimmendes Wild darf nicht beschossen, Jungwild nicht angefaßt werden.

Die sehr detaillierten und gut überdachten neuen Bestimmungen zum Schutze des Wildes und die starke Erhöhung der Lizenzpreise für Auswärtige zeigen, daß der neue „director of game", ROB. A. RAUSCH, die Lage erkannt hat und vor drastischen Maßnahmen nicht zurückschreckt.

Im Gegensatz zu den zu schlimmen Befürchtungen Anlaß gebenden Berichten aus den vergangenen Jahren darf man nun hoffen, daß das alaskanische Wild von 1976 an besser betreut wird.

Canada

(9 960 555 km², 1971 21 681 000 Einwohner = 2 per km², seit 1603 französische Kolonie, 1713 Newfoundland, Hudsonbay und Nova Scotia an England, 1763 das übrige Kanada (soweit es damals bekannt war) ebenfalls an England, 1867 Dominion-Status, heute praktisch unabhängiger Staat, der aber die Königin von England nominell noch als Staatsoberhaupt anerkennt.)

Newfoundland/Labrador

(417 000 km², davon Labrador 280 000 km², Bevölkerung 1971 = 524 000, bis 1832 englische Kolonie, dann beschränkte Selbstverwaltung, erst 1948 Anschluß an Canada als Provinz. Die Grenze zwischen Labrador und Quebec wurde erst 1927 bestimmt.)

Newfoundland ist, neben Quebec, von Europa aus am billigsten zu erreichen: Ozeanflug bis Montreal, dann per Lokal-Linienflug bis zu einem der vielen örtlichen Flughäfen.

Die Insel ist leicht hügelig entlang der Nordwest-Küste am St.-Lorenz-Golf. Die lange nördliche Halbinsel trägt eine Hügelkette mit Gipfeln bis 614 m. Die Mitte der Insel ist flacher, mit vielen Mooren. Die meisten Siedlungen finden sich an den Küsten: Fischerei. Das Innere ist noch weitgehend wild. Es gibt nur drei Großwildarten: Elch, Caribou und Schwarzbär.

Weil Newfoundland, wie Maine, im bequemen Bereich von Montreal, Quebec und der amerikanischen Ostküste liegt, wird viel durch auswärtige Jäger dort gejagt, und es gibt viele Jagdcamps. Eine Liste dieser von Outfittern betriebenen camps ist, mit allen Einzelheiten, vom Wildlife Service in der Hauptstadt St. Johns zu beziehen.

In letzter Zeit zieht es auch manche Europäer dorthin, weil die Reise- und Jagdkosten verhältnismäßig bescheiden sind, aber „Jede Ware hat ihren Preis". Wirklich gute Trophäen von dort sind sehr selten, weil Inselwild in der Regel schwach ist. Auch Niedieck hat dort 1901 nur schwache Caribougeweihe erbeutet. Heute ist der Jagddruck viel größer als zu seinen Zeiten, und die Tiere werden demzufolge nicht mehr alt genug.

Trotzdem könnte eine Fahrt nach Newfoundland ihren Nutzen für Anfänger haben, die sich bei bescheidenen Kosten mit der canadischen Wildnis vertraut machen wollen. Man lernt canadische Führer und amerikanische Mitjäger kennen, man lernt, das noch unbekannte Wild im Gelände auszumachen und anzusprechen, man lernt, welche Kleidung brauchbar und welche nutzlos ist, man macht Bekanntschaft mit Buschflugzeug, Kanu oder Packpferden. Dies alles ist wichtig, wenn man plant, später in der abgelegenen Wildnis Nordwest-Canadas oder Alaskas zu jagen. Vielerorts ist auch die Fischerei auf Hecht oder Forellen gut, aber das ist in fast ganz Canada der Fall.

Die Zahl der verkauften Lizenzen betrug:

	Elch		Caribou		Schwarzbär	
	residents	nonres.	residents	nonres.	residents	nonres.
1958	9 818	388	35	67	frei	frei
1962	9 418	2 552	70	280	16	222
1967	13 344	1 879	344	456	54	465
1970	18 503	3 350	891	583	44	701
1973	9 692	1 698	851	405	1 877	274
1974	9 762	787	895	102	3 910	86
1975	10 160	372	1 425	451	?	?

Die success ratio betrug 1973 und 1974 für Elch 50 bis 52 Prozent, für Caribou 61 bis 65 Prozent, für Bär unbekannt. Streckenzahlen wurden leider nicht gegeben. Wie man sieht, sinken in letzter Zeit die Zahlen der nonresident-Jäger. Die Jagdbehörde glaubt dies den erhöhten Preisen für Lizenzen zuschreiben zu müssen, die für Auswärtige für Elch von $ 125 auf $ 250, für Caribou von $ 175 auf $ 500 angehoben wurden, was mehr ist als im Westen Canadas, wo die Trophäen weit besser sind (allerdings sind auch die outfitter-Kosten höher). Vermutlich wird aber auch die Qualität der Newfoundland-Jagden ihr Teil zum Rückgang beigetragen haben.

Elche wurden 1975 auf der ganzen Insel bejagt, außer im äußersten Norden und um die Haupstadt St. Johns, aber von den 38 Jagdbezirken für Elch waren nur 16 für Auswärtige offen. Caribous wurden nur im Inneren und an der Südküste bejagt, und hier waren von 9 Jagdbezirken 3 für Auswärtige offen.

Lizenzpreiserhöhungen und Gebietssperrungen deuten darauf hin, daß die Jagdbehörde die Zahl der auswärtigen Jäger vermindern möchte.

Labrador

ist Teil der Provinz Newfoundland/Labrador. Bis vor kurzem gab es nur an der Küste kleine Siedlungen und im Inneren wenige Indianer. Das Klima ist ausgesprochen rauh, und vor der Küste gibt es auch im Sommer Eisberge von den Gletschern auf Grönland und Baffin Island, wie ich selber im September in der Nähe von Belle Isle feststellen konnte. Das Land ist im Westen, an der Grenze gegen Quebec, die über die Wasserscheide verläuft, gebirgig bis zu 1375 m Höhe.

In den letzten Jahren sind große Eisenerzlager und andere Bodenschätze entdeckt worden, und man hat Staudämme und Elektrizitätswerke errichtet. Dazu wurde eine Eisenbahnlinie von Sept Iles am St.-Lorenz-Fluß nach Schefferville (Eisenerz) an der Quebec-Grenze im Nordwestzipfel Labradors gebaut, mit einer Abzweigung nach dem Minenstädtchen Labrador City und eine Straße von der Bahnstation Esker nach Osten zu den Stauwerken von Churchill Falls und Twin Falls. Diese Straße wird gegenwärtig bis an die Küste bei Goose Bay am Melville Inlet verlängert. Dieser Teil ist im Rohbau fertig, aber noch nicht durchgehend geöffnet.

Die Jagdbehörde in St. Johns beabsichtigt, das Wild in Labrador für die einheimische „subsistence"-Jagd zu reservieren, weil die Einwohner Labradors sich kaum auf andere Weise mit Fleisch versehen können. Es wirkt dabei auch wohl der Wunsch mit, diese letzte Wildnis vor Invasionen von Jägern aus den USA und Europa so lange wie möglich zu schützen. Im Hinblick auf den Verlauf in Alaska kann man solche konservative Haltung nur begrüßen. Europäische Jäger sollten sich diesem Wunsch beugen und nicht in Labrador jagen, was um so eher möglich ist, als im benachbarten Quebec noch Platz genug ist.

Es gibt aber schon Jagdcamps für Caribou am Atikonak-River und am Atikonak-See, deren outfitter in Labrador City wohnt und seine Jagdgäste von dort zu den camps ausfliegt. Ein weiteres camp von einem outfitter in Gander auf Neufundland liegt ebenfalls am Atikonak-See, und es wird auch von Labrador City aus per Flugzeug bedient. Es ist anzunehmen, daß die Caribougeweihe im bisher wenig bejagten festländischen Labrador besser sind als jene auf der Insel Neufundland, aber etwas Sicheres war darüber nicht zu erfahren.

An der Küste Labradors gibt es im Herbst, in der Zugzeit, eine ausgezeichnete Wasserwildjagd, speziell auf Schnee- und Canadagänse.

Die nördliche Spitze Labradors, östlich der Ungava Bay, ist gebirgig und liegt nördlich der Baumgrenze. Hier liegen die kahlen Torngat Mountains mit höchster Spitze auf 1970 m. In der Ungava Bay gibt es (geschützte) Eisbären, während dieses Wild an der Ostküste Labradors nicht mehr vorkommt.

Quebec

(1 539 500 km² = doppelt so groß wie Frankreich und Großbritannien zusammen, Bevölkerung 1971 = 6 030 000, davon der größte Teil in Montreal und Quebec. Wurde 1867 eine eigene Provinz im neugeschaffenen Dominion Canada.)

Der Boden Quebecs besteht größtenteils aus dem Granit des canadischen Schildes, doch gibt es fruchtbaren Alluvialboden im St.-Lorenz-Tal und östlich vom Abitibi-See. Quebec ist der älteste Teil Canadas, und die Bevölkerung ist französischer Herkunft und spricht ein altertümliches Französisch. Montreal ist zweisprachig. Der Süden Quebecs ist ziemlich dicht bevölkert, der Rest ist Wildnis, im Norden Tundra. Montreals Flughafen ist der Ankunftspunkt für den europäischen Jäger, der irgendwo in Ost- oder Mittelcanada jagen will.

Das Jagdgesetz Quebecs ist mustergültig: Es enthält alle Bestimmungen, die notwendig sind, um einer an undisziplinierte Jagd gewöhnten Bevölkerung die Daumenschrauben anzulegen. Die Frage bleibt, inwieweit diesem Gesetz in der Wildnis Quebecs Achtung verschafft wird.

Der ausländische Jäger braucht nur einen Führer nördlich des 52. Breitengrades, d. h. die Linie von der Südspitze der James Bay, entlang der Nordgrenze des Mistasini Provincial Park bis entlang der Südgrenze Labradors. Südlich davon kann er also mit beliebigen Kameraden oder, wenn er es sich zutraut, sogar allein jagen. Davon ist abzuraten, weil ein vernünftiger Mensch nicht allein in die Wildnis zieht. Außerdem gibt es viele Schongebiete, wo die Jagd verboten ist und deren genaue Grenzen er kaum kennen wird.

Alle Jagdanwärter müssen ein Examen über die sichere Handhabung von Feuerwaffen bestehen; für Auswärtige genügt ein Dokument aus seinem Heimatstaat, der das beweist: Ein Jagdschein oder das Diplom einer Jägerprüfung. Diese Unterlagen muß er auch nach Erhalt seiner Lizenz immer bei sich tragen und auf Verlangen vorweisen.

Die Lizenz kostete 1975 für Auswärtige: Elch + Schwarzbär $ 200, Caribou + Schwarzbär $ 250, Weißwedelhirsch + Schwarzbär $ 75, Schwarzbär allein $ 25. Von jeder Art Großwild ist 1 Stück freigegeben.

Auch in Quebec steigt der Jagddruck stark an. Die Zahl der verkauften Elchlizenzen stieg von 13 900 im Jahr 1960 (darunter 400 Auswärtige) regelmäßig auf 76 114 (1974) an, darunter 3279 Auswärtige. Dementsprechend sank die success ratio von 19 Prozent (1960) auf 9,6 Prozent (1974). Gestreckt wurden 1960 2624 Elche, gegenüber 7317 (1974). Letztere Strecke bedeutet ein Minimum von 0,05 Elchen pro 1000 ha im Grenzgebiet gegen den US-Staat Maine bis ein Maximum von 0,53 Stück pro 1000 ha in Südwest-Quebec am Ottawa River und südöstlich vom Abitibi-See. Der dichteste Elchbestand von über 2 Stück pro km² steht westlich vom St. Lorenz zwischen dem 46. und 48. Breitengrad bis zur Ontario-Grenze und auf der Gaspé-Halbinsel. Von dort aus nach Norden verdünnt sich der Bestand bis zur Nordgrenze des Waldes immer mehr. In diesem riesigen Gebiet fielen 1974 nur 196 Elche.

Die 1974er Elchstrecke verteilte sich auf 35,5 Prozent Jährlinge, 4,3 Prozent mittelalte, 18,5 Prozent ältere Schaufler und Elchtiere ohne Milch und 41,7 Prozent milchtragende Tiere. Diese ominöse Aufstellung zeigt, daß im allgemeinen wahllos „Fleisch gemacht" wird . . .

Beim Caribou ist die Lage wesentlich anders. Dieses Wild kommt, abgesehen von 3 Neu-Aussetzungen, im Süden nicht mehr vor und ist damit der „Straßenjagd" entzogen. Caribous stehen heute nördlich der Linie Matagami (NW vom Abitibi-See) — Mistassini-See — Baie Comeau am St. Lorenz und von dort überall bis zur Küste. Obwohl der Jagddruck auf viel niedrigerem Niveau etwa gleichstark anstieg wie beim Elch, stieg bezeichnenderweise auch die success ratio: Die Zahl der

Tafel 13: *Ohne Kommentar! · Phot. G. Sura, Courtesy Wyoming Wildlife (oben) — Der endlose „bush" · Phot. British Columbia Government (unten).*

Caribou-Lizenzen von rund 1000 (1964) auf rund 6000 (1974), die success ratio in den gleichen Jahren von $5^1/_2$ auf fast 30 Prozent. Die Jagd auf diese Wildart war 1975 nur offen in den an Labrador grenzenden Jagdbezirken bis hinauf zur Ungava Bay und war somit eine ausgesprochene Wildnisjagd.

Von den 1974 erlegten 1770 Caribous waren 1456 erwachsene Hirsche, 226 erwachsene Tiere und 46 Jungtiere. Da beide Geschlechter geschossen werden durften, beweist dies (im Vergleich zum Elch), daß die Cariboujäger waidmännischer jagten. Wer tief in die Wildnis zur Jagd zieht, hat anscheinend eine andere Einstellung zum Wild als der fleischmachende Bauer und Städter.

Beim Weißwedelhirsch muß man eine weniger erfreuliche Entwicklung melden. Der Lizenzverkauf sank von rund 102 000 (!) (1960) auf 54 600 (1974). Gleichzeitig sank auch die success ratio von 10 auf nur noch 2,1 Prozent. Das Hauptjagdgebiet ist das Südufer des St. Lorenz, einschließlich Gaspé-Halbinsel, und die Gegend am unteren Ottawa River, also die am dichtesten besiedelten Gebiete Quebecs. Das übrige Quebec hatte 1975 keine offene Saison für Hirsche. Die Strecke variierte von einem einzigen Hirsch pro 2500 bis 25 000 ha. Dies ist insofern erstaunlich, als der Weißwedel in benachbarten Gebieten wie Ontario und Maine in landwirtschaftlich erschlossenen Gegenden stark zunimmt. Wenn also in Quebec das Gegenteil der Fall ist, dann steht zu vermuten, daß die Bevölkerung dieses kleinste, im Auto bequem zu transportierende Schalenwild nach Kräften wildert. Schußfrei waren 1975 nur „bucks" (Geweihte).

Eine Ausnahme bildet die Insel Anticosti im St. Lorenz, die zur Gänze eine Privatjagd der Consolidated Bathurst Cy. ist. Hier waren 2 Weißwedel, mit oder ohne Geweih, freigegeben. Die Firma verkauft Abschüsse, die erstmals 1965 in wenigen Stücken abgegeben wurden, während ihre Zahl 1973 und 1974 zwischen 1600 und 1700 schwankte. Die success ratio auf Anticosti lag 1971 bei etwa 85 Prozent, 1971 bis 1974 bei 76 Prozent; die Jagdzeit (im übrigen Quebec nur 2 bis 4 Wochen) war auf Anticosti vom 25. August bis 6. Dezember 1975 festgesetzt. Erlegt wurden 1974 2376 Hirsche auf die 8150 km² der Insel oder 1 Hirsch pro 343 ha. Auf Anticosti jagen etwas mehr Auswärtige als Quebequois. Der Unterschied zur übrigen Lizenzjagd ist auffällig.

Die Schwarzbärenjagd war 1975 in ganz Quebec offen, und zwar im

Tafel 14: *Packzug in British Columbia* · Phot. Blaupot ten Cate (oben) — *In Nord Alberta* · Phot. Blaupot ten Cate (unten).

Herbst während der übrigen Großwildjagd und im Frühling vom 1. Mai bis 31. Juli, also auch in der Bärzeit. Von einem Schutz für führende Bärinnen und ihren cubs ist nichts zu finden. Erlegt wurden mindestens 485 Bären, davon 169 im Frühling. Nach dem Jagdgesetz muß jeder Bär innerhalb 48 Stunden einem Jagdschutzbeamten vorgelegt werden. Die meisten wurden entlang den USA-(Maine-) und Ontario-Grenzen in ziemlich erschlossenen Gegenden geschossen.

Das jagdliche Bild der Provinz Quebec zeigt also ein theoretisch wohlfundiertes Jagdgesetz, aber geringe Wildbestände, bei einer anscheinend jagdlich wenig disziplinierten Bevölkerung. Für den europäischen Jäger käme höchstens die Cariboujagd unter guter Führung in Nord-Quebec in Frage.

Ontario

(1 068 587 km² = ¹/₃ größer als Frankreich und Großbritannien zusammen, davon 12 Prozent Wasser. Bevölkerung 1971 = 7 815 000, vorwiegend im Süden. Anfänglich vereint mit Quebec als „le Canada", ab 1792 „upper Canada", ab 1867 Provinz im Dominion.)

Auch Ontario liegt zum größten Teil auf dem Urgestein des canadischen Schildes. Nur der Süden zwischen Huron-See und dem St. Lorenz ist dichtbevölkerter, fruchtbarer Boden; der Norden an den Ufern der Hudson Bay ist Tundra. Der Granitboden des Schildes, vom Eis abgeschliffene Felsbuckel mit schütterem Wald und in allen Vertiefungen Wasser, ist wegen seiner Unfruchtbarkeit Wildnis und Jagdgebiet geblieben. Die wenigen kleinen Ortschaften danken ihr Bestehen meist irgendeiner Mine: Kupfer, Nickel, Gold etc. Große Nickel- und Kupferminen bei Sudbury haben durch ihre giftigen Dämpfe viele Quadratmeilen der Landschaft so vollkommen vergiftet, daß buchstäblich kein Gras mehr wächst, obwohl einige verwitterte Baumstümpfe zeigen, daß hier früher Wald stand.

In Ontario wird viel gejagt, weil es nicht allzuweit von den Zentren in Canada und den USA entfernt ist. Weil die Wildnis nur wenige Straßen aufweist und bis zur Tundra hinauf dicht mit Nadelwald und Canadapappeln bestockt ist, konzentrieren sich die Jäger an den Wasserläufen und Seen, so daß der Jagddruck sehr ungleich verteilt ist.

Der Jagddruck auf Elch hat in Ontario in letzter Zeit enorm zugenommen, seitdem die Wildnis durch Wasserflugzeuge und einige neue

Straßen erschlossen wurde. Noch 1951 wurden jährlich nur etwa 1500 Elchlizenzen verkauft. (Wie viele Siedler am Rande der Wildnis „schwarz" schossen, vermeldet natürlich keine Statistik.) Die Lizenzzahl stieg dann steil an bis rund 70 000 (1965), 98 905 (1974) und 90 633 (1975), davon 7883 nonresidents.

Die Elchstrecke betrug 1954 bei 10 000 Jägern knapp 2000 Stück (success ratio 19 Prozent), 1965 bei 70 000 Jägern 15 000 Stück (success ratio 20^1/$_2$ Prozent). Die 98 905 Jäger im Jahr 1974 erlegten nur noch 13 602 Stück = success ratio 15 Prozent. Die Elchstrecke 1975 war ca. 11 500 Stück = success ratio nur noch 12 Prozent. Die Streckenkurve neigt sich nach 1965 abwärts. Die Elchjägerzahl 1974 bedeutet 0,93 Jäger per 1000 ha auf der ganzen Fläche Ontarios oder fast 10mal niedriger als die Zahl der Jahresjagdkarten in Deutschland im gleichen Jahr (10,5) oder Österreich (10,8) pro 1000 ha. Auch wenn man in Rechnung zieht, daß im Norden etwa ^{1}/$_5$ und im Süden etwa ^{1}/$_4$ Ontarios elchfrei sind, dann hat noch jeder Jäger im Durchschnitt etwa 700 ha zu bejagen. In der Praxis jedoch weit weniger, weil sich zu viele Jäger an den Wasserflächen massieren. Das Verhältnis „residents" zu „nonresidents" war 1974 etwa 6,6:1.

Von den 1974er Elchjägern jagten 60 Prozent per Auto, 15 Prozent per Boot oder Kanu, 14 Prozent mit anderen Kraftfahrzeugen als Autos, 7^1/$_2$ Prozent per Flugzeug, 3 Prozent mit Snowmobile und 1 Prozent per Bahn.

Nach der Werbung der vielen Jagdcamps sind außer Elch auch Schwarzbär und Wolf zu haben. Der Europäer sollte hierbei bedenken, daß ein Großteil der dortigen Jäger kaum weiß, wie ein wirklich kapitaler Schaufler aussieht, und z. T. auch gar nicht daran interessiert ist, weil sie nur ihre Kühltruhe füllen wollen. Zweifellos gibt es auch hier kapitale Schaufler, aber nicht in der Nähe der Jagdcamps oder an den Ufern der Gewässer, weil dort das Wild nicht mehr alt genug wird. Dafür sollte man tiefer in die Wildnis hinein, aber dafür ist man in Ontario nicht eingerichtet. Nur sehr wenige outfitter verfügen über Pack- und Sattelpferde, weil die Jagd per Wasserfahrzeug viel einfacher ist.

Der Ontario-Elch lebt nicht in den nördlichsten Gebieten der Provinz. Sein Vorkommen endet etwa auf der Linie vom Südende der James Bay nach Westnordwesten, wo die großen Sümpfe am oberen Severnriver das nördlichste Verbreitungsgebiet in Ontario sind. Ohne Elche ist Ontario auch südlich der Linie von Pembroke zur südlichen Georgian Bay.

Die Jagd auf Weißwedelhirsche, die nur im südlichen West-Ontario vorkommen (am Nordufer des Lake Superior und zwischen Lake Nipigon und der Manitoba-Grenze), wurde 1974 durch 84 371 Jäger betrieben, davon 3988 nonresidents. Sie erlegten 13 896 Stück = success ratio 16,4 Prozent, davon 6018 Böcke, 4427 Geißen und 3451 Kitze. Ein ziemlich wahlloser Abschuß also, der durch die geringe success ratio erklärt wird. Man mußte jede Chance nutzen, um überhaupt etwas zu bekommen. 1973 schossen 87 312 Jäger 16 198 Stück im ungefähr gleichen Verhältnis. Die Weißwedelstrecke variierte von 1968 bis 1971 zwischen 20 041 und 16 300 Stück. Also auch hier ein Rückgang. 1975 wurden 96 107 Hirsch-Lizenzen verkauft, davon 4617 an Auswärtige. Diese erlegten aber nur 830 Hirsche = success ratio 18 Prozent. Für die ganze Provinz betrug sie sogar nur 13 Prozent.

Der Schwarzbär ist, abgesehen von bekannt guten Beerenplätzen im Herbst und vom ersten Gras oder am Luder im Frühling, nur eine Zufallsbeute am Rand anderer Jagd. Schwarzbären wurden 1974 ca 1908 geschossen, davon ca. 930 durch Elchjäger, 978 durch Hirschjäger. 1973 waren es noch 4017 Bären, davon 1755 durch Elch- und 2262 durch Hirschjäger. In der Jagdzeit 1975/76 wurden total 3480 Schwarzbären erlegt, davon 1880 durch einheimische und 1600 durch auswärtige Jäger. Die success ratio betrug für 9115 Auswärtige 17,5 Prozent. Im Herzen Süd-Ontarios, westlich von Pembroke, gibt es den Algonquin Provincial Park mit 754 000 ha, wo nicht gejagt werden darf. Dort soll noch ein guter Schwarzbärenbestand bestehen, und die Jagd an seinen Grenzen soll gut sein.

Der Wolf ist so unstet, daß er für den Großwildjäger stets nur eine sehr seltene Zufallsbeute ist. Die jährliche Strecke betrug nach 1947 1000 bis 1500 Waldwölfe und 600 bis 2000 Coyoten, die aber größtenteils getrappt wurden.

Maultierhirsche und Grizzlybären fehlen in Ontario. Dafür hat man nach 1969 entdeckt, daß an der Hudson-Bay-Küste Ontarios ziemlich viele Eisbären leben und bei Kap Henrietta Maria sogar eine „denning area" besteht: Ein Küstenstrich, wo die Bärinnen ein „Lager" beziehen, um im Winterschlaf ihre Jungen zu bringen, wie dies in einem früheren Abschnitt beschrieben wurde.

Kleinwildjagd auf Wasserwild, Grouse, Hasen ist ein beliebter Sport.

Nicht weniger als um die 400 000 Jäger erlegten 1973:

Enten	1 089 333	Kaninchen	685 070	Niederwild 3 695 864
Gänse	50 335	Europ. Hasen	73 897	= 34,6 St. pro 1000 ha
ruff. Grouse	222 507	Füchse	14 334	oder
Fasan	198 033	Haarwild	773 301	9,2 St. pro Jäger.
Waldschnepfe	96 976	Übriges	263 178	
Eur. Rebhuhn	2 201		1 036 479	
Federwild	2 659 385			

Zum Vergleich: In Österreich betrug *nur* die Hasenstrecke 1973 45 Stück, die Fasanenstrecke 60 Stück pro 1000 ha, Fasanen in der Bundesrepublik Deutschland 1973: 51 Stück pro 1000 ha.

Der Direktor der Wildlife Branch (Jagdbehörde) in Ontario schrieb mir bezeichnenderweise 1973:

„Die Zukunft der Jagd in Ontario ist fraglich. Sie wird vielleicht weiterbestehen, aber unter stark veränderten Bedingungen. Sie hat sich schon stark verändert, und die meisten Jäger werden sie nie wiedersehen, wie sie vor nur 10 Jahren noch war. Die Jagd wird vielleicht auf öffentlichem Boden so weitergehen wie bisher, aber auf Privatbesitz wird man vielleicht zum europäischen System übergehen, d. h. Jagd nur für diejenigen, die dafür zu zahlen vermögen. Dies wird eine Senkung der Jägerzahl mit sich bringen. Bitte beachten Sie, daß wir nicht über Canada reden, sondern nur über die Provinz Ontario, wo der Ansturm hinsichtlich Jagddruck und verwandter Probleme am schwersten drückt."

Dies zeichnet die Lage „in a nutshell". Ich glaube aber aus politischen Gründen nicht an die Möglichkeit von Revierjagd in Nordamerika, nachdem man jahrhundertelang die „freie Jagd" genossen hat. Das Ende wird eher ein System von „special permits" sein, das den Jagddruck genau dem Wildbestand anzupassen vermag. Das Resultat wird aber auch, wie oben angedeutet, eine Herabsetzung der Jägerzahl sein.

Wer Großwild jagen will, findet *vorläufig noch* besseres im Westen und Nordwesten Canadas; wer Wasserwild sucht, bessere Gelegenheit auf den Wasserlöchern und Seen der Weizenprärie. Für den europäischen Jäger kann daher Ontario der Jägerkonkurrenz und des Klimas wegen nicht sehr empfohlen werden. Wer aber ein Wildnis-Abenteuer mit etwas Jägerei sucht, der kann dies in den vielen, meist gut geführten Jagdcamps Ontarios finden und auch als Fischer auf seine Kosten kommen.

Seit 1957 muß der Jungjäger in Ontario ein Examen (Hunter Safety training) bestehen zum Beweis, daß er gefahrlos mit Jagdwaffen umzugehen versteht. Der Auswärtige muß dies durch seinen Jagdschein oder das Diplom seiner Jägerprüfung beweisen. Trotzdem fielen in 1971 noch 14 Tote durch Jagdunfälle. Rote Schutzkleidung ist daher kein Luxus.

Es sei hier unter „Ontario" auch ein Phänomen erwähnt, das eigentlich für ganz Canada gilt: Die vielen Inserate in europäischen Jagdzeitungen, in denen „Jagdgebiete in Canada" billig angeboten werden. Man sollte hierbei bedenken, daß in ganz Canada Lizenzjagd besteht und daß der Käufer einer Lizenz im Prinzip *überall* jagen kann. Theoretisch kann zwar ein Grundbesitzer die Jagd auf seinem Boden verbieten, indem er ringsum Verbotstafeln aufstellt, aber Erfolg hat dies höchstens in völlig erschlossenen Landwirtschaftsgebieten. In der Wildnis kümmert sich niemand darum.

Außerdem gilt überall, außer in Manitoba, Saskatchewan und Süd-Quebec, daß der auswärtige Jäger bei der Großwildjagd einen amtlich anerkannten Führer haben muß, der teuer ist. Eigener Grundbesitz bringt also höchstens den Vorteil, daß man irgendwo eine eigene Jagdhütte bauen kann, von wo aus man jagen darf, so weit der Himmel blau ist, *wenn* man entweder 12 Monate dort als Einwohner ansässig ist oder einen Führer hat. Hütten bauen aber sollte man erst nach genauer Prüfung der Gegend *in der Jagdzeit,* wenn alle 100 000 Jäger unterwegs sind, damit man weiß, mit welcher Konkurrenz man zu rechnen hat.

Ich habe verschiedene solcher Angebote in mir genau bekannten Gegenden überprüft und leider feststellen müssen, daß die offerierten, billigeren Parzellen in 9 von 10 Fällen „Abfall-Land" sind, das kein Canadier kaufen wollte. Viele solcher Grundstücke wurden wegen Steuerschulden zwangsverkauft oder sind verlassene homesteads. Solches Land ist überall billig zu haben. Bessere farms und ranches sind heute sehr teuer geworden.

Ontario schließlich erhebt seit 1970 bei Ankauf von Land durch Ausländer eine einmalige Steuer von 20 Prozent, die jede Chance auf Gewinn zunichte macht, solange die Wertsteigerung des Landes darunter bleibt. In einigen anderen Provinzen soll eine solche Steuer auch eingeführt werden. Die Zeit für „Spekulationskäufe" ist vorbei. Überhaupt sollte man in einem fremden Staat kein Land kaufen, ohne sich an Ort und Stelle umzusehen und genau zu informieren, denn es ist doch klar, daß in einem so dünn bevölkerten Land wie Canada die etwas abgelegeneren Parzellen zwar spottbillig sein können, aber es auch bleiben werden, weil überall Land genug ist. Parzellen „mit Musik drin" braucht man nicht in Europa anzubieten, dafür gibt's genug canadische Interessenten.

Manitoba

(652 218 km² = rund ¹/₅ größer als Frankreich, 1971 988 000 Einwohner, bis 1869 Gebiet der Hudsonbay Cy, 1870 Provinz Canadas).

Manitoba ist die östlichste der Prärieprovinzen. Der Süden um die Hauptstadt Winnipeg ist leicht welliges Weizenanbaugebiet mit vielen kleinen Pappelgebüschen. Die Grenze gegen Ontario fällt ungefähr zusammen mit dem Westrand des Canadischen Schildes, außer im bewaldeten Norden, wo der Schild noch weit nach Manitoba hineinreicht, und im äußersten Süden, wo der Whiteshell Provincial Park ebenfalls noch Granitboden ist. Westlich davon ist Schwarzerde, teilweise auch Löß.

Das Gebiet zwischen dem 400 km langen Lake Winnipeg und den Wasserwildnissen von Lake Manitoba und Lake Winnipegosis (zusammen 500 km lang!) ist größtenteils sumpfig mit einzelnen Felspartien. Die Gegend um die Hudson Bay ist Tundra. Der ganze Norden Manitobas wie Saskatchewans ist übersät von Tausenden von Seen, Bächen und Flüssen, so daß es stellenweise mehr Wasser als Land gibt. Die gesamte Wasserfläche Manitobas mißt 101 953 km². Im Sommer ist es ein Paradies für Moskitos und „black flies", aber auch Elchgebiet.

Im Norden, der größtenteils Wald-Wildnis ist, liegen einige Minenstädtchen, die teils durch Straßen (Thompson), teils durch Bahnlinien (Lynn Lake) erreichbar sind. Auch der Weizenausfuhrhafen Churchill ist Endpunkt einer Bahnlinie.

Manitoba kennt keinen Führerzwang für den auswärtigen Jäger, was ziemlich viele weniger kapitalkräftige US-Bürger und zunehmend auch Europäer anzieht.

In dieser Provinz kauft man Lizenzen für die einzelnen Wildarten. Für Auswärtige waren die Preise 1975: Elch $ 150,—, Schwarzbär $ 40,—. Flugjagd $ 40,—. Caribou und Wapiti sind nur auf ausgeloste „special permits" frei und für residents reserviert. Die Schwarzbär-Lizenz kann nur durch die Haupt- und Regional-Büros der Jagdbehörde bezogen werden, was an sich schon ein Zeichen ist, daß man den Bärenbestand schonen will, d. h. daß er nicht gerade gut ist.

1974 wurden 9296 Elchlizenzen an residents und 225 an nonresidents verkauft; es jagten aber nur 8225 Jäger, die zusammen 1786 Elche erlegten — success ratio 21,7 Prozent. Bei den zum größeren Teil nicht geführten nonresidents war die success ratio nur 15 Prozent. 1975 wurden 9345 Elch-Lizenzen verkauft (davon 121 an nonresidents) und darauf 2116 Elche erlegt = success ratio 22 Prozent. Die 121 Auswärtigen erlegten 52 Elche = success ratio 43 Prozent.

135

Für Wapiti wurden 1974 520 special permits an residents ausgegeben, wovon nur 479 gebraucht wurden. Darauf wurden 127 Elks erlegt = 26,4 Prozent. 1975 wurden 175 Wapiti erlegt auf 527 „special permits" = success ratio 33 Prozent. Von 173 Caribou-special permits (1974) wurden nur 117 benutzt, worauf 21 Caribous erlegt wurden = success ratio 18 Prozent. 1975 betrug die Caribou-Strecke 14 Stück auf 59 permits = success ratio 24 Prozent. Über die Schwarzbärenstrecke schweigt sich die Statistik aus, aber 1975 wurden 1635 Schwarzbär-permits verlost, davon 147 an nonresidents. Die Strecke ist unbekannt. Die Hirschjagd wurde in beiden Jahren nicht geöffnet.

Die 43 212 Niederwildjäger, davon 3003 Auswärtige, schossen 172 474 „Upland game birds", d. h. Grouse, Rebhühner und Schneehühner, davon 4 Stück pro resident-Jäger und 2 Stück per nonresident.

Allgemein zeigt sich, daß in Manitoba, anders als in anderen Gebieten in USA und Canada, der auswärtige Jäger bei jeder Art von Jagd weniger erlegte als der Einheimische. Dies muß eine Folge der fehlenden Führerpflicht sein, wodurch viele Auswärtige ohne Hilfe durch ortskundige Führer in fremdem Gelände jagten.

Verschiedene Jagdcamps in Manitoba werben auch in Europa um Jäger, und einige davon stellen auch Führer. Die success ratio von nur 1 auf 5 zeigt aber, daß der Jäger, der es finanziell vermag, in Br. Columbia, Yukon und Alaska besseren Erfolg haben kann.

Daß es sogar Eisbären in Manitoba gibt, wurde schon im 2. Teil dieser Schrift erzählt. Sie sind geschützt.

Mit der Eröffnung der Straßen und Bahnen und mit der starken Zunahme der Privatflugzeuge ist der Norden Manitobas, wie man sagt, „erschlossen". Damit hat sich die gleiche Entwicklung wie in Ontario angebahnt, und der Verlauf wird derselbe sein: Zunahme des Jagddrucks, Abnahme des Wildbestandes, Einführung von „special permits" (wie heute schon für Caribou und Wapiti) und demzufolge Abnahme der Jägerzahl. Die Tatsache, daß die Jagdbehörde von Manitoba dem Department of Tourism, Recreation and Cultural Affairs unterstellt ist, deutet schon darauf hin, daß das Wild nicht in erster Linie als ein sehr empfindlicher Teil der Natur betrachtet wird, sondern eher als ein Magnet für den Tourismus. Man kann nur hoffen, daß man es in Manitoba nicht soweit kommen läßt wie in Ontario.

Saskatchewan

(651 903 km², 1972 948 000 Einwohner, erst seit 1905 eine canadische Provinz, vorher Teil der NW. Territories, extremes Kontinentalklima, trocken: 403 mm Niederschlag.)

Saskatchewan ist, wie Manitoba, eine der Prärieprovinzen und durchwegs flach, im Süden bei der Hauptstadt Regina sogar so absolut flach, daß ringsum bis zum Horizont keine einzige Erhebung sichtbar ist. Erst im äußersten Westen wird das Land leicht wellig. Die größeren Flüsse sind im Westen tief im Lößboden eingeschnitten.

Dies ist das Land der Gabelantelope und des Wasserwildes auf den vielen untiefen Tümpeln und kleinen Seen im Weizenland. In den Zugzeiten wimmelt es hier von Enten, Gänsen und anderen Wasservögeln. Vor allem im Herbst verweilen sie hier längere Zeit, weil die Weizenstoppeln überreichlich Äsung bieten.

Die Großwildarten sind hier Elch, Weißwedelhirsch, Maultierhirsch, Antelope, Wapiti, Caribou und Schwarzbär. Ein staatlich anerkannter Jagdführer ist nur obligatorisch für die Cariboujagd und für Elchjagd im nördlichen Teil der Provinz. Ursprünglich kam in Saskatchewan nur der Maultierhirsch vor, nicht aber der Weißwedel. Das Abholzen des Waldes im Mittelteil der Provinz und dessen Verdrängung durch Landwirtschaft führte etwa um 1900 zum allmählichen Verschwinden des waldbewohnenden Maultierhirsches und zur Ausbreitung des Kulturfolgers Weißwedel von Süden her. Aus dem gleichen Grund breitet sich der Weißwedel in Alberta noch immer nach NW aus, wo sich das Kulturland heute schon bis weit über den Peaceriver hinaus erstreckt.

Auch in Saskatchewan hat der Jagddruck stark zugenommen.

Die Zahlen der verkauften Großwildlizenzen betrugen:

1911:	765	1954:	27 554	1970:	102 149
1920:	2 634	1965:	68 107	1971:	109 546
1930:	2 983	1967:	82 007	1972:	91 579
1940:	1 476	1968:	102 880	1973:	84 965
1950:	13 002	1969:	94 602		

Die Verminderung der Lizenzzahlen 1940, 1969 und 1972 sind zurückzuführen auf Preiserhöhungen in diesen Jahren oder kurz davor.

Die Statistische Abteilung der Jagdbehörde schrieb diesbezüglich schon 1973:

„In unserer Provinz wird die Jagd mit jedem Jahr kritischer, weil immer mehr Freiluft-Erholung gefragt wird. Während der letzten 10 bis 15 Jahre hat sich der Habitat in alarmierender Weise verschlechtert, hauptsächlich wegen Anforderungen durch Viehhaltung (Waldweide! Verf.) und Getreideanbau. Es scheint, daß sich die Lage nicht verbessern wird, solange wir das Publikum nicht überzeugen können, daß der Habitat der Schlüssel ist zum Überleben des Wildes. — — Bezüglich Regulierung der Jägerzahl haben wir die Zahl der nonresident-Jäger sowohl für die Niederjagd wie für Großwild eingeschränkt und werden sie in Zukunft noch weiter einschränken. (Die Hauptursache ist Antipathie in der Bevölkerung gegen auswärtige amerikanische Jäger.) Außerdem wurden den einheimischen Elchjägern in einigen Jagdbezirken Beschränkungen auferlegt, und weitere werden in den nächsten Jahren folgen. — — Das Verhältnis zwischen Jägern und Landbesitzern ist ein weiteres, sehr heikles Problem und äußerst schwierig zu lösen. Schärfere Kontrolle aller geländegängigen Fahrzeuge wird etwas helfen, aber das Problem nicht lösen. Es scheint, daß die hiesige Jagd eventuell den gleichen Weg gehen wird, wie in den USA, d. h. man wird für das Privileg zu zahlen haben, auf privatem Grund jagen zu dürfen."

Zu dieser Klage der Provinz-Jagdbehörde muß man allerdings bemerken, daß der Habitat-Verlust in der Hauptsache darauf zurückzuführen ist, daß andere Behörden im bisherigen Wildnis-Gebiet nördlich und nordöstlich von Prince Albert große Flächen Regierungsland für Waldweide und Holzschlag erschließen oder als homesteads (Siedlungsland) abgeben. Verschiedene Behördenzweige vertreten also gegensätzliche Interessen. Wir nennen diesbezüglich das Erschließungsprojekt „Saskatewanriver-Delta", wo ca. 48 000 ha guter Elch- und Wapiti-Habitat für die Landwirtschaft erschlossen werden. Andernorts werden ähnliche Flächen für die Holznutzung freigegeben.

Im Prinzip besteht dieses Problem in allen canadischen Provinzen. Der Norden soll zugunsten der wachsenden Bevölkerung erschlossen werden, was naturgemäß Wildhabitat-Verluste bedeutet, ganz gleich, ob die Erschließung für Landwirtschaft, Viehzucht, Holznutzung, Erzförderung oder Erdöl stattfindet. Der Kern des Problems liegt daher nicht in dieser Erschließung, die bei steigender Bevölkerungszahl unvermeidlich ist, sondern im Lizenzjagdsystem, das prinzipiell „Freie Jagd für jedermann" fordert. Denn die europäischen Revierjagd-Staaten haben trotz viel höherer Erschließung und Bevölkerungsdichte pro 1000 Hektar weit höhere Wilderträge.

Der Übergang von freier Wildnisjagd auf Wildhege und vernünftige Nutzung des Wild-Überschusses fordert aber Verminderung der Jägerzahl und gezielten Abschuß nach Plan der Jagdbehörde. Für das Großwild heißt das: „special permits" überall dort, wo der Wildbestand stark abnimmt, d. h. in allen erschlossenen Gebieten.

Die Mitteilungen der verschiedenen Jagdbehörden bestätigen, daß diese Umstellung „en marche" ist.

Wir haben schon in den Nordstaaten der USA gesehen, daß drastische Maßnahmen zum Schutze des Wildes erst zu erwarten sind, wenn es schon fast zu spät ist. Dann aber geht man kräftig an den Wiederaufbau, der auch in der Regel erfolgreich ist.

Wir sehen dies auch in Saskatchewan bei der Antelope, die im ersten Viertel dieses Jahrhunderts fast ausgerottet wurde. 1912 betrug die Strecke nur 15 Stück. Von 1913 bis 1935 war die Jagd geschlossen. Von 1936 bis 1953 wurde sie abwechselnd geöffnet und wieder geschlossen. Die Jahresstrecken lagen um einige hundert Stück auf „special permits". 1954 stieg die Strecke erstmals über 1000, und nach diesem Jahr lag sie regelmäßig zwischen 2500 und 3500 Stück. Nach der Rekordstrecke von 3464 Stück im Jahr 1970 ging es aber wieder über 3097, 2433 und 2241 bergab, so daß 1974 die Antelopenjagd wieder geschlossen wurde. 1975 wurde eine Zählung aus der Luft durchgeführt und aufgrund des Resultats wieder eine beschränkte Zahl von „special permits" verlost.

Die Antelopenjagd ist nur westlich und südlich der Stadt Moose Jaw geöffnet; die beste Gegend ist um Maple Creek an der Grenze zu Alberta.

In ganz Süd-Saskatchewan ist ein guter Weißwedelbestand vorhanden, wobei die besten Bezirke nordöstlich von Regina, gegen Manitoba, liegen. Maultierhirsche sind viel seltener und werden nur beschränkt freigegeben. Auch die Hirschstrecke hat stark zugenommen:

Jahr	Anzahl	Jahr	Anzahl	Success ratio
Um 1920	300— 1 000	1962—1963	27 248—27 049	60—86 %
1926—1930	1 000— 2 000	1964—1968	31 953—41 271	50—86 %
1932—1938	300— 800	1969—1971	50 035—45 871	66—55 %
1939—1940	1 200— 2 000	1972	31 187	44 %
1946—1950	4 000— 6 000	1973	41 304	44 %
1951—1954	7 5000— 9 000	1974	24 191	45 %
1959—1961	38 000—42 000	1975	32 525	57 %

Elche sind nur auf „special permits" frei, deren Zahl sich nach dem im Winter gezählten Bestand richtet. Die Streckenzahlen:

In den Jahren 1912 bis 1955 100 bis 1200 Stück jährlich, wobei in den Anfangsjahren wohl auch viele „schwarz" geschossen wurden. Nachdem die „special permits" eingeführt wurden:

1958 auf	5 250	permits erlegt	2 537	Elche	=	success ratio	48 %
1959 auf	6 050	permits erlegt	3 240	Elche	=	success ratio	52 %
1960 auf	8 917	permits erlegt	6 107	Elche	=	success ratio	68 %
1961 auf	9 997	permits erlegt	6 054	Elche	=	success ratio	60 %
1962 auf	12 686	permits erlegt	5 066	Elche	=	success ratio	40 %
1963 auf	10 204	permits erlegt	3 144	Elche	=	success ratio	31 %
1964 auf	9 440	permits erlegt	3 973	Elche	=	success ratio	42 %
1965 Elchjagd geschlossen.							
1966 auf	10 666	permits erlegt	4 682	Elche	=	success ratio	44 %
1967 auf	12 759	permits erlegt	5 769	Elche	=	success ratio	45 %
1968 auf	14 295	permits erlegt	6 297	Elche	=	success ratio	44 %
1969 auf	13 643	permits erlegt	6 863	Elche	=	success ratio	50 %
1970 auf	17 602	permits erlegt	9 610	Elche	=	success ratio	55 %
1971 auf	18 362	permits erlegt	9 557	Elche	=	success ratio	52 %
1972 auf	12 757	permits erlegt	4 096	Elche	=	success ratio	32 %
1973 auf	5 525	permits erlegt	2 649	Elche	=	success ratio	48 %
1974 auf	5 900	permits erlegt	2 602	Elche	=	success ratio	44 %
1975 auf	??	permits erlegt	3 149	Elche.			

Für Jäger mit Führer lag die success ratio um 5 bis 10 Prozent höher als bei führerlosen Jägern. Die Elchjagd findet hauptsächlich im bewaldeten nördlichen Teil der Provinz und im November in Schneegebieten statt.

Der Wapitibestand ist in Saskatchewan klein und im Umfang beschränkt (siehe Karte). Von 1912 bis 1950 betrug die Jahresstrecke einige Dutzend bis einige Hundert; in vielen Jahren blieb die Jagd geschlossen. Wapiti sind heute in einigen Bezirken nur auf „special permits", in anderen auf der gewöhnliche Elk-Lizenz frei. Die beste Gegend ist östlich und südöstlich der Stadt Prince Albert, aber dieses Wild kommt auch vor in einem Nordwest-Südost-Gürtel südlich des Churchill River zwischen dem 54. und 52. Breitengrad sowie auf zwei kleinen Inseln im Süden. Die Strecken lagen zwischen 1950 und 1973 zwischen 300 und 900 Stück. 1974 erlegten 1178 Jäger 113 Stück; das bedeutet eine success ratio von nur 9¹/₂ Prozent.

Caribous werden nur im hohen Norden erlegt. Die Strecke lag, bei nur 5 Ausnahmen, von 1912 bis 1946 immer unter 100, in den 1940er Jahren zwischen 120 und 180, dann bis 1969 wieder unter 100. In den 1970er Jahren erlegten 300 bis 400 Jäger auch nur 66 bis 289 Stück. Die Streckenzusammensetzung von etwa gleichviel Hirschen wie Tieren und wenigen Prozent Kälbern läßt auf vorwiegend Fleischjagd schließen. Im äußersten Norden stehen „Barren ground"-Caribou, im Walde der Provinzmitte „Woodland"-Caribou, die in der Regel ein etwas besseres Geweih tragen.

Schwarzbären wurden 1970 nur 355 erlegt durch 1141 Jäger, davon 256 Auswärtige. 1971 fielen 296 Bären durch 1177 Jäger. Die success ratio war in beiden Jahren für Einheimische 35, beziehungsweise 31 Prozent, für Auswärtige 19 und 15 Prozent. Pro Lizenz waren zwar 2 Bären frei, aber die Strecke pro Jäger nur ¹/₃ bis ¹/₅ Bär. 1974 und 1975 wurden 340 und 501 Bären geschossen bei success ratio 20 und 23 Prozent.

Die Lizenzkosten betragen (1975) für auswärtige Jäger: Weißwedel $ 60,—, Elch (mit Führer) $ 125,—, Caribou $ 125,—, Schwarzbär $ 40,—. Wapiti, Antelope und Maultierhirsch sind nur für residents auf „special permit" frei. Barrenground-Caribou sind im Norden der Provinz für die dort Wohnenden reserviert.

Zahlenmäßig war die Kleinwildjagd weitaus wichtiger. Es werden jährlich 1,1 bis 1,2 Millionen Stück erlegt, davon 800 000 bis 900 000 Enten und Gänse, 10 000 bis 16 000 Fasanen, 150 000 bis 200 000 Grouse, über 100 000 europäische Rebhühner, genannt „Huns". Die Strecke pro Jäger betrug 1970 und 1971 durchschnittlich 21 bis 22 Stück. Auch diese Strecken stiegen enorm an: In den 40er Jahren waren es 70 000 bis 135 000, in den 50er 180 000 bis 270 000 Stück, heute weit über 1 Million. Die Zahl der Flugwildlizenzen stieg von 8125 (1911) auf heute 55 000 bis 57 000.

Als kleinen Trost kann man annehmen, daß im hohen Norden der Provinz der Wildbestand vermutlich auch heute noch nicht voll genutzt wird. Der Überschuß fällt dort noch wie eh und je den Wölfen und Wintern zum Opfer. Für den mehr erschlossenen Teil der Provinz gilt aber zweifellos das pessimistische 1973er Urteil der Jagdbehörde.

Wie sich in nur einem Dutzend Jahren die Umstände ändern können, zeigt ein Vergleich des obenerwähnten Urteils mit dem 1960er Rapport der Jagdbehörde. Dort heißt es noch triumphierend:

„Vom Standpunkt des Sportmannes war die 1960er Saison eminent erfolgreich! Mehr Jagdlizenzen denn je wurden verkauft. Speziell erwähnenswert war die Zunahme der verkauften Elch-Lizenzen! Die Strecke an Nicht-Wasserwild-Geflügel war die höchste seit 1953. Die Großwildstrecke hält sich auf hohem Niveau. Die Hirschstrecke übertraf die Rekordstrecke von 1959 wiederum! Usw., usw."

Wir haben in allen bisher besprochenen Gebieten gesehen, daß seit etwa 1950 das Gleichgewicht zwischen Wildzuwachs und Jagdverlusten zerstört wurde: Der zunehmende Wohlstand, hohe Löhne, Buschflugzeuge etc. brachten immer mehr Jäger ins Feld gegen einen Wildbestand, der diesem Ansturm nicht gewachsen ist. Die Jagdbehörden werden vielerorts gehandikapt durch ihre Ansicht, daß die Befriedigung der Jagdlust der Bevölkerung wichtiger ist als das Wohlergehen des Wildes, obwohl offensichtlich das erste vom zweiten abhängig ist. Man wird das Gefühl nicht los, daß Saskatchewan mit Lizenzen und permits immer noch zu freigiebig ist, vielleicht aus finanziellen oder politischen Gründen. Die geringe success ratio und die z. T. rückgängigen Großwildstrecken beweisen dies. Man hat fast den Eindruck, daß die Jäger-Organisation die Mißstände klarer sieht als die Jagdbehörde, aber vermutlich liegt das daran, daß die Jagdbehörde als Folge von Handlungen anderer Departements ihrer Handlungsfreiheit beraubt wird.

Alberta

(653 580 km² = mehr als ¹/₅ größer als Frankreich, 1971 1 634 000 Einwohner = nach 1945 mehr als verdoppelt. Bis 1905 Teil der NW. Territories, seit 1905 Provinz Kanadas. Niederschlag nur 430 mm jährlich).

Alberta bildet den Übergang von der Prärie zu den Rockies. Die Westgrenze gegen British Columbia läuft in der südlichen Hälfte auf der Wasserscheide der Rocky Mountains und geht weiter nördlich entlang dem 120. Längengrad nach Norden durch vorwiegend flaches, nur zum Teil felsiges Gebiet. Der Süden ist teils Grasland mit Viehzucht und Fettweide, teils Ackerland mit viel Getreideanbau. Der ganze Norden und die Vorberge der Rockies sind Waldwildnis. Die Alberta Rockies haben viele hohe Gipfel mit ewigem Schnee und Gletschern bis 4000 m. Der höchste unter ihnen ist der Mount Robson mit 3956 m.

Die Jagd in Alberta wird hauptsächlich durch zwei gegensätzliche Faktoren beherrscht: Durch die weltberühmten Nationalparks von Banff (7125 km² seit 1885) und Jasper (13 934 km² seit 1907) (im Norden auch der Wood Buffalo National Park [44 030 km² seit 1926]) und durch die Erdölförderung.

Wir sehen aus den hier veröffentlichten Wildverbreitungskarten, daß Grizzly, Bighorn, Schneeziege, Wapiti, aber auch Wolf, Vielfraß und das übrige Raubwild in sonst erschlossenen Gebieten nur noch in und um die großen Parks vorkommen. Da hier weder gejagt noch gebaut, geholzt oder miniert werden darf, bilden die Parks das große, nie versiegende Wildreservoir. Auch die Bestände an Elchen, Hirschen, Großgreifvögeln und Kleinwild sind in und um die Parks weitaus am besten. Erst hier sieht man, wie verarmt im übrigen Gebiet die Fauna durch das Eingreifen des Menschen ist.

Durch die jahrzehntelange Schonung hat das Wild seine Scheu größtenteils verloren. In den Straßen Banffs und Jaspers laufen Maultierhirsche und Wapiti herum und plündern nachts die Gärten, wenn diese nicht über den Staketenzäunen mit dünnen Drähten zusätzlich gesichert sind. Der Wildbestand ist aber in den Parks noch im ökologischen Gleichgewicht, weil einerseits das Großraubwild noch unvermindert vorhanden ist und andrerseits die Äsung urtümlich blieb und im Winter nicht gefüttert wird. Eine übernormale Vermehrung der Herbivoren unterbleibt deshalb, und dies wiederum verhindert eine Übervermehrung des Raubwildes.

Demgegenüber wirkt die Ölförderung stark wildfeindlich. Weil fast die ganzen nördlichen zwei Drittel Albertas ölhaltig sind, wurde der ganze „bush" zuerst prospektiert und dann mit Ölbrunnen gespickt. Das Öl muß aber fast überall gepumpt werden, und zwar mit Erdgasmotoren, die durch das mit dem Öl gleichzeitig geförderte Erdgas getrieben werden, das am Ort hierzu abgeschieden wird. Alle diese Brunnen müssen regelmäßig kontrolliert werden, und dazu braucht es für Autos gangbare Fahrspuren. Wo aber der Ölkontrolleur hinkommt, da kommt im Herbst auch der Jäger durch. Weil diese Fahrspuren nur einige Meilen auseinander liegen und außerdem noch an vielen Stellen Holz geschlagen wird, ist ein Großteil der früheren Wildnis mit einem Netz von Fahrspuren durchzogen.

Die Folge ist, daß überall, wo Autos (meist mit Vierradantrieb und einer Winde versehen) hinkommen können, der Wildbestand stark gelitten hat. Gute Bestände mit ausgereiften Trophäen gibt es nur noch dort, wo weder Autos hinkommen noch Flugzeuge landen können. Weil aber neuerdings auch immer mehr Steinkohle gefördert wird, werden auch dafür Straßen und Bahnen gebaut, wie z. B. im Smoky-River-Gebiet zwischen Grande Prärie und Hinton. Dies alles bringt viel Geld unter die Leute, so daß sich jedermann ein Auto und eine Jagd-Lizenz leisten kann.

Weil die Jagd im Gebirge viel leichter ist als im flachen, dichten bush, ist es von so eminenter Bedeutung, daß fast das ganze höhere Berggebiet Albertas Schutzpark und außerdem ohne Erdöl ist. An den Parkgrenzen wird natürlich stark gejagt, und die Trophäen werden dort deshalb nur ausnahmsweise stark. Gute Jagd gibt es nur noch dort, wo man nur mit Packpferden hinkommen kann, und solche Gebiete werden immer seltener. Schon spricht man davon, die riesigen Ölschiefer-Vorkommen in Nord-Alberta auszubeuten, wofür man dann auch Straßen und Bahnen braucht.

In Alberta gibt es noch alle Arten Großwild: Elch, Wapiti, Bison, Maultier- und Weißwedelhirsche, Antelope, Dickhornschaf, Schneeziege, Caribou, Grizzly, Schwarzbär, Berglöwe, Wolf, Coyote und Vielfraß. Noch 1966 konnte ich für alle diese Wildarten Lizenzen kaufen, obwohl schon damals nur 1 „gehörntes" Stück frei war, also Elch oder Wapiti oder Hirsch oder Caribou. In den nachfolgenden 10 Jahren hat aber der

Verfall der Großwildarten solche Fortschritte gemacht, daß sich die Jagdbehörde zu immer schärferen Eingriffen genötigt sah.

Für 1976 gelten in großen Zügen folgende Bestimmungen: Die Großwild-Freigabe ist für alle Arten 1 Stück, außer Schwarzbär, von dem 2 frei sind. Jedoch gelten dabei folgende Einschränkungen: Grizzly und Bighorn-Widder dürfen vom gleichen auswärtigen Jäger nur alle 5 Jahre bejagt werden (Residents alle 2 Jahre). Von den Hirscharten Elch, Wapiti, Weißwedel- und Maultierhirsch dürfen im gleichen Jahr nur 2 bejagt werden, dabei aber Elch und Wapiti nicht gleichzeitig. Schneeziegen sind nicht für Ausländer frei.

Antelope, Schneeziege, Bighorn, Grizzly, Berglöwe und weibliches Schalenwild werden nur auf verloste „special permits" freigegeben. Diese sind für nonresidents durch den Jagdführer anzufordern und gelten nur für bestimmte Gebiete.

Bighorn, Wapiti, Schneeziege, Berglöwe, Grizzly und Caribou müssen innerhalb 30 Tagen nach Erlegung der Jagdbehörde zwecks Kontrolle vorgelegt werden. Für Schaf, Wapiti, Antelope und beide Hirscharten sind Minimum-Trophäen-Maße festgelegt worden, die die Erlegung allzu junger Stücke verhindern sollen. Für die Ausfuhr von Wildbret und Trophäen aus Alberta ist eine Bewilligung einzuholen. Bei Bighorn, Grizzly, Caribou und Berglöwe muß dies der Erleger persönlich tun; also vor der Ausreise! Bighorn-Ausfuhrbewilligungen werden nur bis 5 Tage nach Jagdschluß abgegeben.

Die Lizenzkosten betragen für Ausländer: Wildlife Certificate $ 4,—, Big game license $ 100,— (?), für die einzelnen Wildarten außerdem: Elch, Bighorn, Grizzly $ 200,—, Elch im Norden der Provinz, Wapiti und Caribou $ 100,—, beide Hirscharten je $ 50,—, Antelope, Schwarzbär und Wolf je $ 25,—.

Bei den Führer-Bestimmungen gibt es 1976 erstmals einige Erleichterungen. Wie bisher dürfen Ausländer in den „wilden" Gegenden der Provinz nur mit einem anerkannten Jagdführer jagen; in den mehr erschlossenen Gebieten genügt auch ein gewöhnlicher Einwohner.

Erstmals darf nun auch der Jagdführer mitjagen, sofern er selber Lizenzen gelöst hat. Hunde sind nicht erlaubt, außer auf Berglöwe im Januar-März. Alles verwertbare Wildbret (außer Bär und Löwe) muß geborgen werden.

Die Jagdbestimmungen Albertas werden allmählich so kompliziert,

Tafel 15: *Schafgelände in den Rocky Mountains* · Phot. *Blaupot ten Cate* *(oben)* — *Seven Sisters und Skeena River (BC)* · Phot. *Blaupot ten Cate* *(unten).*

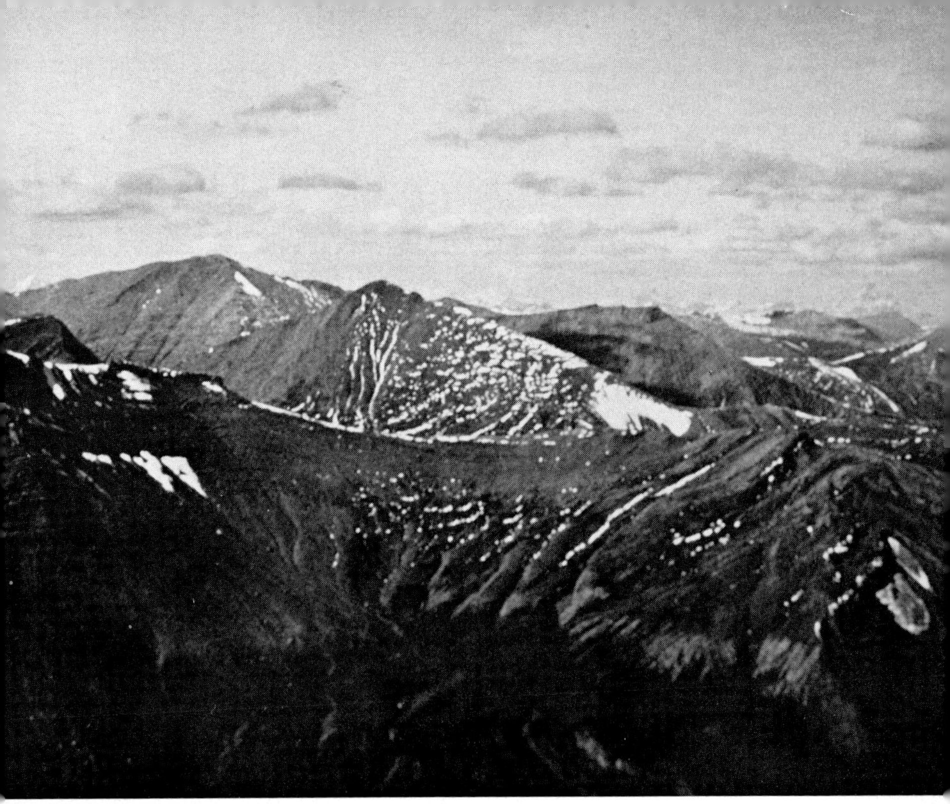

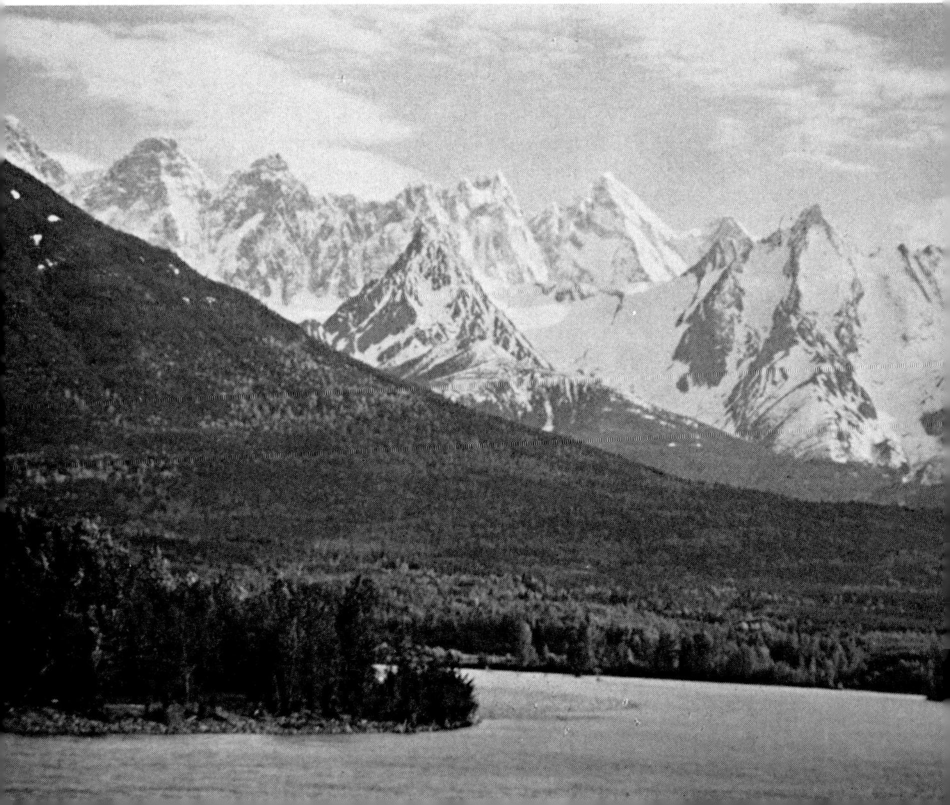

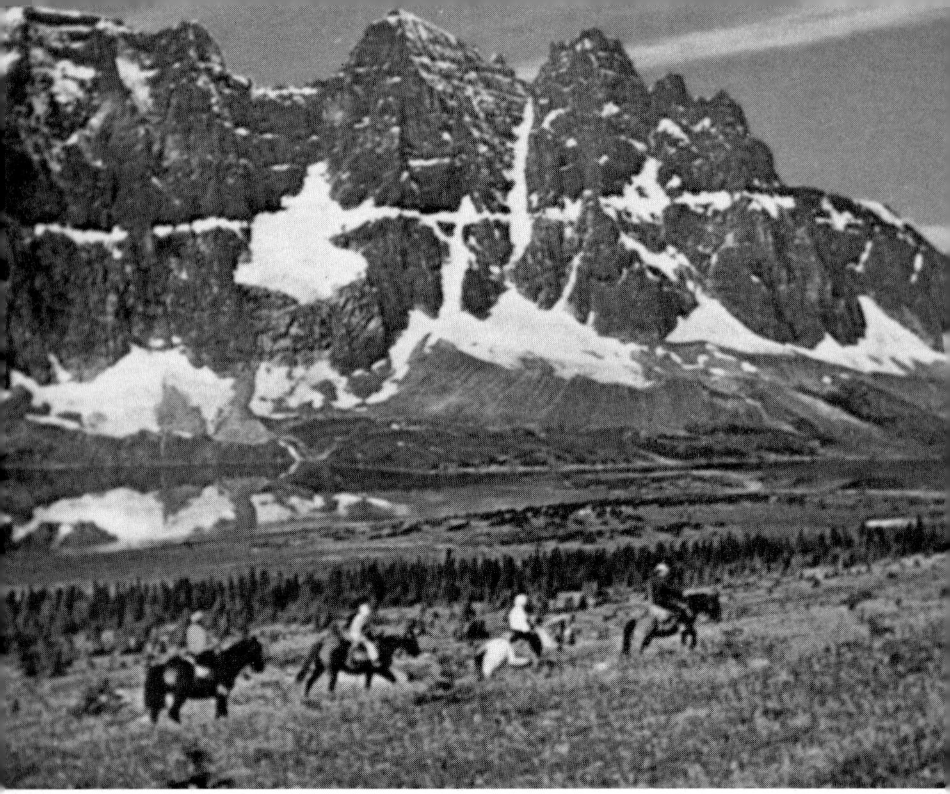

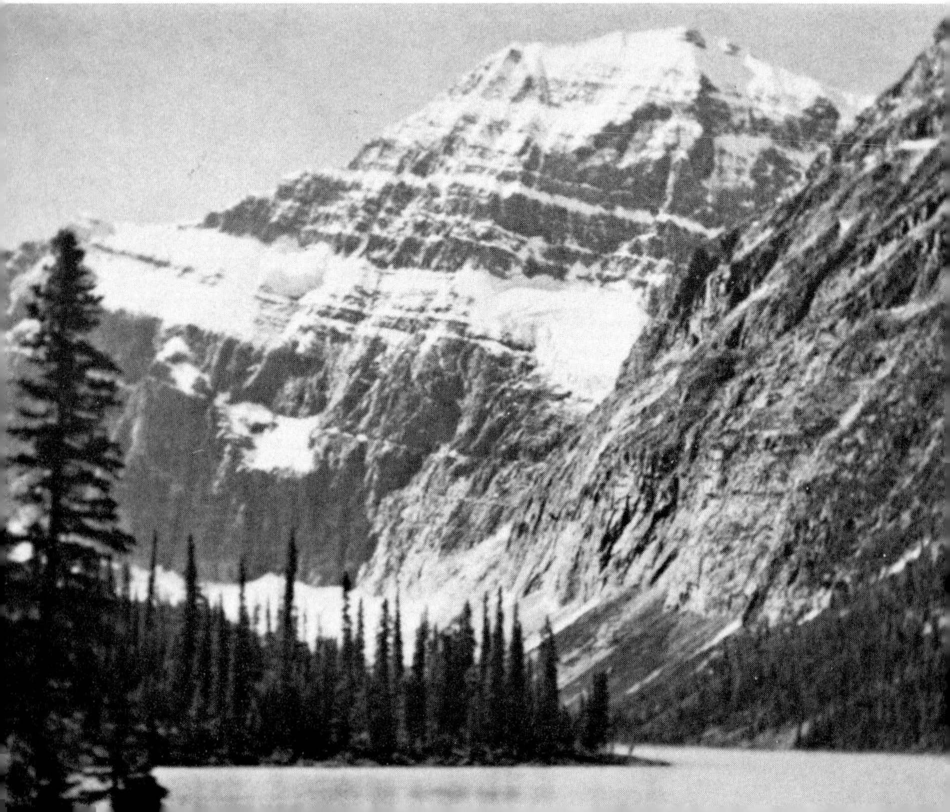

daß sie an dieser Stelle nicht mehr zu erläutern sind. Sie können bei der Jagdbehörde in Edmonton (Adresse auf Seite 168) angefordert werden.

Vor 1964 war die genaue Jägerzahl kaum zu bestimmen, weil man Lizenzen für einzelne Wildarten ausgab und viele Jäger natürlich mehrere Lizenzen kauften. Für Großwild gab es aber eine Sonder-Bewilligung, die eine Zählung ermöglicht:

Jahr	Resident Biggame	Nonresident Biggame
1942—1949	∅ 9 893	∅ 147
1950—1959	∅ 22 002	∅ 141
1960—1969	∅ 45 366	∅ 515

Ab 1964 wurden für alle Jäger Wildlife-Zertifikate abgegeben, was eine genaue Zählung ermöglicht:

1964 = 118 843	1968 = 119 987	1972 = 131 837
1965 = 109 593	1969 = 117 408	1973 = 132 476
1966 = 106 132	1970 = 128 708	1974 = 121 409
1967 = 124 028	1971 = 132 451	

Obwohl sich also die Jägerzahl von 1942 bis 1970 ungefähr verfünffachte (die totale Jägerzahl war natürlich bedeutend größer als jene der Großwildjäger), zeigt sich doch, daß die Jagdbehörde wachsam war und daß es ihr gelungen ist, den Jagddruck seit 1964 auf etwa gleichem Niveau zu halten. Weil gleichzeitig auch viele Einschränkungen erlassen wurden, die die Erlegung unreifen Wildes erschwerten und durch gezielte Freigabe weiblichen und Jungwildes den Altersaufbau und das GV verbessern, während „special permits" gefährdete Bestände schützen, darf man die Zukunft von Wild und Jagd in Alberta vorläufig optimistisch beurteilen.

Hier noch ein kurzer Großwildstrecken-Vergleich:

Wildart	Durchschnitt 1950/56	1974	Success ratio 1974
Bighorn	149	202	12,9 %
Schneeziege	134 (license)	13 (permit)	33 %
Wapiti	1 705	1 549	11—38 % je nach Bezirk
Antelope	267	699 (permit)	70 %
Hirsche	2 523	3 728	21—24 % je nach Bezirk
Eldi	1 797	6 775	19—25 % je nach Bezirk
Caribou	123	21	8 %
Grizzly	14	11	3,3 %
Schwarzbär	33	?	—

Tafel 16: *Ritt zum Jagdgelände · Phot. Canadian National Railway (oben) — Mount Edith Cavell und Athabasca River (Jasper Park) · Phot. Canadian National Railway (unten).*

Was wird die Zukunft für Alberta bringen?

Vielleicht wird noch vor Ende dieses Jahrhunderts der so abgelegene Wood-Buffalo-Park eine ähnliche Rolle spielen wie heute Banff und Jasper. Jetzt schon besitzt er Straßenanschluß von Hay River am Großen Sklavensee nach Fort Smith und Peace Point am Peaceriver; aber das ist ein großer Umweg über eine z. T. sehr staubige Straße. Deshalb baut man heute an einer Straße von High Level (an der Hauptstraße zum Großen Sklavensee) in östlicher Richtung zum Athabasca-See, und gleichzeitig wird auch an einer Straße von Slave Lake am Kleinen Sklavensee nach Norden, Richtung Peace Point und Fort Smith gearbeitet. Sobald diese Zugangswege fertig sind, wird wohl ein Besucherstrom zum Buffalo-Park einsetzen. Dort darf zwar nicht gejagt werden, aber an den Parkgrenzen gäbe es dann wohl eine Zeitlang gute Gelegenheiten. Auch sonst ist in Alberta im Norden eine fieberhafte Erschließungstätigkeit im Gange, der Ölstaat Alberta hat ja Geld.

Alle diese Sraßen und eventuell die Ölschiefer-Exploitation werden Nord-Alberta für den Jäger öffnen. Die jetzige Besetzung der maßgebenden Stellen in der Jagdbehörde bietet einige Gewähr dafür, daß dies nicht zu einer Wildvernichtung führen wird.

British Columbia (BC)

(921 662 km² = fast doppelt so groß wie Frankreich; 1971 2 196 000 Einwohner; von etwa 1800 bis 1871 Wirkungsgebiet der Hudsonbay Cy., seit 1871 kanadische Provinz).

BC war seit langem das Jagdgebiet par excellence in Canada; heute hat es schon durch Alaska, Yukon und die NW-Territories starke Konkurrenz erhalten.

Es ist fast ganz ein Bergland, drei bis vier küstenparallele Bergketten mit dazwischenliegenden, schmalen Hochflächen und Tälern nehmen fast ⁴/₅ der Provinz ein. Nur die Nordost-Ecke gegen Alberta ist leicht wellig, z. T. sumpfig, und mit Wald und vielen kleinen Seen überdeckt. Die große Vancouver-Insel ist ebenfalls gebirgig mit vielen tiefen Fjorden an der Westküste, während die Princess-Charlotte-Insel zwar sehr tief im Meer liegt, aber trotzdem noch Berge bis 750 m aufweist. Die ganze fjordreiche Westküste mit ihren unzähligen bewaldeten und gebirgigen Inseln ist als eine vom Ozean teilweise überspülte Bergwelt.

Auch im übrigen BC gibt es viele hohe Gipfel mit Gletschern: An der Grenze gegen Alberta, in den westlich davon liegenden Caribou-, Selkirk-

und Purcell-Mountains und dann fast der ganzen Küste entlang in der Coast Range. Die höchsten Gipfel sind zwischen 3300 bis 4000 m hoch.

Der ausgiebige Regenfall entlang der Küste und auf den höheren Gebirgsrücken hat die schönsten Wälder ganz Canadas geschaffen. Typischerweise spricht man denn auch in BC von „forests" = Wälder, im übrigen Canada jedoch von „bush" = Gebüsch. Holzwirtschaft ist ein Haupterwerbszweig in BC. In den Primär-Wäldern sind Douglasien und Zedern von 1½ bis 2 m Durchmesser und 40 bis 50 m Höhe keine Ausnahme. Obwohl der geschlossene Hochwald wildarm ist, gibt es große Flächen, wo Holzschlag oder Waldbrände den Wald vernichtet haben und wo sich das Wild zusammenzieht. Das Binnenland ist ausgesprochen trocken, weil das Küstengebirge den Regen abhält.

In BC gibt es zwar viele Minen, aber bis jetzt sehr wenig Erdöl. Der Nordosten ist ölhoffig als Fortsetzung der Alberta-Felder. Hier wird heute eine neue Bahnlinie von Fort St. John nach Fort Nelson gebaut, was immer für das Wild ein ominöses Zeichen ist. Auch die Alaska-Straße hat die nördliche Wildnis schon erschlossen, und jedes Jahr werden von ihr aus neue Nebenstraßen gebaut. Ebenso ist eine Straße von Watson Lake an der Yukongrenze nach Stewart am Portland Inlet im Bau, während von dort nach Terrace und Kitwanga am Skeena River schon Holztransportstraßen bestehen.

Das weite Bergland zwischen der Stadt Vancouver und Prince Rupert ist hingegen weitgehend ohne Straßen, doch können auf den vielen Seen und Fjorden Wasser-Flugzeuge wassern. Auch die Gegend westlich der Alaskastraße, die nördlichste Fortsetzung der Rocky Mountains, ist fast noch unberührte Wildnis. Einige mittelgroße Provincial-Parks bieten Wild und Natur Schutz, aber bis heute hat man die große Gelegenheit verpaßt, im unbewohnten Norden einen wirklich großen Park zu schaffen.

Trotz allem: Weil jedes Bergland mehr oder weniger kulturfeindlich ist, blieb BC größtenteils ein Wald- und Wildland. Elch, Maultierhirsch, Schwarzwedelhirsch, Wapiti, Caribou, Bighorn, Stoneschaf, Dallschaf, Fanninschaf, Schneeziege, Grizzly, Schwarzbär, Berglöwe, Wolf, Vielfraß, Luchs, Coyote und eine große Verschiedenheit von Kleinwildarten sind noch überall vorhanden.

Die Jagdbehörde bemüht sich, durch ein in letzter Zeit äußerst feinmaschiges System von Sonder-Regulierungen für Jagdzeiten und „bag limits" den Jagddruck dem örtlichen Wildbestand anzupassen. Jeder der sieben Haupt-Jagdbezirke ist ab 1975 in 10 bis 60 kleine Management Units aufgeteilt (Bewirtschaftungs-Einheiten), die unterschiedlich lange Schußzeiten haben können. Für die ganze Provinz ergeben sich so 217 Bezirke, was immer noch eine durchschnittliche Größe von 4247 km² oder ¹/₁₀ der Schweiz ausmacht. Wie lange man diese theoretisch ausgezeichnete, aber in der Praxis verwirrende Regelung beibehalten wird, ist ungewiß.

Weitere Wildschutz-Maßnahmen sind: Winterfütterung für einzelne Wildarten, vornehmlich Wapiti, an Orten, wo dies praktisch möglich ist; ein koordinierter Landentwicklungsplan, der darauf abzielt, die Äsung für Wild und Vieh sowohl qualitativ wie quantitativ zu verbessern; und ein strengeres Aufsichtsystem für die Holzwirtschaft. Vor allem das Letzte erscheint im Hinblick auf die enorme Holzverschwendung und Landschaftsverschandelung, die mancherorts in der canadischen Holzwirtschaft zu beobachten sind, mehr als dringlich.

Die Freigabezahlen sind in BC hoch: 1975 2 Hirsche, 2 Schwarzbären, 2 Berglöwen, 3 Wölfe, 5 Bobcats (eine Art kleiner Luchs), keine Beschränkung für Coyote, Waschbär, Skunk und Fuchs. Von allen übrigen Großwildarten je 1 Stück. In vielen Jagdeinheiten darf nur 1 Hirsch, Bär etc. erlegt werden; der zweite muß dann anderswo gesucht werden.

Bei allen Schafwiddern (3 Arten) ist heute eine Minimum-Schneckenlänge von ⁷/₈ curl vorgeschrieben. Junggrizzlies und die sie begleitenden Altbären sind geschützt. Ankirren von Bären ist verboten. Erlegte Schafe, Grizzlies und Berglöwen müssen der Jagdbehörde zur Vermessung vorgelegt werden. Für den Export von Wild und Trophäen muß eine Exportbewilligung eingeholt werden. Als bis jetzt einziges Territorium in Canada erlaubt BC den Gebrauch von Hunden bei der Hirschjagd, doch handelt es sich offenbar um Schweißhunde, weil vorgeschrieben ist, daß sie an der Leine geführt werden müssen. Beim übrigen Großwild sind keine Hunde erlaubt. Die Ausnahme für Hirsche ist wohl darauf zurückzuführen, daß für die Hirschjagd noch der Postenschuß erlaubt ist, der bekanntlich nur eine schlechte, oder überhaupt keine Schweißfährte ergibt, obwohl der rauhe Schuß selten ganz vorbeigeht.

Ganz geschützt sind die weißen Schwarzbären auf Gribble Island und die „blauen" Gletscherbären.

In den Jahren 1950 bis 1970 erhöhte sich der Jagddruck auf den Elch um fast 200 Prozent und die Elchstrecke um fast 460 Prozent; der Jagddruck auf Hirsche erhöhte sich in den gleichen Jahren um 134 Prozent und die Hirschstrecke um 282 Prozent. Nach 1970 hat sich die Steigerung gemäßigt fortgesetzt. Der Rapport 1970 der Jagdbehörde sagt diesbezüglich:

„Die Zunahme der Jägerzahl war 1950 bis 1970 größer als die Zunahme der Bevölkerung. Dies zeigt, daß die Jagd als eine Erholung in der Landschaft zunehmend populär ist. Die starke Zunahme der Elch-

und Hirschstrecken ist eine Folge der Einführung der Schußzeiten für weibliches Wild- und Jungwild im Jahre 1954. Weitere Faktoren sind die Folgen von Holzschlägen, die Hirsch- und Elch-Habitate verbessern. Gegenwärtig scheint es, daß Hirsch- und Elchpopulationen eine weitere starke Zunahme des Jagddruckes ertragen können, nicht nur ohne Schaden, sondern mit Vorteil für die Population durch Herabsetzung der intraspezifischen Konkurrenz um Äsung und Deckung im Winter. Dies natürlich unter Vorbehalt zeitiger Regulierung der Schußzeiten und ‚bag limits‘ durch die Jagdbehörde, überall dort, wo örtliche Überbejagung auftreten würde. "

Die Lizenzpreise für Auswärtige betrugen 1975: Allgemeiner Großwildjagdschein $ 75,—; dazu kommen Wildart-Lizenzen für Schwarzbär $ 40,—, Hirsch $ 50,—, Elch, Caribou, Wapiti, Schneeziege und Berglöwe je $ 100,—, Schafe $ 250,—, Grizzly $ 300,— und Wolf $ 75,— (für den Wolf wird die Gebühr vermutlich ab 1976 auf $ 4,— herabgesetzt). Die neuen Preise sind eine wesentliche Verschärfung: Bisher zahlte man, außer dem Jagdschein à $ 25,— für Auswärtige, nur die Wildmarken à $ 0,50 bis $ 10,— und mußte dann *nach* der Erlegung „Trophy fees" von $ 5,— bis $ 75,— zahlen. Heute muß man also im voraus zahlen, ohne Gewähr, ob man Erfolg hat oder nicht. Auswärtige brauchen außerdem einen anerkannten Jagdführer, der auch nicht billig ist. Im Durchschnitt betragen die Führer/outfitter-Kosten das 4¹/₂fache der (früheren!) Lizenz- und Trophy-fee-Kosten.

Diese Neuerung wird dem Wildbestand nützen, aber sehr wahrscheinlich die Zahl der verkauften Lizenzen beträchtlich herabsetzen, weil die canadischen Jäger sehr empfindlich sogar auf geringe Kostenerhöhungen reagieren. Früher kaufte man eine Auswahl von Wildmarken „auf gut Glück", um schießen zu dürfen, wenn man zufällig dem betreffenden Wild begegnete. Anders ist das Mißverhältnis zwischen Wildmarkenverkauf und Strecke 1973 in nachfolgender Übersicht nicht zu erklären:

	Wildmarken	Strecke 1973	Success ratio n. Wildmarken	Success ratio n. spec. Jagd
Elch	65 974	18 164	27,5 %	33,7 %
Hirsche	162 546	47 406	29,0 %	49,0 %
Wapiti	10 114	1 171	11,6 %	15,1 %
Schafe	2 744	191	6,8 %	10,0 %
Caribou	7 398	1 295	17,5 %	27,1 %
Schneeziege	5 553	965	17,4 %	31,2 %
Grizzly	2 731	362	13,2 %	21,3 %
Schwarzbär	22 573	3 415	15,2 %	26,5 %
Wolf	162 546	1 542	0,9 %	8,8 %
Berglöwe	467	185	39,6 %	55,0 % (mit Hunden)

Die Kolonne „Success ratio nach Spezialjagd" bedeutet, daß der Jäger im Fragebogen angegeben hat, daß er speziell auf diese Wildart jagte. Außerdem muß man in Betracht ziehen, daß im groben Durchschnitt nur etwa ³/₄ der gekauften Marken tatsächlich zur Jagd gebraucht wurden. Man sieht auch aus dieser Übersicht wieder, daß der Wolf zwar eine sehr begehrte Beute ist, speziell bei den Hirschjägern, die ohne Ausnahme auch eine Wolfsmarke kauften, doch daß in der Praxis nur zufällig erbeutet wird. (Es könnte allerdings sein, daß hier ein Fehler der Statistik vorliegt, weil die Wildmarkenzahlen für Hirsch und Wolf als völlig gleich angegeben werden.)

Die Zahl der auswärtigen Jäger verminderte sich von 6516 (1965) auf 5914 (1973) und 3669 (1975), vermutlich infolge der Konkurrenz durch Alaska, Yukon und die NW-Territories. Diese 5914 Jäger, alle geführt, erlegten 1973:

		Success ratio
2751	Elche	9,6 %
537	Ziegen	46,5 %
630	Caribou	10,6 %
195	Hirsche	3,3 %
344	Schafwidder	5,8 %
201	Grizzlys	3,4 %
337	Schwarzbären	5,7 %
171	Wapiti	3,9 %
27	Berglöwen	0,4 %
14	Coyoten	0,2 %
87	Wölfe	1,5 %

Zusammen 5294 Stück = s. r. 89 %

Dies ist ein überraschend niedriges Resultat. Es steht zu vermuten, daß die success ratio im Süden der Provinz noch bedeutend tiefer lag, weil meine persönliche Erfahrung im Norden im Jahr 1970 bedeutend besser war: Dort betrug die Strecke für mehrere Jäger im Durchschnitt 2¹/₂ Stück Großwild. Auch der offizielle Bericht 1968 über „nonresident hunting" nennt für den Norden eine Durchschnittsstrecke von 2 Stück per Jäger.

Die „upland game bird"-Strecke an Grouse, Fasanen etc. plus Entenstrecke betrug 1950 noch 569 750 Stück für 67 396 Jäger oder 8,4 Stück pro Jäger. 1973 waren es 698 851 Stück für 162 546 Jäger oder 4,3 Stück pro Jäger. Das Bergland BC ist natürlich, trotz vieler Stauseen und Fjorde, kein ausgesprochenes Niederwildland. Die Fasanenstrecken sind nach den sehr strengen Wintern 1971/72 und 1972/73 stark rückgängig. Außerdem haben einige Gemeindebehörden im unteren Frasertal den Gebrauch von Feuerwaffen untersagt, was natürlich die Jagd unterbindet. Die Jagdbehörde rügt dies schwer und macht Antijagd-Fanatiker dafür verantwortlich. Sie meint aber, daß zunehmender Wildschaden den Leuten bald die Augen öffnen wird.

Die 161 546 einheimischen und 5914 auswärtigen Jäger bedeuteten 1973 für BC 1,8 Jäger pro 1000 ha oder 550 ha pro Jäger oder 1 Jäger pro 130 Einwohner (Bundesrepublik Deutschland und Österreich 1973 um 10 Jahresjagdscheine pro 1000 ha). Da aber die Jägerdichte im Norden und Nordwesten sehr gering ist, müssen im Süden entsprechend mehr jagen.

Zur Zeit der Drucklegung dieses Buches war das Streckenergebnis von 1975 der auswärtigen Jäger noch nicht bekannt. Einheimische kauften in diesem Jahr 143 621 Lizenzen und erlegten darauf 13 383 Elche, 1041 Wapiti, 501 Caribou, 193 Schafe (aller Arten), 623 Schneeziegen, 149 Grizzlies und 2443 Schwarzbären. Die Ziffern für Hirsche und Berglöwen waren noch nicht zur Hand.

Die Wildbestände von British Columbia wurden 1970 von der Jagdbehörde geschätzt auf ca. 300 000 Elche, 25 000 bis 30 000 Rocky-Mountain-Wapiti, 3000 Roosevelt-Wapiti auf Vancouver Island, 20 000 bis 40 000 Bergcaribou, 100 000 Schneeziegen, etwa 6000 Bighorn (reduziert durch Krankheit), 15 000 Stone- und Fannin-Schafe, etwa 500 Dallschafe im Yukon-Grenzgebiet, 5000 bis 10 000 Grizzlies, sehr viele Schwarzbären, ca. 5000 Berglöwen, 2500 bis 5000 Wölfe. Ein Vergleich mit den 1973er Streckenzahlen zeigt, daß die Jagdstrecken bescheiden sind im Vergleich zum Bestand, doch darf man nie vergessen, daß in der Wildnis von jeher die Verluste durch Winter und Raubwild ansehnlich waren. Die Kernfrage ist immer, ob die Jagdstrecke mit einem Surplus übereinstimmt, das Winter und Raubwild übriglassen. „Zuwachs minus Verluste = bejagbares Wild!"

Durch die neue, sehr differenzierte Jagdbezirks- und Schonzeiten-Regelung könnte aber eine örtliche Überbejagung schnell wieder ausgeglichen werden. BC ist somit immer noch ein erfreulich gutes und vielseitiges Jagdgebiet, sein Klima ist besser und seine outfitter-Kosten sind niedriger als in Alaska. Von Europa aus fliegt man ohne Zwischenlandung nach Edmonton oder Vancouver und von dort mit täglichen lokalen Flugverbindungen nach Fort St. John, Prince George, Fort Nelson, Williamslake etc. Buschflugzeuge oder Wasserflugzeuge bringen den Jäger dann bis ins Jagdgebiet.

Yukon

(536 300 km² = etwa gleich groß wie Frankreich plus Korsika, 1976 22 000 Einwohner, davon 13 000 in der Hauptstadt Whitehorse. Seit 1898 ein canadisches Territorium [Goldfunde!], vorher „herrenloses Land".)

Dieses große subarktische Gebiet ist praktisch menschenleer: Nur 9000 Einwohner leben außerhalb der Hauptstadt und diese dann noch konzentriert in Dörfern, wie Watson Lake, Hayne Junction, Teslin, Carcross, Kluane, Dawson City, Mayo, Old Crow und in einigen Minenbetrieben. Yukon besteht ausschließlich aus Gebirge, im Südwest-Zipfel die eisbedeckten St. Elias Mountains mit Mount Logan (6046 m), im Osten die Selwyn Mountains, im Westen die Ogilvie- und im Süden die Pelly-Mountains. Nur bei Watson Lake an der BC-Grenze und im hohen Norden um Old Crow gibt es kleinere Ebenen. Der Süden ist Stromgebiet des Yukonrivers, der Norden entwässert teils über den Porcupineriver in den Yukon, teils über die Peel- und Liard-Rivers in den Mackenzie.

Wegen des Ungleichgewichts zwischen der geringen Steuerkraft und den hohen Ausgaben für Straßenbau und Soziallasten (für Indianer und Eskimo) sind Yukon und die NW-Territories keine Provinzen, sondern werden von Ottawa aus regiert. Die wichtigsten Behörden, so auch die Jagdbehörde, residieren aber in Whitehorse. Alle wichtigeren Ortschaften haben regelmäßige Flugverbindung mit Edmonton.

Im Süden Yukons gibt es eine ganze Anzahl neuer Straßen, so die Nahanni-Straße nach Tungsten, die Canolstraße zum Macmillan-Paß in den Mackenzie-Bergen, die Campbellstraße von Watson Lake nach Carmack, die Klondikestraße von Whitehorse über Carmack-Minto-Steward-Crossing nach Dawson City und von dort nach Arctic Redriver (die letzte ist noch im Bau). Diese Straßen haben auch hier die Wildnis schon erschlossen.

Erst mit dem Bau der Alaskastraße wurde eine Entwicklung dieses Gebietes möglich, obwohl die meisten Ortschaften schon in der Zeit des Goldrushs, Anfang dieses Jahrhunderts, entstanden sind.

Jagdlich ist Yukon etwa mit Alaska vergleichbar, doch ist es noch viel primitiver und (vorläufig) noch weniger auf Gastjäger eingestellt. An Wildarten gibt es den Elch (Alces gigas, wie in Alaska), Caribou, Dallschafe, Schneeziege, Grizzly und Schwarzbär, Wolf, Vielfraß und wenige Wapiti, Hirsche, Bison und Moschusochsen. Diese letzten 4 Wildarten sind noch geschützt.

Yukon ist in 11 Jagdgebiete unterteilt, wovon Nr. 6, die Südwestecke des St.-Elias-Massivs, den „Kluane National Park" bildet. Weiter gibt es 22 „blocs" für anerkannte Führer, die somit jeder ein riesiges Gebiet zur Verfügung haben.

In der Jagdsaison 1975/76 jagten 3748 einheimische Jäger, oder 3,6 Prozent mehr als im Jahr zuvor, das ist ⅙ der Bevölkerung. Bei der hohen Kinderzahl der Eingeborenen muß also fast jeder volljährige Mann Jäger sein. Die Zahl der auswärtigen Jäger nahm bisher sehr stark zu: 63 in 1953, 205 in 1960, 264 in 1965, 407 in 1970, 400 in 1972, 463 in 1974 und 381 in 1975. Es wären vermutlich wohl noch mehr gewesen, wenn es mehr anerkannte Führer gäbe; die bisherigen 22 werden mit ihren Adjunkten wohl ausgebucht gewesen sein. Die Jagdbehörde hat jedenfalls die Zahl der Gastjäger gegenwärtig auf 400 bis 450 beschränkt. Man will eine Entwicklung wie in Alaska vermeiden. Das ist auch richtig, wenn man bedenkt, daß in subarktischen Gebieten der Überlebenskampf des Wildes schwer ist, so daß der „Surplus" („Zuwachs minus Verluste = bejagbares Wild"!) klein bleibt und die Subsistencejagd der Einheimischen Vorrang haben muß. Weil ein Großteil der Jagdführer außerdem nicht in Yukon wohnt, bleibt vom Geld, das die Gastjäger einbringen, nicht allzuviel im Territorium.

Die Verteilung der nonresident-Jäger war nach ihrer Nationalität 1975: 291 aus USA, 36 aus dem übrigen Canada, 16 Deutsche, 15 Mexikaner, 8 Österreicher, 6 Spanier, 5 Schweizer und 4 Norweger. Ihre success ratio war 83,5 Prozent gegen 86,6 Prozent (1974), was im Hinblick auf die große Verschiedenheit von Wildarten wenig ist. Vermutlich ist dies aber so zu verstehen, daß die Jäger auf 83,5 Prozent aller ihrer Wildmarken erfolgreich waren, wie dies von der folgenden Aufstellung bestätigt wird: Die 381 Auswärtigen von 1975 erlegten 194 Dallwidder (1974: 241), 152 Elche (1974: 192), 141 Caribou (1974: 176), 16 Schneeziegen (1974: 20) und 83 Bären, 33 Wölfe und 9 Wolverines = 628 Stück = 1,64 Stück pro Jäger = s. r. 164 Prozent (1974: 167 Prozent).

Die Kosten für Ausländer betrugen 1975: Allgemeiner Großwild-Jagdschein $ 100,—, dazu für Wildmarken auf Elch, Caribou, Schneeziege je $ 3,—, Dallschaf $ 5,—. Grizzly $ 10,— und Schwarzbär $ 1,—. War man erfolgreich, dann waren folgende „Trophy fees" fällig: Schwarzbär, Wolf und Vielfraß je $ 50,—, Elch, Caribou und Schneeziege je $ 100,—, Dallschaf $ 150,— und Grizzly $ 250,—. Bei der Zahlung dieser Beträge wird die erforderliche Exportbewilligung gratis abgegeben. Die Großwildlizenz berechtigt auch zum Abschuß von Flugwild: Grouse, Schneehühner sowie Hasen und Eichhörnchen. Für Auswärtige besteht Führerpflicht.

Die Jagdzeiten dauerten 1975/76 für alle jagdbaren Arten vom 1. August bis 31. Oktober, für beide Bärenarten außerdem vom 1. Mai bis 15. Juni. Für Schneeziegen in Bezirk 7 (SW von Whitehorse) nur vom 1. bis 30. September. Wolf, Coyote und Berglöwe dürfen zu jeder Zeit unbeschränkt erlegt werden.

Grizzlies wurden 1975/76 101 erlegt (1974: 118), davon 75 (86) durch die 381 Ausländer = success ratio 19 Prozent (18,6 Prozent). In 1953/54 schossen 63 Ausländer noch 30 Grizzlies = success ratio 47,5 Prozent; 1965/66 265 Ausländer 83 Grizzlies = success ratio 31,5 Prozent. Es ist also eine sehr deutliche Abnahme der success ratio festzustellen. Die totale Grizzlystrecke stieg von 69 Bären in 1953 auf 80 in 1960, 135 in 1965, 107 in 1970, 118 in 1974 und 101 in 1975. Davon schossen die Einheimischen in allen diesen Jahren immer etwa zwischen 25 und 55, was darauf hinweist, daß sie nicht speziell auf ihn jagten sowie auch, daß der Bestand trotz der deutlich abnehmenden s. r. für Ausländer noch nicht allzu stark gelitten hat.

Beim Schwarzbären schossen Auswärtige 1974 und 1975 nur je 8 = s. r. 1,7 Prozent, und im Durchschnitt 1953 bis 1974 etwa 10 bis 20 Stück. Demgegenüber erlegten die Einheimischen alljährlich 100 bis 150 Stück (1974: 80), vermutlich, um Hausschaden abzuwehren, oder um sich mit Bärenfett für die Küche einzudecken, wobei auch die Decken immer noch ihren Wert haben.

Der Ertrag sämtlicher „traplines" (Fallenlinien) belief sich 1974/75 auf 34 684 und 1975 auf 30 905 Pelze mit einem Rohwert von jährlich etwa 1/2 Million Dollar.

Die Fischerei ist im Sommer und Herbst in diesem schwachbevölkerten Land ausgezeichnet und billig: $ 3,50 für 5 Tage oder $ 10,— fürs ganze Jahr. Die baglimits sind 5 bis 10 Stück pro Fischart täglich. Nur direkt an der Alaskastraße sind die Gewässer nicht mehr so ergiebig. Dort sollte man etwas abseits der Straße fischen.

Indianer dürfen in Yukon, wie in ganz Canada, auf Staatsland, das hier fast alles Land bedeutet, ungeachtet Schonzeiten für den eigenen Bedarf frei jagen.

Northwest Territories

(3 379 698 km², 1971 etwa 31 000 Einwohner = 1 Mensch auf 109 km². Canadisches Territorium seit 1898.)

Dieses teils subarktische, teils arktische Gebiet reicht von Yukon bis Grönland und von den Inseln in der Jamesbay zwischen Ontario und Quebec bis zur Nordspitze Grönlands = 730 km vom Nordpol. Der Festlandteil besteht an der Yukongrenze im Westen aus den Mackenzie Mountains mit dem Tal des Mackenzie Rivers und auf dessen rechtem Ufer die Franklin Mountains und das Horn Plateau. Das übrige Festland ist größtenteils flach, mit unzähligen großen und kleinen Seen und Tümpeln. Der Große Sklavensee ist 450 km lang und 28 000 km² groß, mit der Hauptstadt Yellowknife an seinem Ufer; weiter der Große Bärensee, 340 km lang und 32 000 km² groß. Viele „kleinere" Seen sind auch noch 100 bis 150 km lang.

Im Osten, District Keewatin, wird diese kalte, bleiche, im Sommer mückenverseuchte Welt allmählich wieder gebirgig. Southampton Island und Baffin Island bestehen aus steilen Bergen mit unterschiedlich gefärbten horizontalen Gesteinsschichten bis zu 3000 m Höhe. Wer das Glück hat, auf der Flugreise von Amsterdam nach Edmonton klare Sicht zu haben, kann dies besonders gut beobachten.

Der nördliche Archipel ist teils gebirgig, teils hügelig, aber fast ohne Bewuchs: Kriechweiden, kurzes Gras, Fettpflanzen und Flechten.

Östlich vom Bären- und Sklavensee ist das Land bis auf einige wenige Minenbetriebe und einige hundert primitive Caribou-Eskimo völlig unbewohnt. Nur alle 500 bis 700 km gibt es an den Küsten einige Häuser, wo die Canadian Mounted Police, eine Funkstation, ein Sanitätsposten und ein paar Eskimofamilien die Kultur repräsentieren.

Im Westen am Großen Sklavensee und am Mackenzie River gibt es jedoch größere Dörfer und einen großen Prozentsatz Weiße. Yellowknife mit seiner Verwaltung, worunter auch die Jagdbehörde dieses Riesengebietes fällt, und Goldminen entwickelt sich heute zu einer modernen Stadt mit Straßen- und Flugverbindung nach Edmonton.

Die NW-Territories sind jagdlich in 39 Jagdbezirke unterteilt, aber für auswärtige Jäger sind für die allgemeine Großwildjagd nur die Mackenzie-Berge offen sowie ausschließlich für Bison die an den Wood-Buffalo-Park angrenzenden Bezirke und ausschließlich für Eisbär und Walroß einige Bezirke entlang der Küste und auf den arktischen Inseln.

Die Mackenzie Mountains, etwa 900 km lang, sind aufgeteilt in acht Jagdbezirke, sieben davon mit einem dort allein berechtigten outfitter. Diese sieben Führer haben also riesige Reviere zur Verfügung und werden auch kaum durch örtliche Jäger gestört, weil das Land praktisch unbewohnt ist.

Die Jagdzeit für Großwild außer Bison und Eisbär dauert vom 15. Juli bis 15. November. Freigegeben wird je 1 Stück; Wolf unbeschränkt. Schafwidder müssen ⁴/₅ curl haben, um jagdbar zu sein, wobei aber „broomed"-Spitzen mitgeschätzt werden dürfen. Außer beim Schaf sind beim übrigen Großwild auch weibliche, nichtführende Stücke frei. Die Kosten für eine vom outfitter für den Gastjäger zu beantragende Großwildlizenz betragen $ 150,— für Ausländer und $ 100,— für nonresident-canadier. Weitere Abgaben (Wildmarken oder Trophyfees) werden nicht gefordert. Für Export von Trophäen und Wildbret ist eine

Bewilligung erforderlich, die kostenlos abgegeben wird, außer für Pelztiere, darunter auch Bär und Wolf. Hier kostet die Exportbewilligung $ 1,—.

Der Bison darf auf „special license" vom 15. September bis 30. November bejagt werden. Diese Lizenz à $ 150,— ist nur beim Regional Superintendent Fish & Wildlife Service in Fort Smith erhältlich. Für dieses Wild sind Patronen mit mindestens 3378 Joule = ca. 340 mkg Eo vorgeschrieben.

Eisbären werden in beschränkter Zahl auf „special license" freigegeben, die $ 250,— kostet und beim Superintendent Fish & Wildlife in Yellowknife beantragt werden muß. Führer sind örtliche Eskimo, deren Adressen die Jagdbehörde vermittelt.

Seehunde verschiedener Arten (außer „bearded Seal") sind auf einer Seal license à $ 25,— frei, unter der Verpflichtung, mit Eskimo zu jagen. Die Jagdzeiten hängen von den Eisverhältnissen ab. Die Frühlingsjagd auf dem Eis ist meist im Mai/Juni, die Sommerjagd mit Booten auf offenem Wasser im Juli/August. Limit: 2 Seals.

Für alle Großwildjagden besteht Führerpflicht; für Kleinwild wird ein einheimischer Begleiter oder Führer dringend empfohlen, weil die nordische Wildnis ihre Tücken hat. Eine Kleinwild-Lizenz für Auswärtige kostet $ 10,— und ist gültig für Enten, Gänse, Schnepfen, 4 Grouse-Arten, Schneehühner, Hasen, Murmeltiere und Eichhörnchen. Beim Wasserwild gelten baglimits, das übrige darf unbeschränkt geschossen werden.

Die Jägerzahlen sind, verglichen mit den hier bisher behandelten Gebieten und eingedenk des riesigen Areals, äußerst klein:

Jahr	Freie Jagd	Residents	Nonresidents
1968/69	3 714	567	117
1969/70	3 621	546	164
1970/71	3 777	685	152
1971/72	3 844	682	132
1972/73	3 986	883	191

Die Kolonne „Freie Jagd" bedeutet die Anzahl Indianer und Eskimo, welche aufgrund der Indianerverträge frei für den Eigenbedarf jagen dürfen. Vor 1968 gab es keine verläßliche Jagdstatistik in den NW-Territories.

Die Wildstrecken der letzten Jahre betrugen:

	1968/69	1969/70	1970/71	1971/72	1972/73	1973/74	1974/75
Elch	1 096	1 031	978	747	732	610	756
Caribou	16 022	16 104	17 797	13 587	17 263	21 062	19 794
Schaf	94	97	27	40	158	109	106
Moschusochse	—	9	—	—	35	35	38
Bison	70	102	156	101	129	156	131
Eisbär	335	342	389	411	418	486	474
Grizzly	17	19	33	11	85	39	30
Schwarzbär	468	388	390	250	282	235	200

Diese Zahlen sind annähernd, weil die Zahlen der subsistence-Jagd nie ganz erfaßt werden können. So sollen 1968/69 und 1969/70 die Eisbärstrecken bei ca. 700 Stück gelegen haben, was dann Grund gab für die Einführung der Quoten für diese Wildart (KWATEROWSKI).

Die Großwildstrecke 1974/75 verteilte sich nach Lizenzen:

	G. H. L.*	Resid.	Nonred.		G. H. L.	Resid.	Nonresid.
Elch	665	52	39	Bison	84	28	19
Caribou	19 435	317	42	Eisbär	467	—	7
Schaf	9	8	89	Grizzly	11	—	11
Ziege	8	2	9	Schwarzbär	160	32	8

* G. H. L. = General Hunting License = freie Eingeborenenjagd.

Die Totalstrecke betrug somit auf G. H. L. 20 885, residents 439 und nonresidents 224 Stück, so daß die Subsistencejagd der Indianer und Eskimo etwa 97 Prozent beanspruchte, während ansässige Weiße und Auswärtige resp. $2^{1}/_{4}$ und 1 Prozent erbeuteten. Nur bei Dallschaf und Schneeziege erjagten Auswärtige mehr als die Einheimischen: Trophäenjagd.

Die Moschusochsen-Bestände nehmen überall zu; auf dem Festland haben sie fast überall die nördliche Baumgrenze erreicht. Die Tragekapazität des Habitats ist stellenweise schon erreicht, so daß der Bestand dort bejagt werden muß. Hierfür werden „special permits" ausgegeben.

Die Sportfischerei ist in den NW-Territories hervorragend. Die „Arctic Travel Agency" in Yellowknife bewirbt sich sehr um Fischer-Gäste, die in amtlich kontrollierten camps untergebracht werden und kapitale Fische erbeuten können. Flugverbindung besteht mit Edmonton.

Es bleibt immer zu bedenken, daß der Norden (Alaska, Yukon und die NW-Territories) ein sehr wechselhaftes und im Herbst oft rauhes Klima aufweist. Die Sommermonate Juli und August können schön, aber vielerorts mückenverseucht sein. Gegenüber dem z. T. schon stark überbejagten südlicheren Canada hat der Norden aber den Vorteil der Unberührtheit und bietet daher bessere Trophäen und größeres „Abenteuer".

TEIL 4

Zusammenfassung und Zukunftsaussichten

Zusammenfassung

Ich glaube, im bisherigen Text hinreichend bewiesen zu haben, daß in der nordamerikanischen Jagd alles in fließender Bewegung ist. Nicht nur wurden Tierarten fast ausgerottet und mühsam wieder aufgebaut, auch manche Arten, wie Bison, Wapiti, Schneeziege, Antelope, Moschusochse wurden in Gegenden angesiedelt, wo sie nie autochthon waren, unter dem Motto: „Mehr Jagd für die Bürger." Andere Wildarten wie Elch, Weißwedelhirsch, Schwarzbär und Coyote breiten sich selbständig unter dem Einfluß des in letzter Zeit etwas wärmeren Klimas und besseren Jagdschutzes nach Norden aus.

Vor allem aber zeigt sich, daß das weltberühmte „Jagdparadies Canada" beziehungsweise „Alaska" nur aus einem verhältnismäßig schmalen Peripherie-Streifen besteht, der sich ständig nordwärts bewegt: Zu Anfang dieses Jahrhunderts lag diese Grenzzone noch in Wyoming/ Montana, Ontario, Maine und Neufundland; in den 1930er Jahren im Norden Albertas und Br. Columbias und auf der Kenia-Halbinsel Alaskas; heute schon in Yukon, Alaskas Brooksberge, auf der Alaskahalbinsel und in den Mackenzie Mountains. Nun ist aber die äußerste Nordgrenze erreicht, weil im höchsten Norden sowohl die Wildartenzahl wie auch deren Vermehrungsrate durch das Klima so beschränkt werden, daß nicht mehr genügend Überschuß für eine Bejagung durch zahlreiche aus aller Welt zugeströmte Jäger besteht.

Hinter dieser Peripherie liegt überall eine Hunderte von Meilen breite Zone mit einem durch übermäßigen Abschuß stark strapazierten Wildbestand mit schlechtem GV und Altersaufbau. Erst wenn dieser Zustand nach 10, 20 oder noch mehr Jahren von der Bevölkerung endlich mit erstauntem Erschrecken zur Kenntnis genommen wird, ist die Zeit reif für den Wiederaufbau der Bestände.

Dieser bedauerliche Zustand ist eine Folge des Lizenzsystems, das den Durchschnittsjäger der Sorge um den Wildbestand enthebt und sie der Jagdbehörde auflädt, die ihrerseits durch allerlei politische Rücksichtnahmen gehandikapt ist. Erst die Lehren der letzten 75 Jahre und die weltweit wachsende Einsicht, daß sogar in Wildnissen Naturschutz notwendig ist, verkürzen die Reaktionszeit der Jagdbehörden, so daß heute in einem viel früheren Stadium der Wildvernichtung eingegriffen wird.

Wenn man das Vorhergehende überblickt, erkennt man, daß die Unterschiede in den jagdlichen Verhältnissen in erster Linie eine Folge der zeitlich differenzierten Erschließung der verschiedenen Gebiete sind:

Die hier behandelten Staaten der USA wurden (mit Ausnahme von Maine) von Weißen in der Zeit der rücksichtslosesten Naturausbeutung besiedelt. Marktjägerei in schlimmster Form führte in wenigen Jahrzehnten zur Wildvernichtung bis zu dem Punkt, wo es sich nicht mehr lohnte, für den Verkauf zu jagen. Nicht Einsicht in ökologische Zusammenhänge oder Naturschutz-Rücksichten haben dieser Periode ein Ende gesetzt, sondern die verschwundene Rentabilität der Wildschlächterei.

Die Ausrottung oder Beinahe-Ausrottung vieler Wildarten rüttelte dann endlich das Gewissen des Publikums wach, und man ging auf wahrhaft amerikanisch-großzügige Weise daran, durch Verbesserung der Jagdgesetze, durch Errichtung von Schutzgebieten und durch Neu-Aussetzen von Wild den Schaden wieder zu beheben. Dies führte schließlich zum System der „controlled hunts" mittels „special permits". Erst damit gelingt es, den Jagddruck dem Wildbestand anzupassen und, für Amerika bis dahin unerhört, die Belange des Wildes über die kurzfristigen des jagenden Staatsbürgers zu stellen.

Viel später erst kam die Einsicht hinzu, daß neben Jagd auch ein übersetzter Wildbestand zu Katastrophen führen kann, wenn die Winteräsung nicht ausreicht und demzufolge soviel Wild verhungert, daß der verbleibende Rest wieder genügend Äsung findet. Dieses Problem ist um so schwerwiegender, als meist während mehrerer Jahre nur soviel Wild verhungert, daß die übrigen nur gerade noch überleben. Der so geschwächte Bestand geht in Körpergewicht, Vermehrungsrate und Trophäenstärke zurück. Dehalb ist es von größter Wichtigkeit, es nicht soweit kommen zu lassen und den Wildbestand durch rechtzeitig erhöhten Abschuß so zu vermindern, daß Übernutzung der Winteräsung vermieden wird und die Tiere in guter Kondition bleiben. Ein solcher Verminderungsabschuß sollte sich aber vorwiegend auf das weibliche Wild richten, weil dieses den Zuwachs bringt. Außerdem ist das männliche Wild in der Lizenzjagd sowieso schon viel stärker gefährdet.

Es sei hier klargestellt, daß solche örtlichen Übervermehrungen ein Zeichen dafür sind, daß das Gleichgewicht zwischen Nutzwild einerseits und Raubwild/Klima/Äsung andrerseits gestört ist. Die Ursache hiervon ist meist, daß einige menschliche Einwirkungen, wie Landwirtschaft und Holzschlag, die Vermehrung der Herbivoren begünstigen, während gleichzeitig in solchen erschlossenen Gebieten das Großraubwild mehr oder weniger ausgerottet wird. Aber in „zivilisierten" Gebieten kann man weder Land- und Forstwirtschaft verbieten, noch so große Raubwildbestände tolerieren, wie nötig wären, um das Nutzwild in Schach zu halten. Daher verlangt eine vernünftige Wildbewirtschaftung nur soviel Raubwild, wie die Belange der Bevölkerung zulassen, während die übrige Kurzhaltung der Nutzwildbestände durch Jagd stattfinden muß. Nur so lassen sich periodische Zusammenbrüche durch (Winter-)Äsungsmangel und in deren Folge Parasiten und Seuchen vermeiden.

Die meisten Jagdbehörden in Amerika sehen dies heute ein und legen großen Wert auf die genaue Überwachung der Haupt-Äsungspflanzen. Wird der Verbiß zu stark, dann muß mehr abgeschossen werden. Auch die Natur opfert immer Einzelindividuen zugunsten der Art. Der Kern des Problems ist nicht das verhungernde oder geschossene Wild, sondern der Allgemeinzustand des restlichen Wildbestandes. Dieser kann nur gesund gehalten werden durch Verminderung auf eine Zahl, die ein Optimum an Lebenskraft für die verbleibenden Stücke garantiert. Ob die Verminderung durch Großraubwild, durch Seuchen, durch Hunger und Erfrieren oder durch Jagd stattfindet, bleibt im Endresultat gleich.

In einem Land mit geordneter Jagd müssen aber Seuchen, Hunger und genügend zahlreiches Großraubwild aus humanitären und ökonomischen Gründen ausscheiden, so daß nur Jagd bleibt. In den meisten US-Staaten können die Jagdbehörden, soweit sie nicht durch uneinsichtige Politiker oder Antijagd-Fanatiker behindert werden, nach diesen Einsichten handeln. Das Resultat ist im allgemeinen gut, die Bestände einst gefährdeter Arten nehmen wieder zu. Auch die Rolle des Großraubwildes (Bären, Wölfe, Berglöwen, Luchse, Vielfraße) wird durch vermehrten Schutz für diese Prädatoren anerkannt, indem die Abschußprämien gestrichen und den Tieren wenigstens beschränkte Schonzeiten zuerkannt wurden. Seltene Arten wie Grizzly und Berglöwe sind meist nur auf „special permit" frei.

Im Gegensatz zu den USA hatte Canada das Glück, in großen Teilen seines Gebietes noch eine unberührte Wildnis zu sein, als in den USA die Marktjägerei wütete. Zwar taten Siedler und Sportjäger im Süden Canadas auch ihr Bestes, um das Wild auszurotten. Aber dieser Südstreifen ist nur ein kleiner Teil des Landes.

Wo Elch und Hirsch in den Kochtöpfen verschwunden waren, hieß es immer und heißt es noch heute (siehe Alaska!), daß Wölfe und Winter das Wild dezimiert hätten. Aber Wölfe und Winter plus Indianer hatte das Wild seit Jahrtausenden überstanden, ohne abzunehmen. Es war die Mißachtung der Formel „Zuwachs minus Verluste = bejagbares Wild", die den Rückgang verursachte. Und es war der wenigstens auf dem canadischen Schild und im Norden bis heute unveränderte Zustand der „Wildnis", der das Publikum daran hinderte, den Zusammenhang zwischen „just ein wenig zuviel Abschuß" und dem Verschwinden des Wildes zu erkennen. Solange die Wildnis Wildnis ist, „sollte" auch Wild darin stehen. Das ist aber, wie die Praxis zeigt, ein Irrtum.

Immerhin wurden die canadischen Provinzen erst in der Zeit erschlossen, da in den benachbarten USA die Folgen der Marktjägerei offensichtlich wurden, und in einer Zeit mit langsam erwachenden Naturschutz-Gefühlen. Außerdem hatte und hat das englische Dominion Canada eine etwas andere Mentalität als die USA. Trotzdem waren einige canadische Jagdbehörden ideologisch durch die Auffassung gehandikapt, daß es Aufgabe der Jagdbehörde sei, für ihre Bürger ein Maximum an Jagdmöglichkeit zu schaffen, statt einen optimalen Wildbestand zu sichern.

Bis nach dem 2. Weltkrieg war folglich Canada auf dem gleichen Weg wie ein halbes Jahrhundert früher die USA. Das Wild in der „unerschöpflichen Wildnis" nahm rapid ab, und in den erschlossenen Gebieten näherten sich Grizzly, Schwarzbär, Antelope, Bighorn, Wapiti und Elch bedenklich der Ausrottung, dem der Waldwolf vielerorts schon zum Opfer gefallen war.

Erst die enorme Zunahme der Jäger nach 1950 brachte den Umschwung. Sogar die blindesten Optimisten sahen ein, daß man einer verdreifachen, verfünffachten, verzehnfachten Anzahl Jäger nicht mehr freie Hand lassen konnte. Man erkannte auch den Erfolg der controlled hunts in den USA an, man minderte die Wildfreigabe, man erhöhte die Lizenzgebühren und, als dies alles nur wenig nützte, ging man auch in Canada dazu über, für gefährdete Wildarten die „special permits" einzuführen, die allein Gewähr gegen Überbejagung bieten.

Erschwerend wirkt sich heute der jetzt 107 Jahre alte Indian Treaty von 1868 zwischen Königin *Victoria* und den Indianern aus, wobei den Eingeborenen in der damals noch wirklich unberührten Wildnis freie Jagd zugestanden wurde. Auch heute noch ist in Canada fast in allen

Provinzen der Anteil des Staatslandes weit überwiegend, und in großen Teilen davon können „Treaty-Indians" unbehindert durch Schonzeiten ihren Bedarf an Fleisch schießen. Dieser Anachronismus sollte schnellstens beseitigt werden. Eine Ausnahme kann man den nördlichsten Gebieten zugestehen, die noch heute in jenem Zustand sind, wie 1868 das ganze damalige Canada, und wo die Subsistenzjagd für die Ernährung der eingeborenen Bevölkerung noch nötig ist.

Ein Wendepunkt in der Behandlung der Wildbestände trat ein, als die Jagdbehörden überall in den USA, Canada und Alaska dazu übergingen, akademisch gebildete Wildbiologen anzustellen und damit die wissenschaftliche Wildbewirtschaftung einzuführen. Im Anfang dieser Periode gab es allerdings manchen Fehler, weil diesen jungen Leuten, frisch von der Schule, jede praktische Erfahrung mit Wild und Jägern abging. Gelegentlich waren sie auch, sei es von Haus aus, sei es durch nichtjagende Professoren, mit unausgegorenen Ideen über Wild und Jagd infiziert oder, umgekehrt, als passionierte Jäger zu ihrem Studium gekommen. Bei den Chefbeamten in der Jagdverwaltung lag es dann, den richtigen Weg zu finden, was nicht überall gelang. Aber solche Kinderkrankheiten verlieren sich mit der Zeit und es zeigt sich, daß allmählich der Gedanke Fuß faßt, daß ein gesunder und gesundgehaltener Wildbestand wichtiger ist als die Fleischernte primitiver Siedler und Indianer oder die Trophäensucht der Sportjäger.

Leider wird diese erfreuliche Entwicklung neuerdings wieder durch die heute weltweite Antijagd-Sentimentalität in der nichtjagenden Bevölkerung gefährdet. Die Verstädterung der Bevölkerungsmehrheit hat dazu geführt, daß viele Menschen die harten Grundgesetze der Natur nicht mehr kennen. Aufgebracht durch Einzelfälle von Jagdmißbrauch und oft auch durch die moderne Idee: „Was ich nicht habe, sollst du auch nicht haben", befürwortet man den totalen Schutz allen Wildgetiers, ohne einzusehen, daß dies zur Katastrophe für eben dieses angeblich so geliebte Getier führen muß. Vor allem in den USA, wo hysterische Publizität und Politik allesbeherrschend zu sein scheinen, können solche Bewegungen gefährlich werden, weil man nie weiß, nach welcher Seite die öffentliche Meinung umschlägt. Ich habe im Vorstehenden einige rezente Beispiele genannt.

Man hat den Eindruck, daß im besprochenen Gebiet die Jagdbehörden der Staaten und Provinzen und Territorien durchaus fähig sind, obwohl mancherorts noch der Gedanke vorherrscht, daß die Schaffung maximaler Jagdgelegenheit für möglichst viele Bürger die Hauptaufgabe sei. Etwas weniger von dem und etwas mehr Verständnis für die Erhaltung naturgegebener Bestandsverhältnisse hinsichtlich Altersaufbau und Geschlechterverhältnis wären dringend erforderlich: Ein Wildbestand mit einem GV von 1:5 bis 1:10 (statt dem natürlichen von 1:1 bis 1:1½) und einem Altersaufbau mit zuviel Jung- und zuwenig Alt-Wild ist auf lange Sicht nicht lebensfähig.

Sowohl in Canada als auch in den USA geben sich die Jagdbehörden erstaunlich viel Mühe, durch teils sehr schön mehrfarbig herausgegebene Publikationen Jäger und Publikum über ihre Maßnahmen und Wildbewirtschaftung zu belehren. Die gewiß beträchtlichen Aufwendungen hierfür entstammen in den USA unter anderem einem Bundesgesetz, dem Pittman-Robertson act, das den Verkauf von Jagdwaffen und Munition (neuerdings auch von Jagdbogen und -pfeilen) mit einer elfprozentigen Abgabe belastet, die den Jagdbehörden zur Verfügung gestellt wird. Jene Publikationen übernehmen in Nordamerika die Aufgabe unserer ernsthaften Jagdzeitungen, denn die amerikanischen Jagdzeitungen sind zwar sehr unterhaltend zu lesen, aber sie enthalten praktisch nichts über das Fachwissen, wie man einen Wildbestand gesund erhält.

Das Verhältnis zwischen Jagdbehörden und Jägern ist in den meisten Staaten/Provinzen lockerer als in Europa. Meist sind nur wenige Jäger in Vereinen organisiert. Der Grund hierfür ist, daß „Jagd" in Amerika einen ganz anderen Stellenwert hat als in Revierjagdgebieten. Jagd ist dort entweder ein „outdoor sport", wie Fischen oder Kampieren oder Bergsteigen, oder aber reine Fleischjagd. Weil der amerikanische Jäger keine Sorgen mit Revier, Wildschaden oder Winterfütterung hat und die Lizenzkosten für Einheimische sehr billig sind, kann er sich ganz unbeschwert dem Kampleben und der „Wildernte" hingeben. Die Sorgen über die Wildbewirtschaftung überläßt er gerne den Behörden.

Allerdings gibt es in Canada die „Canadian Wildlife Federation" (Ottawa) mit (1976) insgesamt 234 000 Mitgliedern in 10 Provinz-Abteilungen, was etwa 12 Prozent der jährlich abgegebenen Jagdlizenzen ausmacht. Aber dies ist kein spezieller Jägerverein, sondern sie umfaßt alle Bürger, die sich für Naturschutz interessieren. Die Provinzialabteilungen sind praktisch unabhängig, und ihre Mitglieder stellen die Fischer, Jäger, Kampierer und viele Bürger, die allgemein an der Erhaltung der Natur interessiert sind.

Trotzdem kann dieser Verein unter tatkräftigen örtlichen Präsidenten manches für Wild und Jagd erreichen, und seine Tätigkeit wird „wachgehalten", indem die Abteilungspräsidenten meist nur für zwei Jahre gewählt werden; sich also beeilen müssen, um etwas zu erreichen und dann vielleicht nach 1 oder 2 weiteren Perioden noch einmal gewählt zu werden, wenn sie ihre Sache gut machten. In dieser Hinsicht ist der Vergleich mit Jägervereins-Vorständen in Europa lehrsam ...

Am ausführlichsten wurden wir informiert durch die Abteilung „Saskatchewan Wildlife Federation" in Moosejaw, mit rund 21 000 Mitgliedern in 104 örtlichen Unterabteilungen; etwa $^1/_4$ der Jägerzahl. Wir nehmen daher Saskatchewan als Beispiel für ganz Canada.

Diese Körperschaft behandelt in ihrer jährlichen Hauptversammlung viele Probleme von Wild, Jagd und Habitat. Die in der Abstimmung angenommenen Punkte werden den Behörden übermittelt. Die Überprüfung der Abstimmungsresultate zeigt eine Animosität gegenüber USA-Gastjägern wegen ihres Benehmens und gegenüber „Treaty-indians" wegen Wildabschuß in der Schonzeit, aber im allgemeinen einen Verzicht auf extreme Forderungen. Das Gesamtresultat ist durchaus vernünftig.

Der Verein bemüht sich unter dem Motto „Action Respect" auch sehr um ein besseres Verhältnis zwischen Grundbesitzern und Jägern, indem er darüber eine ganze Anzahl amerikanisch-eindringliche Drucksachen verbreitet, Plaketten, Fragebogen und „Bekanntschafts"-Zettel abgibt, die alle den Jägern einhämmern, daß sie die ersten Verlierer wären, wenn verärgerte Grundbesitzer die Jagd auf ihren Land verbieten. Außerdem betreibt er eine Aktion „Acres for Wildlife", wonach Grundbesitzer überredet werden, Teile ihres Besitzes als jagdfreie Wildremisen brachliegen zu lassen, wobei er die gesetzlich geforderten Verbotstafeln gratis abgibt, zuzüglich einer lobenden, persönlichen Erwähnung, ohne die es in diesen Ländern nie abgeht. Die Federation hält auch Sommerkamps für die Schuljugend ab, um diese mit Natur und Wald bekannt zu machen und in der gewünschten Richtung zu beeinflussen. Ein eigenes Monatsblatt rundet dieses Programm ab.

Man hat fast den Eindruck, daß diese Wildlife Federations (nicht nur in Saskatchewan) durch ihre Mitgliederzahl und Aktivität den Wild- und Naturschutz-Problemen manchmal offener gegenüberstehen als die amtlichen Jagdbehörden. Doch das ist vermutlich nur eine Täuschung, hervorgerufen durch die unterschiedliche Publikums-Bearbeitung: Der Game service faßt seine Beschlüsse „im stillen Kämmerlein".

Zukunftsaussichten

Der durch die noch überall vorhandenen Wildnisse und die zunehmende Bevölkerung geförderte Trend zum „outdoor life" zeigt sich in der enormen Zunahme der Jägerzahlen in ganz Nordamerika. Die Lizenzjagd ist auch viel weniger konjunkturempfindlich als die Revierjagd, weil ihre Kosten gering sind. Die „Wohlstandswelle" der letzten 10 Jahre mit ihrem hohen Löhnen hat außerdem noch mehr Leute aus tieferen Sozialschichten der Städte zum „Jäger" werden lassen.

Dies hat nicht nur dazu geführt, daß das Gleichgewicht zwischen Wildzuwachs und Jagdverlusten gefährdet ist, sondern es ergeben sich auch zunehmende Reibereien zwischen Landbesitzern und Jägern. Das Offenlassen von Toren um Viehweiden, das Fahren durch Kulturen, das Schießen nahe bei Gebäuden, das Nichtbeachten von Verboten und dergleichen mehr verärgert die Bauern, die gesetzlich ja das Recht haben, die öffentliche Jagd auf ihrem Grundbesitz zu verbieten. In einem der vielen Hefte, die mir zur Verfügung gestellt wurden, findet sich ein Foto aus Oregon von einem mit schweren Ketten und Vorhangschlössern verschlossenes Tor mit der Anschrift: „No shooting, no trespassing, no nothing!!" Das kennzeichnet die Situation.

In verschiedenen US-Staaten und canadischen Provinzen (Quebec, Süd-Ontario, Saskatchewan, Br. Columbia) zeichnet sich heute schon der Trend ab, daß demnächst die Lizenzjagd auf privatem Land aufgehoben werden könnte.

Wir sehen also die Zukunft so, daß allmählich mehr Regierungen dazu übergehen werden, die Lizenzjagd nur noch auf Regierungsland zu gestatten, das immerhin noch etwa 40 bis 95 Prozent der Landflächen ausmacht, während für Privatland eine Art von Reviersystem üblich werden könnte. Die jagdliche Bewirtschaftung von Privatland hat aber in den USA schon unerwünschte Blüten getrieben: Vielerorts tun sich einige Besitzer schlechten Bodens zusammen, gattern ihr Land ein und setzen neben den autochthonen Wildarten auch allerlei exotische Arten aus, die dann alle gegen saftige Preise „bejagt", also totgeschossen werden dürfen. Diese „game farms" sind, auch wenn ihre Fläche groß ist, eine widernatürliche Entwicklung, die schon ihr Gegenstück in manchen europäischen Wildparks hat, die „Abschüsse" offerieren: Wo eine Nachfrage nach „Trophäen à tout prix" besteht, wird auch immer ein Angebot sein.

Außerdem wird das System der „controlled hunts" durch „special permits" in Übereinstimmung mit der örtlichen Abnahme des Wildes ausgebaut werden, weil nur so das nötige Gleichgewicht zwischen Jagddruck und Wildnachwuchs sowie das naturgegebene Geschlechterverhältnis und der Altersaufbau der Bestände gewährt werden können. Vorbedingung für diese Änderungen ist natürlich, daß man von der Auffassung abkommt, daß das Wild für die Jäger da sei, und daß man anerkennt, daß die Jagd nur überflüssiges Wild entfernen soll. Das ist in den meisten Gebieten heute noch nicht der Fall, aber die Anzeichen einer kommenden Wandlung sind vorhanden.

Auf jeden Fall ist es heute wohl ausgeschlossen, daß noch Wildarten ausgerottet werden, wie dies im vorigen Jahrhundert so oft geschah.

Die Gefahr der Antijagd-Bewegungen erachte ich in den USA und in Canada für geringer als in den Revierjagdgebieten Europas. Denn in Nordamerika jagt ein Großteil der männlichen Bevölkerung, und die Politiker werden sich hüten, diese gegen sich aufzubringen. Das muß jedoch nicht verhindern, daß Lobbies von Jagdgegnern in den Staatsoder Provinz-Legislativen vorübergehend störend wirken können. Die Forderungen dieser Cliquen sind aber, biologisch gesehen, meist so absurd, daß sie sich höchstens kurzfristig durchsetzen ließen.

Obwohl alles in allem die Zukunftsaussichten für Wild und Jagd in Nordamerika nicht schlecht sind, wenn die Jagdbehörden zeitig handeln, muß hervorgehoben werden, daß heute im Norden Canadas und in Alaska das Großwild in allen bequem erreichbaren Gebieten rapide abnimmt. Es ist nun einmal nicht möglich, daß in Gebieten, wo bisher ein ökologisches Gleichgewicht bestand, nun plötzlich mehrere Tausende, resp. Zehntausende mitjagen wollen und trotzdem das schon immer gefährdete Gleichgewicht erhalten bleiben soll.

Dabei ist das in der nordischen Wildnis mehr eine Frage der gleichmäßigeren Verteilung des Jagddrucks. Einige 55 000 oder 60 000 Jäger in einem Areal wie Alaska bedeuten ja nur 1 Jäger per 2500 ha. Die meisten von ihnen jagen nur 1 bis 3 Wochen im Jahr. Anders wird es aber, wenn sich der größte Teil dieser Jäger längs der nur etwa 2100 km Straßen verteilt: Dann gibt es im Durchschnitt alle 30 bis 40 Meter einen Jäger. An guten Stellen, wie an den Caribou-Kreuzungen, würden sie sogar fast Schulter an Schulter stehen. Sogar wenn die Hälfte aller Jäger per Flugzeug irgendwo in die Wildnis fliegt, bliebe immer noch durchschnittlich 1 Jäger per 60 bis 75 Meter Straße. Daher ist es kein Wunder, daß dort schon heute der Wildbestand schwer gelitten hat.

Da sich nun einmal nicht vermeiden läßt, daß der einzelne Jäger seine Beute sucht, wo er sie am bequemsten haben kann (après nous le déluge), wird es Sache der Jagdbehörden sein, nicht nur den Zustrom allzu vieler Auswärtiger zu bremsen (wie in Yukon), sondern auch die Einheimischen in Zaum zu halten und vor allem eine gleichmäßigere Verteilung der Jäger anzustreben. In den dichter bevölkerten Teilen der canadischen Provinzen ist, wie wir aus den Berichten aus Quebec, Ontario, Saskatchewan und Alberta vernommen haben, der Zustand schon heute ernst genug. Hier werden innerhalb weniger Jahre noch einschneidendere Maßnahmen nötig sein, als man bisher versucht hat.

Für den nordamerikanischen Großwildbestand wie auch für die dortigen Jäger liegt die Zukunft bei dem „special permit" oder einem ähnlichen System, das Gewähr bietet für eine den Bedürfnissen des Wildes angepaßte Bewirtschaftung der Bestände.

Es ist dabei in Betracht zu ziehen, daß das „special permit"-System mangels eines besseren aus einer Ausnahmebestimmung der Jagdgesetze hervorgegangen ist, die ursprünglich geschaffen wurde, um einem speziell begünstigten Jäger die Erlegung eines bestimmten Wildes ausnahmsweise zu erlauben. Schon bei der heutigen Zahl dieser permits, nur für gefährdete Wildarten, erfordern sie viel administrative Arbeit für die Jagdbehörde, und diese würde sich bei Einbeziehung der Hauptwildarten noch vervielfachen. Man wird daher die beiden Kernpunkte der „special permits", die genaue Bezeichnung des freigegebenen Wildes nach Art, Geschlecht, Alter, evtl. Gewicht oder Trophäenmaß sowie die genaue Bezeichnung des engbegrenzten Jagdgebietes, irgendwie mit dem bestehenden normalen Lizenzsystem dergestalt kombinieren müssen, daß genügend Kontrolle der ordnungsgemäßen Erfüllung des Abschusses gewährleistet ist, ohne daß der administrative Apparat der Jagdbehörde zu sehr aufgebläht wird.

Die Entwicklung in den meisten der hier besprochenen Gebiete zeigt bereits in diese Richtung. Hoffen wir also, daß es gelingt, das Hauptziel gewissenhafter Wildbewirtschaftung, nämlich das Gleichgewicht zwischen Wildzuwachs und Verlusten bei Erhaltung der natürlichen Geschlechter- und Altersverhältnisse irgendwie zu erreichen.

Die Parole heißt Disziplin.

Literatur

CATE, S. J. BLAUPOT ten: Tagebücher meiner Reisen in Canada (nicht veröffentlicht).

CATE, S. J. BLAUPOT ten: 20 Jahre Eidgenössische Jagdstatistik und ihre Lehren (1954—1973).

Jagdstatistik, Jagdgesetze, Jahresrapporte und Korrespondenz mit den Jagdbehörden aller hier besprochenen Gebiete.

ALASKA: Game Harvests in Alaska (1968). — Annual Reports Big Game.

BR. COLUMBIA: Wildlife Management (jährlich). — Nonresident Big Game hunting in BC.

SOUTH DAKOTA: S. Dakota Game Birds and Animals. — Hunting Guide. — Placing american Wildlife Management in Perspective.

Maine: A History of the Whitetailed Deer in Maine (1963). — Game Division Leaflet Series: Deer Season (jährlich). — Big Game Project 1974.

MANITOBA: The great White Bear.

MINNESOTA: Minnesota Game Management Policy. — Roadsides for Wildlife. — For Landowners and Wildlife.

MONTANA: Game Management in Montana (speziell empfohlen). — Montana Outdoors (Monatsheft). — Biennal Higlights (alle zwei Jahre).

ONTARIO: The Moose in Ontario. — Statistics (1972).

OREGON: Oregon Big Game Resources (1970). — Oregon Wildlife (periodisch). — Oregon Muledeer, -Antelope, -Elk, -Gamebirds.

QUEBEC: Gros Gibier en Quebec. — Faune en Quebec: l'Original, dito: le Caribou, dito: l'ours noir.

SASKATCHEWAN: Hunters Survey Reports (jährlich).

WASHINGTON: Washington Wildlife (2—4mal jährlich).

WYOMING: Wyoming Wildlife (1975). — Annual Reports of Big Game harvests. — Hunting Guide (jährlich).

BANFIELD, A. W. F. (1974): Mammals of Canada.

National Geographic Magazine: Diverse Artikel über National Parks und Wildarten.

EBEN-EBENAU, R. (1954): Goldgelbes Herbstlaub. Verlag Paul Parey, Hamburg und Berlin.

SKAL, O. J. (1975): Jagdparadies Alaska. Stocker Verlag, Graz.

WURMBRAND, D. Graf (1932/35): Herren der Wildnis. Verlag Paul Parey, Berlin.

SZÉCHENYI, SIGMUND (1935): Alaska.

SCHWERIN, W. Graf von (1935): Berge der Verheißung. Verlag Paul Parey, Berlin.

Adressen der örtlichen Jagdbehörden

Canada

Alberta: Alberta Dept. of Lands & Forests, Fish & Wildlife Division Natural Resources Building. EDMONTON Alta, CANADA

Br. Columbia: Br. Columbia Dept. of Recreation & Conservation Fish & Wildlife Branch. VICTORIA BC, CANADA

Manitoba: Manitoba Dept. of renewable Resources & Transportation, Wildlife Service. 1495 St. James Street, WINNIPEG Manitoba R3H OW9, CANADA

Newfoundland/Labrador: Newfoundland Dept. of Tourism, Wildlife Service. Confederation Building. St. JOHN'S Newfl., CANADA

Northwestern Territories: Dept. of Fish & Game in the NW. Territories. Big Game Service. YELLOWKNIFE NW. Terr., CANADA

Ontario: Ontario Ministry of Natural Resources, Wildlife Branch. Parliament Building, TORONTO Ont. M7A 1W3, CANADA

Quebec: Ministère du Tourisme, de la Chasse et de la Pêche, Direction Chasse et Pêche. 150 est, Boulevard St. Cyrille, QUEBEC QUE. G1R 4Y1, CANADA

Saskatchewan: Saskatchewan Dept. of Natural Resources, Fisheries & Wildlife Branch. Administration Building, REGINA Sask. S4S OB1, CANADA

Yukon: Government of Yukon, Yukon Game Branch. P. O. Box 2703, WHITEHORSE Yukon, CANADA

USA

Alaska: Alaska Dept. of Fish & Game, Division of Game Subport Building, JUNEAU Al. 99801, USA

North Dakota: North Dakota Game & Fish Dept. BISMARCK N. Dak. 58505, USA

South Dakota: South Dakota Dept. of Game, Fish & Parks, Division of Game & Fish. PIERRE S. Dak. 57501, USA

Idaho: Idaho Fish & Game Dept. P. O. Box 25, BOISE Idaho 83707, USA

Maine: Maine Dept. of Inland Fisheries & Game, Wildlife Division State Office Building, AUGUSTA Maine 04330, USA

Minnesota: Minnesota Dept. of Natural Resources, Wildlife Section. Centennial Office Building, St. PAUL Minnes. 55155, USA

Montana: Montana Dept. of Fish & Game, Game Management Division. HELENA Mont. 59601, USA

Nebraska: Nebraska Game & Parks Commission, Wildlife Division. P. O. Box 30370 LINCOLN Nebr. 68503, USA

Oregon: Oregon Dept. of Fish & Wildlife, Game Commission. P. O. Box 3503 PORTLAND Oregon 97208, USA

Washington: Washington Dept. of Game, Big Game Management Division 600 North Capitol Way OLYMPIA Wash. 98504, USA

Wyoming: Wyoming Game & Fish Dept. CHEYENNE Wyoming 82002, USA

Wohin mein Jägerherz mich führte

Jagd ohne Grenzen in Britisch-Kolumbien. Von HERMANN FRHR. V. PFETTEN-ST.-MARIAKIRCHEN. 1977. 175 Seiten, 1 Karte, 15 Bildtafeln mit 23 Abb. Linson 34,— DM

Jagen unterm Nordlicht

Mit Eskimos und Indianern im hohen Norden Kanadas. Von PAUL KWATEROWSKY. 1975. 194 Seiten, 1 Karte, 15 Bildtafeln mit 27 Abb. Leinen 32,— DM

Abenteuer der Wildnis

Waidwerk und Fischwaid im kanadischen Busch. Von JOHANNES K. HOGREBE. 3. Aufl. 1977. 182 Seiten, 2 Karten, 15 Bildtafeln mit 23 Abb. Leinen 28,— DM

Im Paradies der Jäger und Fischer

Erfahrungen und Erlebnisse in den Weiten Kanadas. Von JOHANNES K. HOGREBE. 2. Aufl. 1973. 184 Seiten, 7 Karten, 46 Abb. im Text und auf 15 Tafeln. Leinen 24,— DM

Der Trapper vom Ghostriver

Ein Leben im kanadischen Paradies der Jäger und Fischer. Von JOHANNES K. HOGREBE. 4. Aufl. 1975. 185 Seiten, 2 Kartenskizzen, 15 Bildtafeln mit 21 Abb. Leinen 28,— DM

Kanadisches Scherzo

Mit lachenden Jägeraugen durch Prärie und Busch. Von CURT MEHRHARDT-ILOW. 77.—86. Tsd. 1970. 383 Seiten, 56 Zeichnungen. Leinen 19,80 DM

Wanderjäger aus Herzenslust

Vom Jagen in Spessartwäldern, östlichen Weiten und alaskanischer Wildnis. Von ARNO W. HOFMANN. 1974. 179 Seiten, 8 Bildtafeln mit 17 Abb. Leinen 30,— DM

Nordisches Waidwerk

Auf Federwild, Elche, Hirsche und Böcke in Skandinaviens Jagdparadiesen. Von OTTO FRHR. RAMEL. 1958. 134 Seiten, 8 Bildtafeln mit 14 Abb. Leinen 16,— DM

Tupu-Tupu

Das seltenste Raubwild Nordeuropas, der Vielfraß. Erlebnisse und Beobachtungen. Von PETER KROTT. 1960. 203 Seiten, 2 Karten, 15 Bildtafeln mit 19 Abb. Leinen 18,— DM

Die Erinnerung lebt

Von Jagden in Deutschland, Afrika und Kanada. Von RÜDIGER SCHWARZ. 1965. 188 Seiten, 8 Bildtafeln mit 17 Abb. Leinen 19,80 DM

Schüsse und Schicksale

Waidwerk im Wechsel von Raum und Zeit. Von ARVID V. NOTTBECK. 1969. 217 Seiten. Leinen 22,— DM

In der späten Vespersonne

Pürschen und Widergänge. Von GERD v. LETTOW-VORBECK. 1969. 237 Seiten, 11 Bildtafeln mit 20 Abb. Leinen 22,— DM

Jäger im Dschungel

Fünfzehn Jahre Erlebnisse und Erfahrungen in Indien. Von BODO GUTSCHWAGER. 1976. 198 Seiten, 2 Karten, 8 Bildtafeln mit 12 Abb. Linson 34,— DM

VERLAG PAUL PAREY · HAMBURG UND BERLIN